RHEIN-RUHR

Regioführer spezial

DIE AUTORINNEN

Heike Wagner, geboren 1964, lebt als freie Autorin in Duisburg am Rhein, dem westlichen Tor zum Ruhrgebiet. Durch die Nähe zu dieser Region geht sie immer wieder gern auf Entdeckungsreise. Zu ihren Spezialgebieten gehören auch Kanada und die USA.

Romy Mlinzk (*1981) hat seit 2014 ihre Heimatbasis in der Ruhrmetropole Dortmund und arbeitet als Bloggerin und Freiberuflerin im Bereich Social Media, Content Strategie und Community Management deutschlandweit für namenhafte Kunden. Sie bloggt seit 2006, aber erst seit 2013 schreibt sie auf ihrem Kultur- und Reiseblog snoopsmaus.de über Reisethemen.

www.vistapoint.de

INHALT

TOP 10

MUSICALS UND VARIETÉS

TOP TIPPS

FREIZEITPARKS

REISEBLOG: RHEIN-RUHR EINMAL ANDERS

VISTA POINTS – SEHENSWERTES

Städte im Rhein-Ruhr-Gebiet

ORTE AUS »1000 PLACES TO SEE BEFORE YOU DIE«

Zeichenerklärung

Top 10
Das müssen Sie gesehen haben

Vista Point
Reiseregionen, Orte und Sehenswürdigkeiten

Symbole
Verwendete Symbole siehe vordere innere Umschlagklappe.

Kartensymbol: Verweist auf das entsprechende Planquadrat der ausfaltbaren Karte bzw. der Detailpläne im Buch.

NIEDERLANDE
BELGIEN
NIEDER-SACHSEN
HESSEN
NORDRHEIN-WESTFALEN
Hilversum
Harderwijk
Apeldoorn
Almelo
Deventer
Ijssel
Enschede
Zutphen
Ede
Arnheim
Doetinchem
Nijmegen
Maas
's-Hertogenbosch
Boxtel
Venlo
Weert
Lommel
Genk
Sittard
Hasselt
Kerkrade
Herstal
Verviers
Spa
Nordhorn
Bramsche
Osnabrück
Steinhuder Meer
Mittellandkanal
Lübbecke
Minden
Burgdorf
Garbsen
Hameln
Hildesheim
Northeim
Göttingen
Weser
Hann. Münden
Kassel
Edersee
Eder
Bad Wildungen
Bebra
Bad Hersfeld
Lahn
Marburg
Gießen
Wetzlar
Sieg
Wied
Neuwied
Andernach
Ahrweiler
Rheine
Dortmund-Ems-Kanal
Steinfurt
Ahaus
Berkel
Havixbeck
Coesfeld
Münster
Ems
Herford
Bad Salzuflen
Bielefeld
Lemgo
Detmold
Gütersloh
Safaripark Stukenbrock
Höxter
Paderborn
Kleve
Isselburg
Bocholt
Raesfeld
Bedburg-Hau
Xanten
Rhein
Dorsten
Lüdinghausen
Nordkirchen
Recklinghausen
Lippe
Hamm
Movie Park Germany
Gelsenkirchen
Kevelaer
Geldern
Dinslaken
Waltrop
Unna
Soest
Niers
Oberhausen
Bottrop
Bochum
DORTMUND
Büren
Warburg
DUISBURG
ESSEN
Starlight-Express
Ruhr
Möhne
Möhne-Stausee
Mülheim
Witten
Krefeld
Velbert
Arnsberg
Hagen
Iserlohn
DÜSSELDORF
Wuppertal
Mönchengladbach
Mettmann
Neuss
Lüdenscheid
Ruhrgebiet
Naturpark Rothaargebirge
Solingen
Attendorn
Dormagen
Bigge-Stausee
Lenne
Odenthal
Engelskirchen
Leverkusen
Gummersbach
Bad Berleburg
Musical Dome
Rur
Bergheim
KÖLN
Bergisch Gladbach
Bad Laasphe
Aachen
Kerpen
Brühl
Siegen
Phantasialand
Siegburg
Bonn
Naturpark Hohes Venn
Mechernich
Königswinter
Bad Honnef
Rur-Stausee
Monschau
Bad Münstereifel
Hellenthal
0
25 km

Willkommen an Rhein und Ruhr

»Der Pott kocht!« Noch immer besitzt der alte Werbespruch für das Ruhrgebiet seine ureigene Bedeutung. Und wahrhaftig, in den letzten 30 Jahren hat sich in dieser Ecke Deutschlands einiges getan. Alles begann dank der Auswirkungen der Internationalen Bauausstellung Emscher Park, in deren Rahmen von 1989 bis 1999 ehemalige Industriestätten, die »verbotenen Städte« des Ruhrgebiets, zu schillernden Landmarken der Industriekultur umfunktioniert wurden.

Von Duisburg bis Dortmund entstanden aus ausgedienten Zechen- und Werksgeländen Sport- und Freizeitparks, aus einem abbruchreifen Gasometer entwickelte sich eine vielbeachtete Ausstellungshalle, in alten Fabrik- und Werkhallen treten Theatertruppen auf, laufen Kinofilme, tanzt die Szene im 21. Jahrhundert ... Die außerhalb der Region oft ein wenig misstrauisch beäugten »Sehenswürdigkeiten« sind Glanzpunkte bilden die Ankerpunkte der Route der Industriekultur, einem der Markenzeichen des Ruhrgebiets, das zudem als europäische Kulturhauptstadt des Jahres 2010 nochmals neuen Schwung bekam.

Das wachsende Freizeitangebot und die familienfreundlichen Naherholungsziele im Grünen sind ebenso reizvoll wie die bereits etablierten Attraktionen des Ruhrgebiets und des angrenzenden Rheinlands. Klassiker wie der Movie Park Germany in Bottrop, das Phantasialand in Brühl und die anderen beliebten Freizeitparks erweitern ihr Unterhaltungsprogramm ständig. Ob der bewährte Kneipenspaß an der längsten Theke der Welt, die sich bekanntlich in Düsseldorf befindet, oder der ausgelassene Kölner Karneval, ob Musicals, Sportparks und Erlebnisgastronomie – die Städte an Rhein und Ruhr bieten jede Menge Spaß. Dass dabei auch der Kunstgenuss nicht zu kurz kommt, versteht sich von selbst, denn überaus vielseitig präsentiert sich die Museen- und Theaterlandschaft.

Die Auswahl ist riesengroß! Stürzen Sie sich einfach ins Vergnügen! Kommen Sie mit auf eine Entdeckungsreise durch die Region Rhein-Ruhr und treffen Sie auf altbekannte, aber auch wunderbare neue Sehenswürdigkeiten. Schauen Sie mal in der Nachbarstadt vorbei oder lassen Sie sich von ganz woanders hierher locken, um Region und ihr attraktives Zusammenspiel von Industrie, Kultur und Natur zu erleben!

Abendstimmung am Innenhafen von Duisburg

Top 10: Das müssen Sie gesehen haben

1 Starlight Express
S. 14, 15, 59 ➡ Ab3, D7

Bereits seit 1988 begeistert das funkensprühende Rollschuh-Musical um die Träume eines kleinen Jungen die Zuschauer in Bochum.

2 Movie Park Germany
S. 29 f., 31 ➡ C5

Der populäre Vergnügungspark in Bottrop bietet filmreife Action und Unterhaltung.

3 Ruhrtalradweg
S. 59, 143 ➡ D4–D11

Der 230 Kilometer lange Radweg führt von Winterberg nach Duisburg durch das grüne Ruhrtal. 17 von Kunststudenten geschaffene Werke säumen den Weg.

4 Haus der Geschichte der Bundesrepublik Deutschland
S. 74 f. ➡ Jc3

An der Bonner Museumsmeile wird die deutsche Zeitgeschichte in Politik, Wirtschaft und Gesellschaft vom Ende des Zweiten Weltkriegs bis heute gezeigt.

5 Westfalenpark
S. 104 ➡ D9

Der beliebteste Dortmunder Park beherbergte bereits dreimal die Bundesgartenschau.

6 Landschaftspark Duisburg-Nord
S. 140 f. ➡ D4

Die Industrieanlagen des stillgelegten Hüttenwerks erfahren heute eine vielfältige Nutzung. Höhepunkt eines Aufenthalts bildet die abendliche Lichtinstallation.

7 Zeche Zollverein
S. 158, 161 ➡ D6

Die Essener Zeche darf sich schon seit 2001 mit dem Titel UNESCO-Weltkulturerbe schmücken. Vor allem die hochkarätigen Museen ziehen zahlreiche Besucher an.

8 ZOOM Erlebniswelt
S. 173 f. ➡ C6

Zoo als Erlebniswelt – das ist im neu gestalteten Gelsenkirchener Tierpark gelungen.

9 Kölner Dom
S. 190 f. ➡ Fa2/3

Der gotische Dom ist eines der berühmtesten deutschen Bauwerke und wurde 1996 zu Recht in die UNESCO-Liste des Weltkulturerbes aufgenommen.

10 CentrO
S. 217 f. ➡ Eb/Ec2

Die Neue Mitte Oberhausen ist eines der ausgeprägtesten Beispiele für den Strukturwandel in der Region. Das Einkaufszentrum CentrO bildet das Herz des neuen Stadtteils.

Capitol Theater in Düsseldorf

Düsseldorfs eindrucksvolles Capitol Theater ist das größte Theater der nordrhein-westfälischen Landeshauptstadt. Seine zwei Säle, der große Saal und der Club, fassen 1250 bzw. 475 Zuschauer. Die Geschichte des Theaters beginnt Anfang der 1990er Jahre in einem ehemaligen Straßenbahndepot, das damals selbst schon hundert Jahre alt war. Das Capitol Theater startete 1996 seine erfolgreiche Karriere als Musical- und Theaterhaus mit dem weltbekannten Musical »Grease«. 1999 folgte eine umfassende Renovierung, die dem Gebäude seine ehemalige Backsteinarchitektur zurückgab – und gleichzeitig den besonderen Stil und Charme des Hauses bewahrte.

Seit dem Beginn des neuen Jahrtausends begeisterten Produktionen wie »Cabaret«, »Chicago«, »Cats«, »Miami Nights«, »Saturday Night Fever« oder Hape Kerkelings »Kein Pardon – Das Musical« das Publikum. Zu den renommierten Comedy-Shows, Musicals, Tanzaufführungen und anderem Live-Entertainment, die hier bereits zu erleben waren, zählen »Caveman«, »Shadowland« und »Heiße Zeiten – Die Wechseljahre-Revue«.

Das Capitol Theater ist zudem Spielstätte von Thomas Hermanns' »Quatsch Comedy Club«, dessen legendäre Stand-up-Shows das Publikum regelmäßig zum Lachen bringen.

Im ehemaligen Straßenbahndepot: das Capitol Theater in Düsseldorf

Capitol Theater Düsseldorf
➡ östl. Hd3, G4
Erkrather Str. 30, 40233 Düsseldorf
www.capitol-theater.de
Anreise: A46 Abfahrt Düsseldorf-Eller, A52 von Norden kommend bis zum Ende (detaillierte Beschreibung auf der Homepage); vom Hbf. Ausgang Konrad-Adenauer-Platz nehmen und weiter zu Fuß
Tickets: ✆ (02 11) 734 40, www.mehr.de oder in allen bekannten Vorverkaufsstellen und Reisebüros
Spielzeiten und Ticketpreise: bitte telefonisch oder im Internet abfragen

Musical Dome Köln ➡ Fa3, K5
Goldgasse 1, 50668 Köln
✆ (02 11) 734 40
www.musicaldome.de
Anreise: von der Ringautobahn Köln Richtung Zentrum/Dom, Parkplätze im Parkhaus »Musical Dome«; mit dem ÖPNV bis Haltestelle Breslauer Platz/ Hbf., Ausgang Breslauer Platz
Tickets: ✆ (02 11) 734 40, www.mehr.de
Karten gibt es außerdem in allen bekannten Vorverkaufsstellen und Reisebüros
Spielzeiten und Ticketpreise: bitte telefonisch oder online abfragen

Nicht weit vom Dom: der Musical Dome in Köln

Musical Dome in Köln

Der Musical Dome fällt durch seine blaue Zeltkonstruktion und seine außergewöhnliche Glas-Stahl-Bauweise an der Kölner Rheinpromenade in unmittelbarer Nachbarschaft zum Dom auf. Das größte Theater der Stadt wurde 1996 nach nur sechs Monaten Bauzeit eröffnet. Neben preisgekrönten Musicals finden hier renommierte internationale Gastspiele statt. Im Erdgeschoss des Foyers öffnet das »Musical Dome-Restaurant« anderthalb Stunden vor Vorstellungsbeginn.

Erfolgreiche Produktionen des Musical Dome waren »Saturday Night Fever«, das 1999 mit 1100 Vorstellungen rund 1,4 Millionen Zuschauer in seinen Bann zog, und das Queen-Musical »We Will Rock You«, das von 2004 bis 2008 rund zwei Millionen Zuschauer in fast 1400 Vorstellungen begeistern konnte. Von 2012 bis 2015 erfuhr der Musical Dome seine temporäre Verwandlung in die »Oper am Dom« und wurde zur Hauptspielstätte der Kölner Oper während der Sanierung des Stammhauses. Im November 2015 feierte das Musical »Bodyguard« hier Deutschlandpremiere. 2018 wurde »Tanz der Vampire« aufgeführt. 2019 folgen »Miss Saigon«, »Wahnsinn«, »Jesus Christ Superstar« und erneut »Bodyguard«. 2020 stehen u. a. Richard O'Brien´s »Rocky Horror Show» und eine Neuinszenierung von »We Will Rock You» auf dem Programm.

1 Starlight Express in Bochum

Das am längsten laufende Musical Deutschlands ist zugleich das erfolgreichste Musical der Welt und wird seit 1988 in Bochum geboten: In den Träumen eines kleinen Jungen nehmen seine Modelleisenbahnen menschliche Züge an: Dampf-, Diesel- und Elektrolokomotiven, allen voran die liebenswerte, aber leicht veraltete Dampflok »Rusty« und ihr Konkurrent, die Diesellok »Greaseball«, kämpfen in der »Weltmeisterschaft der Lokomotiven« um Sieg, Anerkennung und natürlich um die Gunst der Frauen.

Das spektakuläre Rollschuh-Musical, das inzwischen über 16 Millionen Besucher sahen, findet nicht nur auf der Bühne statt: Mehrfach rasen die Schauspieler auf ihren Bahnen auch durch die Ränge. Packende Rhythmen, atemberaubendes Tempo, aufwendige Lasereffekte und imposante Bühnentechnik samt Drohnen und Projektionen versprechen unterhaltsame Stunden. In 360-Grad-Panorama-Sesseln verfolgen Zuschauer im Parkett das Geschehen hautnah.

Zum 30-jährigen Bühnenjubliäum 2018 feierte das Musical eine von Andrew Lloyd Webber technisch, musikalisch und optisch perfektionierte Weltpremiere, und seither kommt Starlight Express moderner, innovativer, fantasievoller und mitreißender daher als je zuvor.

Starlight Express Theater ➡ Ab3, D7
Stadionring 24, 44791 Bochum, ✆ (02 11) 734 40, www.starlight-express.de
Anreise: A40 Abfahrt Stadion/RuhrCongress, dann den Ausschilderungen folgen, Parkplätze gibt es vor Ort; mit dem ÖPNV von Bochum-Hbf.: mit der U-Bahn-Linie 308 zur Station Vonovia Ruhrstadion und dann 10 Min. zu Fuß oder mit der Buslinie 388 Richtung Keplerweg bis Haltestelle RuhrCongress, dann 2 Min. Fußweg
Tickets: ✆ (02 11) 734 40, www.mehr.de oder in allen bekannten Vorverkaufsstellen und Reisebüros
Spielzeiten und Ticketpreise: bitte telefonisch oder online abfragen

Modelleisenbahnen bekommen in Bochum menschliche Züge

Rekordshow auf Rollschuhen

STARLIGHT EXPRESS

Bochum, Nordrhein-Westfalen

Die 1980er Jahre waren das Jahrzehnt des Rollerskating, und so ist es nicht verwunderlich, dass Andrew Lloyd Webber sein berühmtes Rollschuh-Musical »Starlight Express« gerade in jener Zeit auf die Bühne brachte.

Dabei geht es in der Show gar nicht um Rollschuhe, sondern um Züge und Lokomotiven: Die Dampflok Rusty will an einem Wettrennen teilnehmen, doch andere Loks sind stärker und selbstbewusster und bringen meist auch mehrere Waggons als Verstärkung mit, so etwa die E-Lok Electra und die Diesellok Greaseball. Vom deutschen ICE geht Ruhrgold ins Rennen, von der Transsibirischen Eisenbahn Turnov.

Beim letzten Durchgang sind nur noch Rusty, Greaseball und Electra am Start. In seiner Verzweiflung wendet sich Rusty an Starlight Express, eine Art Geist der Eisenbahn, und bittet ihn um Kraft. Und tatsächlich – die Dampflok gewinnt das Rennen! Mehr noch: Rustys Freundin Pearl, ein luxuriöser Erste-Klasse-Wagen, kehrt zu ihm zurück.

»Starlight Express« ist ein Klassiker und es macht Spaß, den Akteuren in ihren futuristischen Kostümen beim Spielen zuzusehen. Gemeinsam liefern sie eine einzigartige Show ab, bei der sie zu mitreißender Rockmusik auf Rollschuhen mitten durch das Publikum rasen, steile Wände hochfahren, Funken sprühen lassen, sich überschlagen und doch immer wieder auf den Füßen landen.

»Starlight Express« ist ein Bühnenevent der Spitzenklasse und fasziniert die Menschen nachhaltig: Die deutsche Inszenierung wird seit 1988 in Bochum aufgeführt und ist somit die am längsten laufende Show der Welt. Diesen beispiellosen Erfolg muss man bereits vorausgeahnt haben, denn als das Musical in Deutschland anlaufen sollte, wurde in nur einem Jahr eigens ein ganz neues Theater gebaut – nur für Rusty und die anderen Eisenbahnen auf Rollschuhen. Und hier flitzen sie bis heute auf der großen Bühne umher.

Lokomotiven mit menschlichen Zügen: »Starlight Express« in Bochum

Zum 30-jährigen Jubiläum im Jahr 2018 wurde technisch noch mal aufgerüstet, Lichteffekte, Soundanlage und Bühnenbild wurden erneuert. Doch nicht nur das: Es gibt neue Songs und neue Charaktere, so etwa die französische Schnellzügin Coco. Insgesamt setzt man auf Frauenpower: Statt Papa agiert nun Mama. Geblieben ist vor dem Gebäude die alte preußische Lokomotive aus dem 19. Jahrhundert, eine Leihgabe des Eisenbahnmuseums Bochum. Im Mai 2020 begann ein aufwendiger Umbau samt Modernisierung, damit nach der Corona-Pause wieder in Topform durchgestartet werden kann.

INFO: In Bochum-Grumme gelegen. **INFO STARLIGHT EXPRESS THEATER:** Stadionring 24, 44791 Bochum, Tel. (02 11) 734 40, www.starlight-express.de.

Der Zuschauerraum im GOP Varieté-Theater

GOP Varieté-Theater in Essen

Im Juni 1996 liefen im Grand-Filmpalast in der Rottstraße zum letzten Mal die Projektoren für Filmvorführungen an. Im Herbst desselben Jahres zog das GOP in die Räumlichkeiten des ehemaligen Lichtspielhauses. Seitdem reiht sich Essen erfolgreich in die Riege der deutschen Varieté-Städte ein und begeistert mitten im Herzen der Essener City bis zu 360 Zuschauer mit Top-Unterhaltung in modernem Ambiente und von allen Plätzen freiem Blick auf die Bühne.

Regelmäßig wechselnde Liveshows unterhalten mit Akrobatik, Magie, Comedy und Effekten. Obwohl jeder Künstler einzigartig ist, stehen die Showelemente jeweils in einem großen Zusammenhang. Kulinarische Glanzpunkte ergänzen den Theaterbesuch: Man genießt kleine Snacks während der Show oder ein komplettes Menü davor.

2015 erfuhr das Varieté eine grundlegende Renovierung, erhielt ein zeitgemäßes Design und eine moderne Ausstattung, neues Mobiliar, frische Farben und extravagante Beleuchtung. 2016 feierte das GOP sein 20-jähriges Jubiläum. Über zwei Millionen Gäste hat es schon begrüßt. Nach dem Corona-Lockdown 2020 konnte es schnell wieder öffnen.

GOP Varieté-Theater ➡ Ga2, D6
Rottstr. 30, 45127 Essen, ✆ (02 01) 247 93 93, www.variete.de
Anreise: A42 Abfahrt Essen-Nord Richtung Zentrum, A40 über Abfahrt Essen-Zentrum; Parken im Parkhaus »Am Weberplatz« (Kreuzeskirchstr. 35); U-Bahn-Station Viehofer Platz oder Rheinischer Platz
Tickets: ✆ (02 01) 247 93 93, im Reisebüro oder in allen bekannten Vorverkaufsstellen
Spielzeiten und Ticketpreise: bitte telefonisch oder im Internet abfragen

Einlassgang zum Theatersaal des GOP Varieté-Theaters

Der rote Teppich ist ausgerollt vor Roncalli's Apollo Varieté

Roncalli's Apollo Varieté in Düsseldorf

Mit der Eröffnung des Theaters im Jahr 1899 auf der Königsallee von Düsseldorf beginnt die Geschichte eines der bekanntesten Variétés Europas, in dem Stars wie Louis Armstrong und Josephine Baker auftraten. Leider fiel das Haus ab 1959 in einen Dornröschenschlaf, aus dem es erst Jahrzehnte später von Bernhard Paul, dem Direktor des Circus Roncalli, erweckt wurde. 1997 eröffnete das neue Apollo-Varieté unter der Rheinkniebrücke, das inzwischen jährlich von knapp 70 000 Zuschauern besucht wird.

Pantomimen, Tänzer, Komödianten, Zauberer, Jongleure und Akrobaten präsentieren allabendlich ihre Künste in einem vierteljährlich wechselnden Programm. Bereits das stimmungsvolle Ambiente des 476 Plätze zählenden Theatersaals beflügelt die Fantasie des Publikums, das in die Welt der Gaukler abtaucht. Sowohl während als auch nach der Show ist für das leibliche Wohl der Gäste gesorgt, vom einfachen Imbiss bis zum kompletten Menü reicht der kulinarische Bogen. Vom verglasten Restaurant hat man einen schönen Panoramablick auf den Rhein.

Roncalli's Apollo Varieté ➡ westl. Hd1, G4
Apollo-Platz 1 (unter der Rheinkniebrücke), 40213 Düsseldorf
✆ (02 11) 828 90 90, www.apollo-variete.com
Anreise: detaillierte Beschreibung auf der Homepage; Parkplatz unter der Rheinkniebrücke; Haltestelle Landtag/Kniebrücke der Rheinbahnlinien 706, 708, 709 und der Buslinie 726
Tickets: ✆ (02 11) 828 90 90, an der Theaterkasse, im Reisebüro oder in allen bekannten Vorverkaufsstellen
Spielzeiten und Ticketpreise: bitte telefonisch oder im Internet abfragen

Varieté et cetera ➡ nördl. Aa1, C7
Herner Str. 299, Gewerbepark Riemke, 44809 Bochum
✆ (02 34) 130 03, www.variete-et-cetera.de
Anreise: A43 Abfahrt Bochum-Riemke, dann auf Herner Straße Richtung Zentrum; A40 Abfahrt Bochum-Zentrum, dann auf Herner Straße Richtung Riemke, 100 m hinter der Haltestelle Zeche Constantin links; mit dem ÖPNV bis Haltestelle Zeche Constantin
Tickets: ✆ (02 34) 130 03, www.variete-et-cetera.de
Spielzeiten und Ticketpreise: bitte telefonisch oder online abfragen

Der stilvolle Theatersaal des Varieté et cetera

Varieté et cetera in Bochum

Sieben Jahre lang zog das Varieté mit seinem bunten Showprogramm durch Deutschland, bis es Ende 1999 in Bochum sesshaft wurde. Seit 2011 empfängt das einstige reisende Zeltvarieté seine Gäste in einem stilvollen festen Theater. Das Varieté et cetera gehört seit über 25 Jahren zu den Top-Adressen für Live-Entertainment im Ruhrgebiet. 2017 feierte das Varieté sein Jubiläum mit der Geburtstagsshow »25 Jahre Varieté et cetera«.

Jedes Vierteljahr präsentiert das Varieté eine neue Show mit einem neuen Künstlerteam. Für die gelungene Unterhaltung sorgen auch in Bochum hochkarätige internationale Artisten, Akrobaten und Komödianten. Zu einem gelungenen Abend trägt außerdem die gute Gastronomie bei – mit Speisen à la carte, einem auf die Show bezogenen Drei-Gänge-Menü oder einem Wunschbüfett, das für Gruppen ab 20 Personen zubereitet wird.

Das Varieté können Sie exklusiv mieten. Ob Geburtstagsparty, Hochzeit, Ausstellung, Tagung oder Firmenfeier – bis zu 300 Personen finden hier ausreichend Platz und Raum. ■

RUHR.TOPCARD
Infos und Karten:
✆ (018 06) 181 61 80, www.ruhrtopcard.de
Erwachsene € 56, Kinder € 36 (6–14 J.), maximal drei Kinder (bis 5 J.) in Begleitung eines Karteninhabers frei
Kostenloser Eintritt in mehr als 90 Museen, Zoos, Freizeitbäder und weitere Attraktionen (jeweils einmal) und 50 % Rabatt auf den Eintrittspreis von zahlreichen Freizeitparks, Theatern und Varietés sowie für die ExtraSchicht.

ExtraSchicht
Infos und Karten ✆ (018 06) 18 16 50
www.extraschicht.de, Karten € 17/14, mit RUHR.TOPCARD € 8,50, Abendkasse € 20, wieder 2021
Seit 2001 findet einmal im Jahr, jeweils am letzten Junisamstag, die »ExtraSchicht – Die Nacht der Industriekultur« statt (vgl. rechts). Dann öffnen Zechen, Stahlwerke, Fördertürme im Ruhrgebiet ihre Tore und es finden zeitgleich zahlreiche Veranstaltungen statt.

Die Karte garantiert freien Eintritt zu allen Spielorten und Veranstaltungen, freie Fahrt mit öffentlichen Verkehrsmitteln und Nutzung der jeweiligen Shuttlebusse.

»ExtraSchicht« im Landschaftspark Duisburg-Nord

Nacht der Industriekultur

ExtraSchicht

Ruhrgebiet, Nordrhein-Westfalen

Am letzten Samstagabend im Juni sorgt das Festival »ExtraSchicht – Die Nacht der Industriekultur« seit 2001 im Ruhrgebiet für Unterhaltung und Abwechslung an rund 50 Orten in mehr als 20 Städten. Eine Veranstaltung der Superlative: 500 Events mit 2000 Künstlerinnen und Künstlern beleben ehemalige Industriestandorte und bieten ein abwechslungsreiches Programm mit Akrobatik, Konzerten, Theater, Street Art und Kulinarik bis spät in die Nacht. Feuerwerk, Lichtkunst, Poetry Slam, Action Painting, Clowns und Zauberer locken Groß und Klein in ehemalige Kohlelager, Waschkauen, Zechen und Hütten, zu Häfen und in ehemalige Brauereien. Das Ruhrgebiet wird für einen Abend ein gigantischer Festspielplatz, der jedem Besucher etwas bietet.

Das Programm ist so bunt und vielfältig wie das Ruhrgebiet an sich. Die Veranstaltung repräsentiert die Geschichte und den Wandel der Region. Dabei geht Altbewährtes mit Neuem Hand in Hand und ermöglicht den Besuchern in jedem Jahr ein einmaliges Erlebnis. Eine Besonderheit an der ExtraSchicht ist, dass die Veranstaltung Türen öffnet, die sonst verschlossen bleiben. Die Besucher bekommen beispielsweise einen exklusiven Einblick hinter die Kulissen verschiedener Unternehmen.

Mehrere hunderttausend Besucher verzeichnet die Nacht der Industriekultur jährlich, organisiert wird sie von der Ruhr Tourismus GmbH gemeinsam mit über 200 Kooperationspartnern. Am Abend der ExtraSchicht kann das Auto in der Garage bleiben: Dafür sorgt ein ausgeklügeltes Mobilitätskonzept, das die Besucher quer durch die Metropole Ruhr transportiert. Der Austausch der Besucher mit Gleichgesinnten in Bus und Bahn ist ein wichtiger Teil des ExtraSchicht-Konzepts.

Illuminierter Wasserturm der Jahrhunderthalle Bochum

Zusätzlich zu den Shuttlebussen gibt es eigens für den Abend entwickelte Radrouten – viele Spielorte der ExtraSchicht sind optimal an das Radwegenetz angebunden.

Info: 50 Spielorte im Ruhrgebiet. **Info ExtraSchicht:** Tel. (018 06) 18 16 50, www.ruhr-tourismus.de. Ticketpreise und Vorverkaufszeiträume finden Sie unter www.extraschicht.de. Die ExtraSchicht 2021 findet am 26. Juni 2021 statt.

Doppelhaus-Siedlung Margarethenhöhe

Route der Industriekultur

www.route-industriekultur.ruhr

Die Route der Industriekultur fasst auf einer rund 400 km langen Strecke die wichtigsten industriellen Monumente des Ruhrgebiets – Hüttenwerke, Hochöfen, Fördertürme, Gasometer, Zechen und Halden – zusammen und dokumentiert so die wechselvolle Industriegeschichte der Region.

Als **Ankerpunkte** gelten die touristischen Höhepunkte und besonders attraktive Veranstaltungsorte. Ergänzend hinzu kommen **Panoramapunkte**, etwa die **Halde Rheinelbe**, der Fernsehturm Florian oder der Tetraeder, und **Arbeitersiedlungen** wie Eisenheim und **Margarethenhöhe**.

Ruhrtriennale

www.ruhrtriennale.de, Aug./Sept.

Die Ruhrtriennale ist das internationale Festival der Künste im Ruhrgebiet, das seit 2002 erfolgreich in den monumentalen Industriearchitekturen der Region stattfindet. Rund 900 Künstlerinnen und Künstler präsentieren jedes Jahr im Spätsommer Theaterstücke, Tanz- und Musikdarbietungen, Bildende Kunst und Performances in genreübergreifenden Produktionen, darunter viele Uraufführungen. Als ausdrucksstarke Schauplätze dienen die Industriedenkmäler der Region, wie z.B. die Gebläsehalle des Landschaftsparks Duisburg-Nord, die Zeche und Kokerei Zollverein in Essen und die Jahrhunderthalle in Bochum.

Tanztheater von Sharon Eyal bei der Ruhrtriennale

Fort Fun Abenteuerland

2020 feierte das Fort Fun Abenteuerland, das mit über 40 Attraktionen die Besucher anlockt, seinen 48. Geburtstag. Den Anfang machte seinerzeit eine Sommerrodelbahn. Der abwechslungsreiche Familienpark, in einem landschaftlich reizvollen Tal des Hochsauerlandkreises gelegen, ist überwiegend im Wildweststil gestaltet.

Jedes Jahr machen neue Attraktionen die Runde, die beliebtesten Glanzpunkte und Shows werden immer wieder aufgepeppt. Man findet Fahrgeschäfte für den Dreh- und Schaukelspaß, Achter- und Rodelbahnen, Eisenbahnen, Wasserrutschen, unterhaltsame Shows und schöne Aussichtspunkte, eine Kletterwand und Wasserkatapulte. Essen und Trinken gibt es in den Lokalen der Westernstadt, außerdem einen Grillplatz und sogar ein Camp für Gruppenübernachtungen.

Attraktionen

2020 wartet Fort Fun mit einem neuen indianischen Themenbereich auf, in dem die Thunderbirds, die »Donnervögel«, für heftigen Thrillfaktor sorgen. Acht Gondeln

Abwärts geht's auf dem »Wild River«

Der Trapper SLIDER ist eine der längsten Sommerrodelbahnen

für je zwei Personen drehen sich rasant und überschlagen sich auch dabei, alles gut abgesichert natürlich und mit tollen visuellen und Toneffekten untermalt. Darüber hinaus begeistert die Schiffsschaukel **Capt'n Crazy** alle, die sich zusätzlich zur Schaukelbewegung gern um die eigene Achse drehen. Mit **WILD EAGLE** fliegt man mit 80 Kilometern pro Stunde als Drachenflieger hängend und mit großartiger Aussicht über das Tal. Im **Trapper SLIDER**, einer Rodelbahn, geht es rasant bergab durch den Wald. Licht- und Klangeffekte begeistern beim **Dark Raver**. Weitere beliebte Fahrgeschäfte – vor allem für die Kleineren – sind: der Selbstfahrspaß **Rocky Mountain Rallye** und die **Marienkäferbahn**.

Kurze Wartezeiten verspricht das Wellenflieger-Karussell. Rasant geht es auf der Achterbahn **Speed-Snake Free** von einer Spirale zur nächsten oder man fällt auf dem **Free Fall Tower Crash** scheinbar ungebremst, aber kindgerecht in die Tiefe. Und **Devil's Mine** ist eine Achterbahn, die durch ein Bergwerk mit engen Kurven rast. Einen weiten Ausblick haben Besucher bei der geruhsamen Runde mit dem 46 Meter hohen **Big Wheel**, Europas höchstgelegenem Riesenrad.

Achtung nass! Zwei besonders bei Familien beliebte Wasserbahnen nennt der Park sein Eigen: Auf der Stromschnellen-Wasserbahn **Los Rápidos** reißt es einen in runden Booten flussabwärts, auf dem **Wild River** in dicken Einbäumen. Das Indoorabenteuer **FoXDome**, verspricht mit 3D-Brille und Laserpistole, speziellen Sitzen, Licht-, Wind- und Toneffekten actiongeladene Minuten. Es ist Teil des großen Indoorspielparks **Fort Fun L.A.B.S.** (an bestimmten Tagen geöffnet, vgl. Website).

Ziemlich rasant geht es mit der Speed Snake von einem Looping zum nächsten

Für die Kleineren

Vergnügten Fahrspaß bieten die **Rocky Mountain Rallye** und die **Marienkäferbahn** sowie die **Kids´ Rallye** und **Old McDonald´s**. Zum sicheren Klettern laden die Seilwände und Stämme des **Heiligen Walds** ein. Vorführungen bietet das **Old McDonald´s Farmtheater** mit seiner spannenden Geschichte um einen Bauern und seine Tiere.

Gastronomie

Die meisten Imbisse und das Restaurant **El Cascada** liegen in der Westernstadt. Es gibt **Picknickplätze** und einen kostenlosen Grillplatz, das **Horse Shoe BBQ**. Familien und Gruppen (bis 20 Pers.) können im **Fort Fun Abenteuer Camp** (https://fortfun-abenteuercamp.de) in Blockhütten übernachten und wild-romantische Grill- und Lagerfeuerabende verbringen.

Fort Fun Abenteuerland ➡ F16
Aurorastraße 50, 59909 Bestwig-Wasserfall
Info-Hotline: ✆ (029 05) 810, https://fortfun.de
Anreise: A44 Abfahrt Kreuz Werl, dann A 445/46 in Richtung Bestwig, weiter den Ausschilderungen folgen
Öffnungszeiten: Mitte April–Ende Okt. 10–17 Uhr, in der Hochsaison verlängerte Öffnungszeiten, an verschiedenen Terminen im Mai/Juni und Sept. geschl. (die genauen Zeiten bitte telefonisch oder online abfragen)
Eintritt: Erwachsene € 29,50, Kinder (90–150 cm) und Senioren ab 60 J. € 23,50, Kinder unter 4 J. und Geburtstagskinder frei (bis 12 J., Ausweis vorlegen), Sonderpreise für Gruppen bei vorheriger Anmeldung, günstigere Onlineangebote auf der Homepage

Irrland

Ungetrübter Spaß im Irrland ist …

Der populäre Park im beschaulichen Wallfahrtsort Kevelaer am Niederrhein entstand aus einem Maislabyrinth und bezeichnet sich heute als »Europas größtes bäuerliches Erlebnislabyrinth« oder auch als »Bauernhof-Erlebnisoase«. Das rund 300 000 Quadratmeter große Irrland ist bei jedem Wetter geöffnet, denn rund 8000 Quadratmeter der Anlagen sind überdacht. Über 80 Attraktionen stehen bereit zum Spielen, Toben, Matschen, Rutschen, Rennen, Verirren, Klettern, Spaß haben, Kindergeburtstag feiern, Baden, Bauen, Grillen, Lernen …

Attraktionen

Grüne **Pflanzenlabyrinthe** aus hochgewachsenen Bambus- und Lorbeerpflanzen, Palmen und Sonnenblumen ziehen mit ihren Irrwegen Jung und Alt in ihren Bann. Unterschiedlich lange **Rutschen**, eine Hüpfburg namens **Riesengebirge** und die größte **Tret-Gokart-Bahn** der Welt begeistern die Besucher.

Alte Flugzeuge finden hier eine neue Bestimmung, beispielsweise die mit einer Aussichtsplattform in 15 Metern Höhe bestückte rote **Antonow**, in die man hineinklettern und wieder herausrutschen kann, oder der bunte Doppeldecker, in dem jeder einmal Flugkapitän sein darf.

Irrland ➡ westl. C1
Am Scheidweg 1, 47624 Kevelaer-Twisteden
✆ (028 32) 97 66 56, www.irrland.de
Anreise: A40 Ausfahrt Kerken, dann B9 in Richtung Kevelaer, Abzweig nach Twisteden; A57 Ausfahrt Sonsbeck/Kevelaer, Richtung Geldern, dann B9 in Richtung Kevelaer, Abzweig nach Twisteden; mit dem Zug bis Bahnhof Kevelaer, von dort mit dem Linienbus zum Park, Haltestelle Plantaria. Kleinere Gruppen (bis max. 8 Personen) transportiert der Bürgerbus (Mo–Fr, einmal in der Stunde, € 1,20/1)
Öffnungszeiten: Tägl. Mitte März–Anfang Okt. 9–19, restlicher Okt. 9–18 Uhr, spontane Verlängerung der Öffnungszeiten bei gutem Wetter möglich
Eintritt: Tageskasse € 7,50, online € 7, Schulklassen (bis Klasse 6), Kindergärten, Vereine etc. ab 20 Personen € 5,50 pro Person, Sandwege im Park für Rollstuhlfahrer nur sehr eingeschränkt nutzbar, kostenlose Parkplätze, keine Hunde im Park erlaubt, Bollerwagenverleih € 3
Robuste Kleidung, Badesachen (im Sommer) und Pfandmünzen nicht vergessen!

... bei jedem Wetter auf dem 300 000 m² großen Gelände garantiert

Große Publikumsmagneten sind das **3-D-Strohpyramiden-Labyrinth**, die weltgrößte **Hochbaustelle** mit rund 40 000 Bausteinen, die **Bauernhof-Spielscheune** und die schwabbelige **Kletterpyramide**, das gelbe **Mais-Schwimmbad**, wo man in Tonnen von Maiskörnern badet, und die **Big-Bobbycar-Rennbahn** für die beliebten Kinderflitzer.

Die Kleinen mögen die **Ställe**, das Melkhaus und die Ziegenmühle, wo man Kühe melken, Ziegen, Kälber und Ferkel anschauen, Hängebauchschweine, Esel, Pferde und andere freundliche Vierbeiner streicheln kann. Wasserratten kommen auf ihre Kosten auf dem **Wasserrutschenaquädukt** und den anderen Wasserspiel- und -bauplätzen sowie im **Badesee**. Bade- und Wechselsachen im Sommer nicht vergessen!

Wer nach dem Besuch der tropischen **Indoor-Kletterlandschaft** oder dem Kraxeln auf dem **Sandmatschberg** im Eichwäldchen müde ist, der ruht sich auf der **Palmenliegewiese** aus.

Wasserrutschenspaß im Irrland

Gastronomie

Es gibt sieben Kioske im Park, ansonsten verpflegt man sich im Park selbst. Dafür stehen über 200 **Grillplätze** zur kostenlosen Verfügung. Eigenes Grillgut darf mitgebracht werden.

2 Movie Park Germany

Mit dem Slogan »Hollywood in Germany« warb der US-Medienkonzern Warner Bros. für seinen Film- und Freizeitpark in Bottrop-Kirchhellen, der im Sommer 1996 eröffnete und sich rasch zu einer Top-Attraktion im Norden des Ruhrgebiets entwickelte. Der Bottroper Freizeitpark wurde 2004, für zehn Millionen Euro umgestaltet und nunmehr Deutschlands größter Park dieser Art, in Movie Park Germany umbenannt. Folgende sieben Themenbereiche teilen den Park ein: **The Old West, Santa Monica Pier, Streets of New York, Hollywood Street Set, Nickland, Adventure Lagoon** und der – zuletzt hinzugekommene – futuristische **Federation Plaza.**

Attraktionen

Das Hollywood Street Set, das Herzstück des Parks, ist unterschiedlichen Filmkulissen nachgebildet. **Area 51 – TOP SECRET** lädt Besucher an Bord eines Versorgungsboots zu einer haarsträubenden Entdeckungsfahrt durch die Groom Lake Air Force Base, kurz »Area 51« in Nevada, ein, damit sie herausfinden können, ob die legendären Aliens wirklich existieren! Im Bereich des Federation Plaza wartet mit **Star Trek™: Operation Enterprise** eine fantastische Achterbahn auf Besucher.

Der Flugsimulator **Time Riders** im Bereich Streets of New York nimmt Gäste mit auf eine Reise durch Zeit und Raum. Der **NYC Transformer** wirbelt sich um die

Nahezu schwerelos fühlt sich der Besucher bei hoher Geschwindigkeit im Atomic Flyer

Die Action Stunt Show »Crazy Cops New York« im Movie Park Germany

eigene Achse drehend durch die Luft. Bei **Van Helsing's Factory** geht es auf eine rasante nächtliche Jagd nach geheimnisvollen Vampiren.

In den Themenbereich The Old West zieht es die Action-Liebhaber. Wer mag, kann hier mit **The High Fall** dem freien Fall aus 60 Metern Höhe und mit 90 Kilometern pro Stunde frönen, sich am langen Arm des **Side Kick** durch die Lüfte wirbeln lassen, mit dem **MP Xpress** an Schienen hängend oder oben auf der Holzachterbahn **Bandit** mit knapp 80 Kilometern pro Stunde schnell dahinrasen. Nickland bietet in Kooperation mit dem TV-Sender Nickelodeon Attraktionen rund um die Serienhelden **SpongeBob** und **PAW Patrol**.

Im Themenbereich Santa Monica Pier wirbelt der **Crazy Surfer** seine Mitfahrer auf einer sich drehenden Scheibe herum. Hier befinden sich u. a. auch das **Rescue**

Bei Zumas Zoomers geht es im Themenbereich Adventure Bay rasant durch die Kurven

Zwischen Crazy Cops und Ninja Turtles

Movie Park Germany

Bottrop, Nordrhein-Westfalen

Hollywood im Revier: Deutschlands einzigartiger Film- und Entertainmentpark liegt mitten im Ruhrgebiet. Dort, wo früher der Traumlandpark zu Hause war, bietet der 1996 eröffnete Movie Park Shows und Attraktionen rund um das Thema Film sowie rasante Fahrgeschäfte. Einmal der Quasselstrippe SpongeBob Schwammkopf begegnen, gemeinsam mit Tasha dem Nilpferd und Tyrone dem Elch quer durchs All bis zum roten Planeten Mars fliegen, mit Erfinder Horace Wells in die Zeitmaschine »Time Riders« steigen oder als Teil der Pier Patrol im Jetski Verbrecher über das Wasser jagen. Der Freizeitpark im Revier bietet auf einer Fläche von 45 Hektar Unterhaltung für Jung und Alt: über 40 Attraktionen, Shows, ein 4-D-Kino mit Luft-, Wasser- und Vibrationseffekten, Wasserbahnen und Achterbahnen.

Mit dem »High Fall« geht es bei einer vollen 360-Grad-Drehung zunächst in 60 Meter Höhe, um dann nach vorne gebeugt mit einer Höchstgeschwindigkeit von 90 Kilometern in die Tiefe zu sausen. Im Avatar Air Glider fliegen die Besucher wie Vögel bäuchlings durch die Lüfte. Die Holzachterbahn »Bandit« bietet einen ganzen Kilometer Fahrspaß bei einer Höhe von 30 Metern. Die Familienachterbahn »Jimmy Neutron's Atomic Flyer« richtet sich schon an Kinder ab einer Körpergröße von 95 Zentimetern. Die Bahn hat zwar keine Loopings oder Schrauben, durch ein Bügelsystem wird dem Gast dennoch das Gefühl vermittelt zu fliegen.

Auch die Welt des Showbusiness spielt im Park eine große Rolle: In der actiongeladenen Stunt Show »Crazy Cops New York« zeigen Stuntmen halsbrecherische Tricks. Mit den Teenage Mutant Ninja Turtles kann man einen Tag wie im Film erleben.

Info: Bottrop-Kirchhellen liegt ca. 15 km nördlich des Bottroper Zentrums. **Info**

Der »Star Trek Coaster« im Movie Park in Bottrop

Movie Park Germany: Warner Allee 1, 46244 Bottrop, Tel. (020 45) 89 98 99, www.movieparkgermany.de, Öffnungszeiten (vgl. Website), Nov.–März geschl., Eintritt ab € 44, ermäßigt (4–11 J.) ab € 35, online günstiger.

112, ein Feuerwehr-Kinderfahrgeschäft, das Kettenkarussell und das Riesenrad.

Shows

In vielen Bereichen des Parks finden Shows statt. In der Action Stunt Show **Crazy Cops New York** wird die turbulente Arbeit von Polizisten in Hollywoodfilmen demonstriert. In der actiongeladenen **Jet Ski Stunt Show** geht es um atemberaubende Stunts und Kampfszenen der gut trainierten Wasserbobfahrer. Kleinere Kinder lieben die **Character Show**, in der u.a. SpongeBob auftritt oder die bezaubernde **Movie Park On Parade** mit allen Charakteren und Darstellern des Movie Parks, die vom Hollywood Street Set bis zu den Streets of New York verläuft. Jedes Jahr im Oktober verwandelt sich der Park jeweils von Donnerstag bis Sonnstag in ein Gruselkabinett der Extraklasse: ca. 280 Monster treiben auf dem **Halloween Horror Festival** ihr Unwesen.

Gastronomie & Geschäfte

Zwei größere Restaurants, **Pizza & Pasta** und der **Van Helsing Club**, sowie diverse Imbisse, Cafés und Eisdielen sorgen für das leibliche Wohl der Parkbesucher. Jeder Themenbereich hat seine eigenen Lokalitäten, die in der Hauptsaison durch Imbissstände erweitert werden.

In den Geschäften der Themenbereiche findet man Souvenirs, T-Shirts und Film-Memorabilien.

Movie Park Germany ➡ B6
Warner Allee 1, 46244 Bottrop-Kirchhellen
✆ (020 45) 89 98 99, www.movieparkgermany.de
Anreise: A31 Richtung Emden, Ausfahrt 39 Bottrop-Feldhausen; per Bahn von Essen, Dortmund oder Oberhausen bis zum DB-Bhf. Feldhausen, dann 400 Meter zu Fuß; per Bus (Linie 267) ab Essen Hbf. zur Haltestelle Movie Park
Öffnungszeiten: Ende März–Anfang Nov. tägl. 10–17/18 Uhr, in der Hochsaison und Okt. länger, April, Sept./Nov. einige Tage geschl. (die genauen Zeiten bitte tel. oder online abfragen)
Eintritt: Erwachsene ab € 44, Kinder (4–11 J.) ab € 35, online günstiger, Senioren und Behinderte ermäßigt, Kinder bis 3 J. frei, Geburtstagskinder ermäßigt (bei Vorlage des Ausweises), für Gruppen ab 15 Personen, Schulklassen besondere Angebote (bei Anmeldung), Parkgebühr € 7, online € 6 pro Tag. Beim **Halloween Horror Festival** gelten verlängerte Öffnungszeiten (Tickets nur im Vorverkauf).
Am Eingang können Kinderwagen und Rollstühle ausgeliehen werden.

Wölfe haben ihr Gehege im Wildpark bezogen

Panorama-Park Sauerland Wildpark

Der Panorama-Park liegt auf den Höhen der Ausflugsregion Rothaargebirge. In den vergangen 50 Jahren ist hier aus dem ersten Wildpark Deutschlands ein beliebter Familienpark entstanden, der sich vorzüglich in die Natur des Sauerlandes integriert.

Den Schwerpunkt des Parks bildet der angeschlossene Wildpark mit vielen europäischen Tierarten. Viel Platz zum Spielen und Toben, vor allem für jüngere Kinder, bieten die verschiedenen Attraktionen und Spielzonen. Die Tal- und Bergbereiche des Parks sind durch mehrere Verkehrsmittel miteinander verbunden.

Wildpark

Im abwechslungsreichen Wildpark sind Rot- und Damwild, Luchse, Mufflons, Otter, Waschbären, Wildschweine, Wisente und andere in Europa heimische Tierarten zu Hause. Die größte Attraktion ist das **Wolfsrudel** – namentlich Omilan, Oleg, Ondrej und Olga – in seinem 5300 Quadratmeter großen Gehege. Weitere Angebote des Wildparks: die **Rhododendron-Allee**, der **Streichelzoo**, der **Pflanzen-Lehrgarten** und die **Liegewiese**.

Attraktionen

Schnell ist der **Fichtenflitzer**, eine 1,6 Kilometer lange Sommerrodelbahn, die 13 Steilkurven und vier Tunnel im Programm hat. Spaß für die ganze Familie bieten auch das **Rutschenparadies** und das 160 Quadratmeter große **Mega-Hüpfkissen**. Die von einem Traktor gezogene Bahn **Pano's Express** bringt die Besucher vom Tal- zum Bergbereich und wieder zurück.

Außerdem gibt es **Pano's Wunderland** mit Spiegelsaal, Bällebad und Hüpfkissen, eine **Riesen-Trampolin-**

Rasante Abfahrt mit dem Fichtenflitzer

Anlage mit sieben im Kreis angeordneten Trampolinen, einen **Vulkan** zum Klettern und Rutschen, eine 700 m lange **Kettcarbahn** mit Steigungen, Kurven und Abfahrten, eine **Power-Paddel-Anlage** mit Meeresbecken, ein **Heckenlabyrinth**, Sand- und Wasserspielplätze wie die **Sand-Oase** sowie ein **Pferdekarussell**, und der **Wellenreiter** lockt zum nassen Fahrspaß. Allein oder zu zweit geht es mit kleinen, bunten Booten schwungvoll eine der vier gewellten Bootsrutschen hinunter.

Gastronomie

Von der Currywurst über Süßigkeiten bis zum Essen à la carte gibt es im Panorama-Park Sauerland und im Wildpark vieles. Sehr beliebt bei Familien sind der schön im Grünen gelegene **Imbiss am See** und das **Restaurant Strohkiste** am höchsten Punkt des Parks.

Auch **Grillplätze**, die man telefonisch vorbestellen kann, stehen den Gästen gegen eine Gebühr zur Verfügung. Entsprechendes Grillgut kann man selbst mitbringen und vor Ort zubereiten.

Panorama-Park Sauerland Wildpark ➡ J14
Rinsecker Str. 100 , 57399 Kirchhundem-Oberhundem
✆ (027 23) 71 62 20, www.panopark.de
Anreise: von A4 oder A45 auf die B54 bzw. B55 und dann gemäß der Ausschilderung
Öffnungszeiten: April–Okt. tägl. 10–17 Uhr, im Juli/Aug. bis 18 Uhr (die genauen Zeiten bitte telefonisch oder online abfragen)
Eintritt: Erwachsene und Kinder (ab 90 cm) € 13,50, Parkplatzgebühren € 2, Geburtstagskinder frei, Jahreskarten im Angebot, Sonderpreise für Gruppen, Schulklassen, Kindergartengruppen, einstündige Wald- und Wildvorführungen sind möglich und kosten € 30, Bollerwagen € 3
Hunde dürfen angeleint kostenlos mitgeführt werden.
Weitere Tarife z. B. für Grillplätze und Hütten stehen auf der Homepage.

Phantasialand Brühl

Bis zum Gründungsjahr 1967 befand sich auf dem Gelände von »Phantasialand« ein staubiger, abgetragener Braunkohletagebau. Allen Unkenrufen zum Trotz verwirklichten der Schausteller Löffelhardt und der Puppenspieler Schmidt hier ihren Traum von einem eigenen Freizeitpark. Der Erfolg ist bis heute ungebrochen. Phantasialand bietet Attraktionen und Shows, Hotellerie, Themenrestaurants sowie hochklassige Abendunterhaltung.

Attraktionen

Alle Themenbereiche – **Mexico, Berlin, Fantasy, Mystery, China Town, Deep in Africa** – begeistern mit Attraktionen. Mit dem Suspended Top Spin **Talocan** erleben Besucher in »Mexico« ein vollkommen neues Körpergefühl. Faszinierend ist der Dämonenritt auf der **Black Mamba** in »Deep in Africa«: Die Achterbahn windet in Loopings, Schrauben und Steilkurven durch Schluchten und Wasserfälle. **Winja's Fear** und **Winja's Force** im Themenbereich Fantasy sind zwei Achterbahnen der neuesten Generation. Wagemutige stürzen sich im **Mystery Cast-**

Die Wildwasserbahn Chiapas im Phantasialand Brühl

Wellenreiter in der Themenwelt Berlin

le aus atemberaubender Höhe ins Bodenlose oder den **River Quest** mit einem Wildwasser-Raft hinunter. Mit der Holzachterbahn **Colorado Adventure** in »Mexico« erklimmt man eine Kurve nach der anderen, während es auf der **Wildwasserbahn Chiapas** weitaus rasanter und nasser zugeht. Das mittelalterliche Dorfs Klugheim bietet in der Themenwelt Mystery mit **Taron** und **Raik** zwei innovative, miteinander verschlungene Rekord-Achterbahnen. Und das verrückte **Hotel Tartüff** in »Berlin« verblüfft mit verdrehten Räumen und seltsamem Personal. Teil von »Berlin« ist der viktorianisch bis punkig-industriell anmutende Stadtbereich Rookburgh. Hier schickt die **Achterbahn F. L. Y.** ihre Fahrgäste durch Katapultabschüsse auf die Reise, eine Weltneuheit.

Shows

In keinem anderen deutschen Vergnügungspark gibt es so viele gute Shows. In »Berlin« läuft **Maus au Chocolat**, ein interaktiver Spaß mit 3-D-Effekten. In der Arena de Fiesta in »Mexico« werden in der Eislaufshow **Ice College** mitreißende Rhythmen und rasante Choreografien auf zwei Kufen dargeboten. In der Wintersaison bietet Phantasialand bei jedem Wetter Shows und Attraktionen im perfekt inszenierten **Wintertraum** aus Schnee und Eis. Alle wetterfesten Attraktionen sind geöffnet – rund 70 Prozent sind überdacht – und für die Gäste gibt es eine Schlittschuhfläche, Motorschlitten für die Kleinen, Eisstockschießen, eine Rodelbahn, tägliches Feuerwerk und eigens inszenierte Shows.

Jump! begeistert als Tanz-Show-Highlight im Silverado Theatre mit gewagten Sprüngen und Akrobatik auf zwei Rädern. Puren Genuss verspricht die Gala-Dinner-

Von Giftschlangen und Achterbahnen

PHANTASIALAND

Brühl, Nordrhein-Westfalen

Sie ist aggressiv, äußerst angriffslustig und scheut sich nicht, größere Gegner zu attackieren. Ihr Tempo ist atemberaubend und zwei Tropfen ihres Gifts reichen aus, um einen Menschen zu töten. Im Gegensatz zu anderen Schlangen ist sie tagaktiv. Für einen Freizeitpark, der täglich von 9 bis 18 Uhr geöffnet hat, ziemlich beängstigend. Trotzdem ist die Schwarze Mamba, die größte Giftschlange Afrikas, im Brühler Phantasialand heimisch. Kopfüber zappeln die Opfer in ihrem Maul. Gellend hallen ihre Schreie durch Schluchten, brechen sich an Felswänden und werden vom Rauschen eines gigantischen Wasserfalls verschluckt.

Die Achterbahn »Black Mamba« erstreckt sich über ein Areal von 15 000 Quadratmetern. Laut Betreiber ist sie »die gewaltigste physische Herausforderung« und bietet eine »Fahrt wie im Fieberrausch«. Die Bahn macht Überschläge, bei denen die Welt kopfsteht. Die Fahrt durch Korkenzieherdrehungen und die Momente der Schwerelosigkeit entschädigen dafür, dass ansonsten die viereinhalbfache Macht des eigenen Körpergewichts spürbar wird.

Die Mamba ist jedoch nur eine von vielen Attraktionen im rheinischen Freizeitpark Phantasialand. Wasserbahnen, Geisterschloss, ein Free Fall Tower im Mystery Castle oder umgedrehte Welt im Feng Ju Palace – es gibt nichts, was es nicht gibt. Eine Eisrevue auf einem mexikanischen Dorfplatz, atemberaubende Verrenkungen und Sprünge durch brennende Reifen in Chinatown oder das Show-Abenteuer zur Geisterstunde, Musarteum.

Im 4-D-Kino erlebt man die halsbrecherische Schatzsuche an Bord eines Piratenschiffs. Modernste Technik katapultiert die Besucher direkt ins Zentrum der Freibeutergefechte: Mal bläst einem eine kalte Meeresbrise ins Gesicht, mal wird man von schäumender Gischt erwischt.

Achterbahn im Themenbereich Deep in Africa im Phantasialand Brühl: Black Mamba

In Talocan baumeln die Füße und Köpfe der abenteuerlustigen Fahrgäste frei über schroffen Abgründen, eingebettet in die ehrfurchtgebietenden Ruinen eines Aztekentempels. Die Themenwelt Klugheim begeistert Groß und Klein mit der High-Speed-Achterbahn Taron und dem Family-Boomerang Raik.

INFO: Brühl liegt ca. 20 km südöstlich von Köln. **INFO PHANTASIALAND:** Schmidt-Löffelhardt GmbH & Co. KG, Berggeiststr. 41, 50321 Brühl, Tel. (022 32) 366 00, www.phantasialand.de, Öffnungszeiten tägl. April–Okt. 9–18, Ende Nov.–Mitte Jan. 11–20 Uhr, sonst geschl., Eintritt € 49,50, ermäßigt (4–11 J.) € 39,50, Herbst, Winter günstiger, online auch.

Garten des Hotels Matamba

Show **Fantissima** am Abend mit einer Mischung aus großer Show und köstlichem Gourmet-Menü in stilvollem Ambiente. Auf der Open-Air-Bühne **China Town** erlebt man atemberaubende Shows mit chinesischen und mongolischen Akrobaten.

Gastronomie, Geschäfte und Hotels
Vier Hotel-Restaurants beleben die kulinarische Szene des Parks. Im Restaurant **Bamboo** im chinesischen Vier-Sterne-Themenhotel **Ling Bao** genießt man asiatische Büfetts und Wok-Gerichte im passenden Ambiente. Ebenso gute fernöstliche Menüs bietet im selben Hotel das asiatische À-la-carte-Restaurant **Lu Chi**. Einen stimmungsvollen Abend, wahlweise à la carte oder mit Fondue, garantiert das Lounge-Bar-Restaurant **Bantu** im afrikanischen Drei-Sterne-Plus-Themenhotel **Matamba**. Vom Büfett speist man im benachbarten Restaurant **Zambesi**. Im neuen Themenbereich Rookburgh offeriert das außergewöhnliche 106-Zimmer-**Themenhotel Charles Lindbergh** seinen Gästen faszinierende, als Flugkabinen gestaltete Zimmer und exklusive Stadtpanoramen sowie das Restaurant **Uhrwerk** und die Bar **1919 – Bar. Pub. Destille**. Drei Hotel-Bars servieren Cocktails, Kaffee- und Teespezialitäten. In jedem Themenbereich findet man Snacks, zudem stehen Souvenir- und Präsentartikel bereit.

Phantasialand Brühl ➡ M5
Berggeiststr. 31–41, 50321 Brühl, www.phantasialand.de
Allgemeine Info-Hotline ✆ (022 32) 362 00, Tickets ✆ (022 32) 366 00
Anreise: von A553 Abfahrt Brühl-Süd in die Phantasialandstraße und an der 1. Ampel rechts in die Berggeiststraße; mit dem Zug bis Brühl-Hbf., dann Shuttlebus oder mit der Straßenbahnlinie 18 bis Brühl-Mitte und Weiterfahrt mit dem Shuttlebus (hin und zurück € 3).
Öffnungszeiten: April–Anfang Nov. tägl. 9–18 Uhr, im Sommer bis 20 Uhr; Wintersaison Ende Nov.–Anfang Jan. verschiedene Termine (vgl. Homepage)
Eintritt: Erwachsene € 52,50, Kinder (4–11 J.) und Senioren (ab 60 J.) € 42,50, Geburtstagskinder (auch Erwachsene) frei, Blinde und Rollstuhlfahrer frei, vorangemeldete Gruppen ermäßigt, Zweitageskarten und Erlebnispass im Angebot, Parkgebühr € 6
Am Haupteingang gibt es eine Sanitätsstation, den Familienservice (mit Wasserkocher, Stillecke etc.) und einen Buggy- und Rollstuhlverleih (vorab reservieren). Hunde dürfen angeleint mit.

Einzigartig in Deutschland: In Stukenbrock leben weiße Löwen

Safariland Stukenbrock

Eine rheinische Schaustellerfamilie gründete 1969 den ursprünglich reinen Safaripark. Heute nehmen Attraktionen und Fahrgeschäfte eine Hälfte des Parks ein, die andere gehört nach wie vor den über 600 Tieren, die aus allen Teilen der Erde stammen. Seit 2006 darf sich der Park offiziell Zoo nennen, denn er erfüllt die Kriterien für dieses Qualitätssiegel, so dient er dem Schutz und Erhalt wild lebender Tiere. 2019 feierte der beliebte Park sein 50-jähriges Jubiläum.

Safarigelände

Durch das Gebiet mit Elefanten, Giraffen, Nashörnern und den Raubkatzengehegen führt eine Route, die man mit dem Pkw oder den Safaribussen (pro Person € 3,50) befahren kann. Das **Freigehege** mit Berberaffen wird von dem »Affenzug« durchquert, einer kleinen Bahn, in der die Besucher »hinter Gittern« sitzen. Unter den Raubkatzen sind die **weißen Tiger** hervorzuheben, von denen es nur einige Hundert Exemplare auf der Welt gibt. Sie leben hier in einer nachgebauten indischen Tempelanlage. Noch seltener sind die **weißen Löwen**, nur etwa 80 existieren auf der Welt. Die Star-Magier Siegfried & Roy übernahmen 1996 die Patenschaft für das Zuchtprogramm. Außerdem besitzt der Park eine 6000 Quadratmeter große **Gepardenanlage**, über der sich in fünf Metern Höhe ein Hochseilgarten erstreckt

Auf der Fahrt durch das Safarigelände kann man das ein oder andere Tier auch mal streicheln

– das gut abgesicherte Familienabenteuer ist im Eintrittspreis enthalten. Ein weiterer Star des Parks ist das **Zebrapferd Eclyse**.

Attraktionen im Vergnügungspark

Nach der Rundfahrt durch das Safarigelände kann man sich den Attraktionen und Shows des Vergnügungsparks widmen. Für Familien mit kleineren Kindern ist Stukenbrock unbedingt eine Reise wert.

Flying Tiger ist eine Looping-Achterbahn, die besonders bei Teenies Anklang findet. **Giraffe Tower** (40 m) ist etwas für Free-Fall-Fans und die **Flying Oil Pump** schaukelt und dreht Wagemutige hin und her und rundum. Im ansprechenden Afrika-Design und mit zehn Eltern-Kind-Plätzen dreht sich das Kettenkarussell **Africa Swing**.

An heißen Tagen sollten Wasserratten unbedingt die Badesachen mitbringen: Auf 2000 Quadratmetern erstreckt sich im Park das **Langnese-Plansch- und Spielparadies**. Auf der Wildwasserbahn **Kongo River** rast man auf zwei Schussfahrten aus elf und 21 Metern in die Tiefe, und **Wet'n Wild** bietet Wasser- und Spritzvergnügen auf dem aufgestauten Kongo River.

Attraktionen wie die **Superrutschen** reißen die gesamte Familie mit. Die Kleinen mögen zudem die **Kanal-Fahrt**, die **Marienkäferbahn** oder den **Crocodile Ride.** Im **Wilden Westen** wartet die Cowboystadt **Dodge City** auf Gäste.

Shows

Die bunte **Animal-Wild-West-Show** (tägl. 12 und 15.30 Uhr) von Dodge City hat Tanz, Musik und Schusswechsel sowie eine Bisonvorführung im Programm. Die bunte

Safariland Stukenbrock ➡ E17
Mittweg 16, 33758 Schloss Holte-Stukenbrock
✆ (052 07) 95 24 10, https://safariland-stukenbrock.de
Anreise: A2 bis Kreuz Bielefeld oder A44 bis Kreuz Wünnenberg-Haren, dann jeweils A33 Richtung Paderborn, Abfahrt 23 Stukenbrock-Senne
Öffnungszeiten: Mitte April–Ende Okt. tägl.10–18, in der Hochsaison ab 9 Uhr, April und Sept. nur Sa/So
Eintritt: Erwachsene € 32,50, Kinder (4–14 J.) € 26,50, Senioren € 29,50, Kinder unter 4 J., Geburtstagskinder (auch Erwachsene), Blinde und Rollstuhlfahrer frei Tickets in der Neben- und Vorsaison ermäßigt, Gruppentarife im Angebot, Freitag ist Familientag (außer an Feiertagen, pro Person € 25). Weitere Tarife und Rabatte auf der Homepage.
Der Eintrittspreis schließt die Liveshows, die Fahrattraktionen und die Fahrt durch das Safarigelände ein. Parkgebühr € 3,50. Hotelangebote sind online buchbar.

Animal-Wild-West-Show findet zweimal täglich (12 und 15.30 Uhr) in der Westernstadt Dodge City statt. Im Rahmen der unterhaltsamen Familiendarbietung stehen Tanz, Musik, Wild-West-Schusswechsel und die Bisonvorführung von Marcel Baldini Krämer auf der Beliebtheitsskala weit oben.

Gastronomie

Im **Familienrestaurant Kattagaskar** (tägl. 11–17 Uhr) direkt am See kann man sich selbst bedienen oder man besucht die Pizzeria am Gehege der weißen Löwen. Auch Imbissbuden, ein Biergarten und Eisbuden bieten Stärkung an. Auf zwei **Grillplätzen** kann man Mitgebrachtes zubereiten. ■

Ein Bison darf in keiner Western Show fehlen

Der grüne Borsigplatz von Dortmund

Das andere Ruhrgebiet: Fünf Tipps für Ruhrkultur und Genuss

Der Dreiklang Stahl, Kohle und Bier – das war einmal. Längst hat der Strukturwandel im Ruhrgebiet den Arbeiteralltag der Bergleute zur Geschichte gemacht. Die Erinnerung daran ist Kult, das Schmuddelimage immer mehr passé. Das Ruhrgebiet steckt voller Kultur und seine Bewohner sind neben Fußballfans auch Foodies, Coffee-Nerds und Craftbierexperten. In fünf Tipps habe ich zusammengestellt, wo und wie man gut schlemmen und genießen kann und wo der Puls der Region ganz besonders zu spüren ist.

Geburtsort des BVB: Rund um den Dortmunder Borsigplatz

Die Dortmunder Nordstadt genießt keinen guten Ruf. Doch Nordstadt ist nicht gleich Nordstadt. Die Innenstadt-Nord, wie dieser Teil Dortmunds offiziell heißt, erstreckt sich vom Hafen über den Nordmarkt bis hin zum Borsigplatz. Drei Stadtviertel, die kaum unterschiedlicher sein könnten. Doch wie in jedem Stadtviertel gibt es Ecken, die besser zu meiden sind. Am Hafen und rund um den Borsigplatz entstehen neue Kreativ- und Wohnquartiere. Aufstrebend und lebenswert polieren sie das Image der Nordstadt auf.

Mit den »Borsigplatz Verführungen« erschließen Annette Kritzler und Anette Plümpe die vielfältigen Ecken der Nordstadt. Ihre thematischen Stadtteil-Führungen sind geschichtlich, kulinarisch oder drehen sich um Fußball. Denn der Borsigplatz ohne den BVB ist undenkbar. Mit der katholischen **Dreifaltigkeitskirche** steht in der Flurstraße quasi die Keimzelle des erfolgreichen Bundesliga-Erstligisten Borussia Dortmund. Die »**Weiße Wiese**«, das erste Spielfeld des BVB ist nicht weit. Franz Jacobi, einer der Gründungsväter des Fußballvereins, wohnte in dem Komplex der Spar und Bau in der Wambeler Straße, zu dem das **Concordiahaus** mit der »Meisterglocke« direkt am Borsigplatz gehört. Die Glocke hängt allerdings erst seit 1997 im Turm.

Insidertipp:
In der Dreifaltigkeitskirche ist kostenlos die Dauerausstellung »Kirche – Fußball – Gottvertrauen« zu sehen.

Viele weitere, schön renovierte sowie gut erhaltene Jugendstil- und Gründerzeithäuser liegen in diesem Teil der Nordstadt, der Heimat der Arbeiter der Westfalenhütte. Auch die Mitglieder des **Ballspiel-Vereins Borussia 1909** entstammten diesem Milieu. Er ging aus der Jugendgruppe der katholischen Dreifaltigkeitsgemeinde hervor, deren Jungs Feuer und Flamme für den neuartigen Ballsport waren, der aus England auf den Kontinent herüberschwappte. Den damaligen Kaplan, Hubert Dewald, der für die Jugendarbeit zuständig

Eine einzigartige Verquickung von Museum und Kirche stellt sich dem Besucher in der Dreifaltigkeitskirche dar

war, begeisterte dies jedoch ganz und gar nicht. Als die Jugend 1906 auf der »Weißen Wiese« in Kirchennähe zu kicken begann, setzte der Kirchenmann alles daran, dies zu verbieten und ihren Elan auszubremsen. Er sah die Ruhe gestört, die Jungs wiederum fühlten sich bekämpft und schikaniert. Nach einiger Zeit sahen sie nur noch einen Ausweg: ihren eigenen Verein zu gründen.

Am 19. Dezember 1909 um 19 Uhr trafen sich 40 Mitglieder der Jugendgruppe der »Dreifaltig« in der Gaststätte »Zum Wildschütz« in der Oesterholzstraße, um den BVB ins Leben zu rufen. Es kam zu Handgreiflichkeiten, um Kaplan Dewald und seinen Anhängern, die sie an der Gründung hindern wollten, den Zutritt zu verweigern. Nach Auseinandersetzungen mit dem Kaplan blieben nur noch 18 »echte Borussen« zur Vereinsgründung übrig.

Der »Wildschütz« heißt mittlerweile »**Pommes Rot-Weiß**« und ist eine der besten Pommesbuden Dortmunds. Jedes Jahr am 19. Dezember veranstaltet das Team von »Borsigplatz Verführungen« hier um 19:09 Uhr die »Schwarz-Gelbe-Gründerzeit«, direkt im Anschluss an einen ökumenischen Gottesdienst in der Dreifaltigkeitskirche. Dabei werden immer BVB-Devotionalien für einen guten Zweck versteigert und Spenden gesammelt, während Pommes und Currywurst gereicht werden. Auch Besucher können hier echtes Gründergefühl erleben.

Auf dem Gelände der »Weißen Wiese« entstand ab 1937 der Hoeschpark, der auch heute noch zahlreiche Sportplätze beherbergt sowie das Freibad Stockheide. Der BVB musste zur Kampfbahn Rote Erde umziehen.

Geschichtsträchtig: Der Geburtsort des Bundesligisten Borussia Dortmund

Im Hoeschpark wird heute vornehmlich Baseball und American Football gespielt

Die **Dortmund Wanderers** haben hier Heimspiel. Die Herrenmannschaft des Dortmunder Soft- und Baseballvereins spielt in der ersten Baseball-Bundesliga. Auch die **Dortmund Giants**, der American Football Club, der in der Oberliga NRW spielt, haben im Hoeschpark ihr Stadion.

Borsigplatz ➡ C9
44145 Dortmund
U 44: Borsigplatz oder Vincenzheim
Bus 416: Borsigplatz

Borsigplatz Verführungen ➡ C9
Flurstraße 35
U 44: Borsigplatz oder Vincenzheim
✆ (02 31) 981 88 60
www.borsigplatz-verfuehrung.de
z. B. Führung »Weiße Wiese«, an einem So im Monat, 12 Uhr, ca. 2 Std., € 15

Hoeschpark ➡ C9
Kirchderner Str. 35, 44145 Dortmund
Bus 416, 456: Hoeschpark

Pommes Rot-Weiß ➡ C9
Oesterholzstr. 60, 44145 Dortmund
U 44: Vincenzheim, Bus 416: Borsigplatz
✆ (02 31) 475 97 02, www.pommes-rot-weiss-dortmund.de, Mo–Sa 12–22, So/Fei 17–22 Uhr

Dortmunder U mit Kunstinstallation zur Pink-Floyd-Ausstellung im Museum Ostwall (rechts)

Lebendig, kreativ und kultig: Das Unionviertel

Seit einigen Jahren befindet ein Arbeiterviertel in der westlichen Innenstadt Dortmunds im Wandel: das Unionviertel. Lange Zeit war das Gebiet rund um die Rheinische Straße nicht weit vom Dortmunder U stark heruntergekommen. Probleme und Leerstand, verursacht durch den Wegfall von Kohle, Stahl und auch Bier. Mittlerweile haben Künstler und neue Angebote die Läden erobert. Das Viertel erholt sich. Strukturwandel und Aufwertung sind deutlich sichtbar.

Ein Berufskolleg, Studentenwohnungen, ein Altenheim und medizinische Einrichtungen entstanden als Neubauten auf zuvor brachliegenden Flächen. Teil des Unionviertels ist das **Dortmunder U** (vgl. S. 97), zum Kulturhauptstadtjahr RUHR.2010 schon im Jahr 2008 zum Museumskomplex und weitsichtbaren Wahrzeichen der Stadt umgebaut. Die »fliegenden Bilder« am U-Turm, eine Filminstallation des Dortmunder Regisseurs Adolf Winkelmann, haben das ehemalige Lagerhochhaus der Union-Brauerei überregional bekannt gemacht.

REISEBLOG
Rhein-Ruhr

Der siebenstöckige Turm ist eins der beliebtesten Fotomotive Dortmunds und hat als Zentrum für Kunst und Kreativität mit dem **Museum Ostwall**, Veranstaltungs- und Ausstellungsräumen, Restaurants und einer Aussichtsterrasse inzwischen internationales Renommé. Nicht zuletzt durch eine Pink-Floyd-Ausstellung und ein Flüchtlingsbootprojekt von Yoko Ono machte das Dortmunder U von sich reden.

Für Kreativität stehen auch die vielen Galerien, Künstler und Grafiker, die sich im Unionviertel angesiedelt haben. Allen voran die **44309 Street//Art Gallery** in der Rheinischen Straße, die sich auf zeitgenössische urbane Kunst spezialisiert hat. Gemeinsam mit internationalen Graffitisprayern sorgen die Galeristen für die Entstehung großflächiger Murals (Wandbilder) an den teils noch grauen Häusern und an den Rollläden von Läden.

Auf kreative Weise blieb das Unionviertel auch dem Bier treu. In einem denkmalgeschützten Kiosk der 1950er Jahre hat sich die Bergmann Brauerei eingemietet. Im **Bergmann-Kiosk** am Hohen Wall, Ecke Lange Straße, lässt sie die Tradition des Feierabendbiers aufleben und ergänzt sie zeitgemäß und trendy mit Craftbier. Der Kiosk hat Kultstatus, nicht nur unter ehemaligen Bergmännern und Fußballfans. Ein weiterer Treffpunkt für Bierliebhaber ist das **BierCafé West** am Westpark. Es bietet rund 50 Craftbiersorten und ist auch nach einem langen Tag

Am Bergmann-Kiosk können Kunden Bier aus der gleichnamigen Brauerei erwerben

Insidertipp: Der Westpark ist ein ehemaliger Friedhof, der 1912 zu einem Park umgewandelt wurde. Es stehen noch immer einige Gräber im östlichen Bereich. Die anmutigen Grabsteine der alten Dortmunder Familien sind im Frühling blumenumrankt und geben hervorragende Fotomotive ab.

mit dem Nachwuchs auf dem Spielplatz oder einem Spaziergang durch den Westpark ein beliebtes Ziel.

Kulinarisch trifft im Unionviertel Tradition inzwischen auf hippe Adressen. Das wohl beste italienische Eis gibt´s bei **Angelo Losego**, die wohl beste Pizza im **Sapori D'Italia** – authentisch mit rustikalem Eckkneipencharme. Veganes Eis aus lokalen Zutaten bekommt man im **Garten Eden** des **Kugelpudel** und modern interpretierte, traditionelle schwäbische Küche im **Labsal**. Der Laden **Frau Lose** indessen verkauft Zutaten für die Küche ganz unverpackt.

Weiter entlang der kulinarischen Meile in der Rheinischen Straße wird es asiatischer. Einige tamilische und thailändische Restaurants und ein gut sortierter asiatischer Supermarkt lassen die Herzen höher schlagen. Typische Büdchen und Trinkhallen säumen den Weg und auch ein guter Döner ist zu bekommen. Im **Uniongewerbehof**, einem Zentrum für Künstler, Kreative und andere Freiberufler, gilt das **Hofcafé** als kulinarischer Hotspot. Ganz abschütteln kann und will das Unionviertel aber sein Schmuddelimage trotz hippen Anstrichs nicht. Zwischen Pizza, Labsal und Frau Lohse ist das Gast-Haus angesiedelt, eine Anlaufstelle für Obdachlose.

Dortmunder U ➡ Cb1
vgl. S. 97

Bergmann Kiosk ➡ Cb1
Hoher Wall 36, 44137 Dortmund
U 43, 44: Westentor
✆ (02 31) 950 39 01, tägl. 15–20 Uhr

BierCafé West ➡ Cb1
Lange Str. 42, 44137 Dortmund
U 43, 44: Unionstraße, Bus 452, 453, E 452: Unionstraße
✆ (02 31)13 72 92 05, bei Facebook
Tägl. außer Mo 11–22 Uhr

Westpark ➡ Cb1
44137 Dortmund
U 43, 44: Unionstraße, S4, U42: S/U Möllerbrücke
Bus 452, 453, E452: U Unionstraße oder S/U Möllerbrücke (Bus 453)

REISEBLOG
Rhein-Ruhr

Garant für ein leckeres Eis: Angelo Losego

Hofcafé – Uniongewerbehof ➡ Cb1
Huckarder Str. 8, 44147 Dortmund
U 43, 44: Ofenstraße
Bei Facebook, Mo–Fr 10–16 Uhr

44309 Street//Art Gallery ➡ Cb1
Rheinische Str. 16, 44137 Dortmund
U 43, 44: Westentor, Bus 452: U Westentor
✆ (02 31) 200 83 74, http://44309streetartgallery.net/
Di–Fr 15–18, Sa 15–17 Uhr

Angelo Losego ➡ Cb1
Rheinische Str. 33, 44137 Dortmund
U 43, 44: Unionstraße
Bus 452, 453, E 452: Unionstraße
✆ (0 15 25) 691 19 43
https://eiscafe-angelo-losego.business.site/
Mo–So 13–19 Uhr

Sapori D'Italia ➡ Cb1
Lange Str. 7, 44137 Dortmund

U 43, 44: Westentor, Bus 452: U Westentor
✆ (02 31) 534 00 49, bei Facebook
Tägl. außer So 12–15, 18–23 Uhr

Kugelpudel Garten Eden ➡ Cb1
Rheinische Str. 16, 44137 Dortmund
U 43, 44: Westentor, Bus 452: U Westentor
✆ (02 31) 22 13 47 36
https://kugelpudel-garten-eden.business.site/
Di–Fr 15–19 Uhr, Sa/So 14–19 Uhr

Labsal ➡ Cb1
Rheinische Str. 12, 44137 Dortmund
U 43, 44: Westentor, Bus 452: U Westentor
✆ (02 31) 13 75 88 52, https://labsal.metro.rest/
Di–Do 16–22, Fr/Sa 16–23 Uhr

Frau Lose ➡ Cb1
Rheinische Str. 24, 44137 Dortmund, U 43, 44: Westentor, Bus 452: U Westentor, https://frau-lose.de
Mo/Di/Do/Fr 0.30–19.30, Mi 9.30–14.30, Sa 10.30–17.30 Uhr

Kulturzentrum und Tummelplatz für Kreative: der Unionsgewerbehof

REISEBLOG
Rhein-Ruhr

Lebensart:
Bochum für Genießer

»Bochum«, Titelsong des Grönemeyer-Erfolgsalbums *»4630 Bochum«* ist zumindest inoffiziell die Hymne der Stadt tief im Westen, wo die Sonne verstaubt. In Bochum ist es aber viel besser als gemeinhin angenommen. Spätestens seit Grönemeyer als Sänger der Bo-Band dort seine Karriere startete, ist das **Schauspielhaus Bochum** ein kultureller Hotspot des Ruhrgebiets. Auch kulinarische Genüsse gehören zur Lebensart der Bochumer. Bevor sie mit Einkäufen und Blumen ins Wochenende gehen, gönnen sie sich freitagsnachmittags eine Delikatessenplatte mit Wein auf dem **Springerplatz**. Bei schönem Wetter sitzt das halbe Viertel mit einem Glas Wein in der Hand auf dem **Moltkemarkt**. Kinder toben herum und der Duft von edlem Fleisch und gutem Kaffee liegt in der Luft.

Der Feierabendmarkt startete bereits im September 2013 – als Erster seiner Art in Nordrhein-Westfalen. Er setzte einen Trend, denn seither haben viele Abendmärkte das Konzept erfolgreich übernommen, z. B. in Bottrop, Dinslaken, Essen, Gladbeck und Recklinghausen. Doch der Feierabendmarkt in Bochum ist und bleibt das Original.

Dank junger Künstler und Kreativer hat sich in **Bochum-Ehrenfeld** ein kleines Viertel mit guter Gastronomie und jungen modernen Unternehmern entwickelt. Mit einem guten Frühstück oder Brunch in den Tag starten? Dafür zwingt sich die **Butterbrotbar** am Hans-Ehrenberg-Platz westlich der Königsallee quasi auf. Im Anschluss kann man sich bei **Sara Magielka** die Haare mit ökologisch hergestellten Produkten pflegen lassen, moderne Accessoires nicht nur für die Haare shoppen und dann nebenan in der **Goldkante** einen Drink und ein kleines Konzert genießen. Vielleicht auch bei **I AM LOVE** ausgefallene Eissorten oder ein leckeres Stück Kuchen probieren, alles hier ist rein vegetarisch und vieles vegan.

Richtung Universitätsklinikum Bergmannsheil stellt das **Blondies** unter Beweis: Auch ein Burger muss kein Fleisch enthalten, um ausgezeichnet zu schmecken. Wenn es dennoch unbedingt Fleisch sein soll,

Insidertipp: Auf dem Moltkemarkt steht mit Pour Coffee NRWs erster und wohl einziger Third-Wave-Kaffeestand. Sortenreiner Kaffee aus Äthiopien, Indien, Guatemala oder Brasilien, von ROEST.ART aus Bochum geröstet, wird im Porzellanfilter frisch handaufgegossen.

dann schwören die Inhaber für ihre Burgerpatties auf Biofleisch. Wer es lieber italienisch mag, sollte die hausgemachte Pasta der **Pasta Manufaktur Di Vita** ganz in der Nähe probieren. Italienische Feinkost, Olivenöl und frische Pasta für zuhause – hier findet jeder Feinschmecker etwas. In dem wirklich bezaubernden, kleinen Café **Fräulein Coffea** auf der anderen Seite der Königsallee reicht das Angebot von süß bis herzhaft. An kalten Tagen wärmt eine Tasse heißer Schokolade hier gut auf, bevor es z. B. ins Schauspielhaus geht.

Moltkemarkt ➜ D8
Springerplatz, 44793 Bochum
Bus 345, 355: Annastraße oder Bochumer Verein/JHH
U 302, 305, 310: Bochumer Verein/JHH
✆ (01 72) 324 18 54
http://moltkemarkt.de, Fr 16–20 Uhr

Schauspielhaus Bochum ➜ südl. Ac2
vgl. S. 65

Kaffeerösterei ROEST.ART ➜ Ac2
vgl. S. 68

Das 1907/08 erbaute Schauspielhaus an der Königsallee gehört zu den renommiertesten Theatern der Republik

Butterbrotbar ➜ südl. Ac2
Hans-Ehrenberg-Platz 1, 44789 Bochum
U 308, 318, Bus 365: Schauspielhaus
S 1: Bochum-Ehrenfeld
✆ (02 34) 91 58 68 68, bei Facebook
Mo–Fr 9–17, Sa 10–15 Uhr

Sara Magielka ➜ südl. Ac2
Alte Hattinger Str. 22, 44789 Bochum
U 308, 318, Bus 365: Schauspielhaus
✆ (02 34) 54 49 51 04, bei Facebook
Mo 11.30–18, Di 9–18, Mi–Fr bis 19, Sa bis 16 Uhr

Goldkante ➜ südl. Ac2
Alte Hattinger Str. 22, 44789 Bochum
U 308, 318, Bus 365: Schauspielhaus
S 1: Bochum-Ehrenfeld
✆ (02 34) 43 86 88 11
https://goldkante.org/
Di–Sa ab 19 Uhr

Bester Kaffee und heiße Schokolade in unmittelbarer Nähe des Schauspielhauses

I AM LOVE ➜ südl. Ac2
Dibergstr. 2, 44789 Bochum
Bus 365, U 308, 318: Schauspielhaus
S 1: Bochum-Ehrenfeld, ✆ (02 34) 54 46 52 49
www.i-am-love.de, tägl. 11–21 Uhr

Blondies ➜ südl. Ac2
Hattinger Str. 80, 44789 Bochum
Bus 355, 365: Yorckstraße oder U 308, 318, Bus 355: Bergmannsheil, S 1: Bochum-Ehrenfeld
✆ (02 34) 58 83 67 09, www.blondies-bochum.de
Tägl. außer Mo 16.30–20 Uhr

Pasta Manufactur Di Vita ➜ südl. Ac2
Hattinger Str. 76, 44789 Bochum
Bus 355, 365: Yorckstraße oder Bus 355 Bergmannsheil
U 308, 318: Bergmannsheil
S 1: Bochum-Ehrenfeld
✆ (02 34) 54 12 55, www.pasta-divita.de
Di–Fr 10–14.30, Sa auch 18–22 Uhr

Fräulein Coffea ➜ südl. Ac2
Oskar-Hoffmann-Str. 34, 44789 Bochum
Bus 365: Schauspielhaus oder Bus 353: Knüwerweg
U 308, 318 Schauspielhaus, ✆ (02 34) 62 34 48 75
http://fraeulein-coffea.de, tägl. 13–19 Uhr

Beleuchtetes Innenleben von Henrichshütte

Fachwerkflair: Hattingen

Das Ruhrgebiet ist nicht gerade bekannt für schöne Häuser oder beeindruckende Architektur. Als Industriestandort war es im Zweiten Weltkrieg geradezu prädestiniert für Bombenangriffe. Dortmund wurde z. B. zu rund 95 % zerstört. Die Flüchtlingswelle und der Wohnungsmangel ließen keine Zeit für den Wiederaufbau schmucker Altbauten. Direkt nach dem Krieg mussten neue Häuser schnell und preiswert gebaut werden. Umso verwunderlicher ist: In Hattingen im südlichen Ruhrgebiet ist der historische Kern mit zahlreichen erhaltenen Fachwerkhäusern einzigartig in der gesamten Region.

Auch in Hattingen gab es mit dem Hüttenwerk **Henrichshütte** – heute ein Industriemuseum für Eisen- und Stahlerzeugung – relevante Industrie. Zahlreiche Zechen umgaben die Stadt an der Ruhr und das Hüttenwerk war über mehrere Generationen der größte Arbeitgeber. Durch den Krieg wurde die Henrichshütte arg in Mitleidenschaft gezogen. Dank der Bürger konnten rund 150 Häuser in der Altstadt in den 1960er Jahren erhalten und grundlegend saniert werden. Die Hattinger schafften es, Abriss- und Flächensanierungspläne zu verhindern. Eine der ersten Fußgängerzonen Deutschlands entstand und macht Hattingen zu einem beliebten Ausflugsziel.

Insidertipp: Rund um die Altstadt gibt es zahlreiche Parkhäuser. Günstig liegt das Altstadt-Parkhaus. Wer hier parkt, kann vom Beginn des Weihnachtsmarkts in der Heggerstraße gut bis zum Ober- und Untermarkt schlendern.

Besonders zu Weihnachten, wenn die Fachwerkhäuser festlich beleuchtet und geschmückt sind, lohnt ein Besuch. Bratwurst vom Grill, Glühwein mit Schuss in

REISEBLOG
Rhein-Ruhr

großer Auswahl, Wollmützen gegen die Kälte und Geschenke für die Liebsten – die Stände des Weihnachtsmarkts säumen die **Fußgängerzone** mit ihren teils herrlich schiefen Häusern. Der **Obermarkt** bietet in schön geschmückten Holzhütten, was das Herz begehrt.

Hinter dem **Alten Rathaus**, auf dem Vorplatz der **St.-Georgs-Kirche** werden auf dem nostalgischen Weihnachtsmarkt Reibekuchen sowie Plätzchen gebacken. Krippen aus aller Welt können bewundert werden. Ein historisches Karussell sorgt für Fahrspaß bei den Jüngsten. Auf dem Platz **Krämersdorf** bietet der **Französische Markt** allerlei Schönes und Leckeres aus Frankreich. Käse, Macarons, echter Flammkuchen aus dem Elsaß und Feuerzangenbowle sind für viele Besucher zur Weihnachtszeit unverzichtbar geworden.

Obermarkt/Untermarkt ➡ E7
45525 Hattingen
S 3, Bus 141, 331, 359, 554, E 62, U 308: Hattingen-Mitte

Henrichshütte Hattingen ➡ E7
Werksstr. 31–33, 45527 Hattingen
Bus 350, SB 37: Henrichshütte, Bus 38: Werksstraße
Bus 554: Industriemuseum
✆ (023 24) 924 71 40, www.lwl.org/industriemuseum/standorte/henrichshuette-hattingen
Eintritt € 5, Kinder frei
Tägl. außer Mo 10–18 Uhr, letzter Einlass 17 Uhr

Ehemals Hüttenwerk, heute Industriemuseum: Henrichshütte

Längste Schlemmermeile des Ruhrgebiets: **Die »Rü« in Essen**

Essen hat viele Einkaufsstraßen und Fußgängerzonen, doch keine ist wie die **Rüttenscheider Straße**. Die »Rü«, wie sie liebevoll genannt wird, zeichnet eine spannende Mischung aus Geschäften und Gastronomie in allen Preisklassen aus. Das Nachtleben ist nicht weniger langweilig. Mit ihren rund 2,5 Kilometern ist die Rüttenscheider Straße erstaunlich lang. Mit über 100 gastronomischen Angeboten auf ganzer Länge gleichmäßig verteilt, ist sie eine Schlemmermeile, die ihresgleichen sucht. Bei gutem Wetter sitzen die einen beim Latte draußen, andere sind mit vollen Einkaufstüten auf dem Weg zum SUV oder zur Stadtbahn unterwegs. Sonntagsmorgens eilt manch Älterer zum Gottesdienst in eine der umliegenden Kirchen, während sich einige Jüngere gerade erst nach Hause schleppen.

Insidertipp: Im Frühling steht die Rüttenscheider Straße der Bonner Heerstraße in nichts nach. Die zahlreichen Kirschbäume blühen zwar weiß und nicht rosa. Dennoch ist die Kirschbaumblüte ein wunderschönes Naturerlebnis und die Rü ist deutlich weniger überlaufen. Ganz in der Nähe bietet sich Essens Grugapark mit seinen 65 Hektar als perfekter Naherholungspunkt nach einer Shoppingtour an. Er eignet sich auch für lange Spaziergänge, um die angefutterten Kilos nach einer Schlemmertour über die Rü wieder abzulaufen.

Die Wohlhabenderen treffen sich am **Rüttenscheider Stern** in der **Schote**, dem edlen Sternerestaurant von Nelson Müller, zu einem luxuriösen Menü. Nebenan hat der auch aus dem Fernsehen bekannte Koch mit dem **Müllers auf der Rü** noch ein zweites Restaurant, dass auch für Normalbürger erschwinglich ist. In dieser Brasserie geht es trotz des hohen Niveaus der Küche leger zu. Natürlich muss es nicht immer Sterneküche sein, und mit bekannten Ketten wie **dean&david, L'Osteria, Café Extrablatt** oder **Hans im Glück** macht man auch nichts falsch. Die Rü bietet für jeden Geldbeutel das passende Ambiente. Traditionskneipen, Cafés und Imbisse, Feinkostfachgeschäfte und Metzgereien – hier bleibt kein Magen leer.

Fast am südlichen Ende angekommen wartet noch ein Highlight auf Kaffeeliebhaber: Die **Coffee Pirates**. Eigentlich sind es zwei Läden. Linkerhand befindet sich ein kleines Café, in dem es neben selbst geröstetem Kaffee auch eine gute Auswahl an Kuchen und Bagels gibt. Für das Frühstück lohnt eine Reservierung, denn in diesem beliebten Café sind nur wenige Sitzplätze vorhanden. Rechts neben dem Café rösten die Coffee Pirates ihre eigenen Kaffeesorten und verkaufen die komplette Klaviatur für Kaffeenerds, von ausgefallenen Kaffeemaschinen bis zum einfachen Porzellanfilter,

REISEBLOG
Rhein-Ruhr

Schon morgens tummeln sich die ersten Passanten in der Rü

von Chemex bis zur Aeropress. Dies ist eben das Epizentrum der Third-Wave-Kaffeekultur im Ruhrgebiet.

Schote ➡ südl. Gc1
Rüttenscheider Str. 62, 45130 Essen
U 11, 101, 106, 107, 108: Rüttenscheider Stern
✆ (02 01) 78 01 07, www.restaurant-schote.de
Di–Sa 18.30–23 Uhr

Müllers auf der Rü ➡ südl. Gc1
Rüttenscheider Str. 62, 45130 Essen
U 11, 101, 106, 107, 108: Rüttenscheider Stern
✆ (02 01) 79 93 77 01, www.das-muellers.de
Tägl. außer So 12–15, 18–22 Uhr

Coffee Pirates ➡ südl. Gc1
Rüttenscheider Str. 218, 45131 Essen
U 107, 108: Florastraße, www.coffee-pirates.de
✆ (02 01) 95 98 45 75, Di–Fr 9–17, Sa 10–16 Uhr

Mehr Tipps zur Rhein-Ruhr-Region und anderen Destinationen finden Sie auf https://snoopsmaus.de

Städte im Rhein-Ruhr-Gebiet

Bochum ➡ C/D7/8

Bochum wurde durch Kohle groß. In den Stadtteilen Langendreer und Querenburg reichte das schwarze Gold – so wird erzählt – noch vor 200 Jahren sogar bis an die Erdoberfläche.

In der 365 000-Einwohner-Stadt existiert heute keine einzige Zeche mehr, die letzte schloss 1973 ihre Pforten. Die rund 200 Bergwerke und Stollenbetriebe der 1950er Jahre wichen der Ansiedlung von Opel (1961–2014) und der Ruhr-Universität (1965) sowie modernen Industriebetrieben und Dienstleistern verschiedener Sparten.

Bildung und Kunst spielen eine große Rolle in Bochum. Insgesamt neun Hochschulen verzeichnet die Stadt inklusive der **Ruhr-Universität**, die mit rund 43 000 Studierenden eine der größten Unis Deutschlands ist. Daneben hat sich Bochum einen Ruf als ein Zentrum der leichten Muse und der Unterhaltung geschaffen. Dafür sorgen das **Schauspielhaus Bochum**, die **Jahrhunderthalle**, das

Das Bermudadreieck ist ein beliebter Treffpunkt im Zentrum Bochums

Absolutes Highlight Anfang Juli: Das Umsonst-Festival BochumTotal

Musical 1 **»Starlight Express«** sowie das kleine **Rottstr5 Theater**, aber auch das Kneipenviertel **Bermuda-Dreieck** und der Diskothekenkomplex **Prater**. Insgesamt gibt es in Bochum mehr als 20 Theaterspielstätten. Zahlreiche moderne Skulpturen und haushohe Wandgemälde sind über die Stadt verteilt zu finden.

Freizeit- und Fansport werden in Bochum großgeschrieben, so führt der populäre 3 **Ruhrtalradweg** auf seiner Strecke vom Sauerland an den Rhein an der Stadt vorbei durch das grüne Ruhrtal. Und das Herz des Fußballfans schlägt für den VfL Bochum, der im **Vonovia Ruhrstadion** an der Castroper Straße im Stadtteil Grumme spielt.

Tourist Information ➡ Ac2
Huestr. 9, 44787 Bochum
✆ (02 34) 96 30 20, www.bochum-tourismus.de
Mo–Sa 9–18, Sa 10–16 Uhr

Bochum Total
www.bochumtotal.de, Anfang Juli, nächstes Mal 2021
Am südlichen Rand der Innenstadt, im Bermuda-Dreieck, findet das viertägige Freiluft-Rock-Pop-Festival mit rund 120 Bands und Künstlern an zehn Veranstaltungsorten statt. Imbissstände, Bars und Kneipen sorgen für das leibliche Wohl. Das Festival ist kostenlos und glasflaschenfrei.

Deutsches Bergbau-Museum (DBM) ➡ Aa2
Am Bergbaumuseum 28
✆ (02 34) 587 71 26, www.bergbaumuseum.de

»Glück auf!«

DEUTSCHES BERGBAU-MUSEUM

Bochum, Nordrhein-Westfalen

Es überstand Fliegerbomben, für Tausende von jungen Bergleuten war es ein überdimensionales Lehrbuch und immer noch versetzt es Millionen Besucher in Staunen: das Deutsche Bergbau-Museum in Bochum – ein Stück Reviergeschichte, ein Pütt zum Anfassen. Ruhrgebiet und Bergbau gehören so untrennbar zusammen wie Currywurst und Pommes. Das Deutsche Bergbau-Museum ist mit 400 000 Besuchern jährlich eines der beliebtesten Museen der Republik. Auf gut 12 000 Quadratmetern gibt es einen umfassenden Einblick in den Bergbau von der Frühzeit bis heute – inklusive der modernen Welt des Steinkohle- und Eisenerzabbaus. Zu sehen sind beeindruckende Bohrmaschinen und Sprengfahrzeuge von der Größe kleinerer Apartments.

Besuchermagnet ist das originalgetreue Anschauungsbergwerk im Untergrund des Geländes. Mit dem Aufzug gelangt man 20 Meter unter Tage. Tunnelfräser, Druckluftlampe, Bohrhammer, Grubenpferd, Grubenfahrrad oder Blindschacht: Zweieinhalb Kilometer lang ist die unterirdische Strecke mit Förderbändern, Elektrolokomotive und historischem Werkzeug.

Das Deutsche Bergbau-Museum in Bochum

Geschichte zum Anfassen: Zahlreiche Maschinen lassen sich auf Knopfdruck in Betrieb nehmen. Aber aufgepasst, unbedingt warme Sachen anziehen. Unter Tage zieht es gewaltig bei zehn Grad.

Nach der Expedition geht es steil nach oben auf das alte Fördergerüst der Zeche Germania. 1973 wurde das weithin sichtbare Wahrzeichen des Deutschen Bergbau-Museums von Dortmund nach Bochum verpflanzt. Von der 60 Meter hohen Aussichtsplattform bietet sich ein toller Rundumblick. Das Museumsareal ist so groß wie vielseitig, über 20 verschiedene Hallen warten auf den Besucher.

Die Geschichte des Museums beginnt schon in den 1920er Jahren. Der Pott ist damals noch schwarz, die Sonne verstaubt und die Zechen fahren auf Hochleistung. Das Revier braucht dringend Arbeiternachschub. Da entwickelte man eine echte Marketingstrategie: Das Anschauungsbergwerk sollte nicht nur als Gedächtnis des deutschen Bergbaus funktionieren, sondern auch Lehrbuch für junge Bergleute sein. In den Gebäuden des ehemaligen Bochumer Schlachthofs richtete man die ersten Hallen ein. 1935 waren die Ausstellungsräume für 30 Pfennig zu besichtigen. Zwei Jahre später begannen die Abteufarbeiten für den späteren Museumsschacht.

INFO: Unweit des Zentrums gelegen. **INFO DEUTSCHES BERGBAU-MUSEUM:** Am Bergbaumuseum 28, 44791 Bochum, Tel. (02 34) 587 71 26, www.bergbaumuseum.de, Öffnungszeiten Di–Fr 8.30–17, Sa/So/Fei 10–17 Uhr, Eintritt € 10, ermäßigt € 5.

Di–Fr 8.30–17, Sa/So/Fei 10–17 Uhr
Eintritt € 10/5
Das DBM, einer der Ankerpunkte der Route der Industriekultur, ist gewissermaßen die Zentralinstitution aller derartigen Museen: Die Geschichte nicht nur der ehemaligen Zeche Germania, sondern des Steinkohlebergbaus in Deutschland, der 2018 endete, wird hier epochen- und spartenübergreifend eindrucksvoll dokumentiert. Besonderes Augenmerk liegt auf der Beziehung von Mensch und Bergbau. Ein Seilfahrtsimulator und andere interaktive und multimediale Exponate in den Dauerausstellungen sowie der historische Förderturm und weitere Zeugen der Geschichte können auf Rundgängen erkundet werden. Ein Anschauungsbergwerk befindet sich 20 m unterhalb des Museums.

Eisenbahnmuseum Bochum-Dahlhausen
➡ D7
Dr.-C.-Otto-Str. 191
✆ (02 34) 49 25 16
www.eisenbahnmuseum-bochum.de
März–Mitte Nov. Di–Fr, So/Fei 10–17 Uhr, Eintritt € 9/4,50
Das größte private Eisenbahnmuseum in Deutschland zeigt Dampf-, Diesel- und Elektrolokomotiven sowie Personen- und Güterwagen in einem authentischen Bahnbetriebswerk mit Bahnhof, Lokschuppen und Drehscheibe. Es gehört zu den Höhepunkten der Route der Industriekultur. Von März bis Oktober werden Führerstandsmitfahrten und verschiedene Sonderfahrten mit einem historischen Museumszug angeboten.

Blick in das Anschauungsbergwerk des Deutschen Bergbau-Museum in Bochum während eines Rundgangs

Größtes privates Eisenbahnmuseum Deutschlands

Eisenbahnmuseum Bochum-Dahlhausen

Bochum, Nordrhein-Westfalen

Das Eisenbahnmuseum Bochum-Dahlhausen ist ein echtes Paradies für Eisenbahnfans und -romantiker, Nostalgiker und Familien. Eine Modellanlage – aber in groß! Besucher lernen aus erster Hand ein Stellwerk kennen sowie den Betrieb eines Bahnhofs und sehen einen Lokschuppen mit Drehscheibe – eine faszinierende Welt, die sonst nur aus großem Abstand zu betrachten ist. An bestimmten »Dampf-Wochenenden«, den populären »Museumstagen« im Sommerhalbjahr, zeigen rüstige Dampflokomotiven in altem Glanz die ganze Kraft, die in ihnen steckt.

Eisenbahnmuseum Bochum: mit der Dampflok durchs Revier

Immer wieder kommen auch seltene Lokomotiven »zu Besuch«. Insgesamt stehen rund 120 Diesel- und Elektroloks, Personen- und Güterwaggons, Draisine, Feldbahn und weitere Schienenfahrzeuge zur Besichtigung offen. Ein Salonwagen, in dem u. a. General Eisenhower und Queen Elisabeth II. mitfuhren, verdeutlicht als Zeuge der Geschichte wichtige Ereignisse in Deutschland in der Zeit von 1937 bis 1970. In Workshops können auch Besucher an der Museumsarbeit teilhaben.

Auf den begehrten Führerstandsmitfahrten kann man dem Lokführer über die Schulter schauen. Sonderfahrten führen zu Zielen wie denkmalgeschützten Stahlwerken und Zechen oder wie bei »Dampf und Mampf« quer durch das Ruhrgebiet, und anschließend wird abends im Eisenbahnmuseum gemeinsam gegrillt.

Das hochbeliebte Eisenbahnmuseum liegt als einer der 25 sogenannten Ankerpunkte, die für die Industriegeschichte des Ruhrgebietes besonders bedeutsam sind, auf der Route der Industriekultur.

Info: Dahlhausen liegt im Südwesten Bochums. **Info Eisenbahnmuseum Bochum-Dahlhausen:** Dr.-C.-Otto-Str. 191, 44879 Bochum, Tel. (02 34) 49 25 16, www.eisenbahnmuseum-bochum.de, Öffnungszeiten März–Mitte Nov. Di–Fr, So 10–17 Uhr, Eintritt €9, ermäßigt €4,50, an den Museumstagen mehr.

Auf Kinder eingestellt: die Zeche Hannover

Kunstmuseum Bochum ➡ Ab2
Kortumstr. 147
✆ (02 34) 910 42 30
www.kunstmuseumbochum.de
Tägl. außer Mo 10–17, Mi bis 20 Uhr, Eintritt € 5/2,50, bis 14 J. frei
In der ehemaligen Villa Marckhoff-Rosenstein am Stadtpark und in einem modernen Erweiterungsbau wird schwerpunktmäßig osteuropäische Kunst des 20./21. Jh. gezeigt.

LWL-Industriemuseum Zeche Hannover und Zeche Knirps ➡ C7
Günnigfelder Str. 251
✆ (02 34) 282 53 90, www.lwl.org/industriemuseum/standorte/zeche-hannover
Ende März–Ende Okt. Mi–Sa 14–18, So/Fei 11–18 Uhr, Eintritt frei
Das LWL-Industriemuseum Zeche Hannover arbeitet die Bergbauvergangenheit Bochums und des Ruhrgebiets auf. Im Kinderbergwerk »Zeche Knirps« können Kinder von 6 bis 12 Jahren in Bergmannskleidung Arbeitsabläufe nachspielen und die Bergbauwelt kennenlernen. Es gibt einen nachgebauten Malakowturm, Förderanlagen, einen Stollen und eine Lorenhängebahn. Geführte, kostenpflichtige Erkundungen des Industriedenkmals und des Kinderbergwerks werden angeboten.

Medizinhistorische Sammlung der Ruhr-Universität Bochum ➡ D7
Markstr. 258 a
✆ (02 34) 322 86 52

www.ruhr-uni-bochum.de/mhs
Mi 9–12 Uhr, bei Sonderausstellungen auch Mi und Sa/So 14–18 Uhr
Eintritt € 2/1
Werkzeuge aus der Zeit des Dr. Eisenbarth und historische Bergbaurettungsgeräte, Medizin aus dem alten Ägypten und dem präkolumbischen Amerika – rund 10000 Einzelstücke präsentiert die Sammlung in dem einstigen, 1877 vollendeten Schachtturm der Zeche Julius.

Botanischer Garten/Chinesischer Garten ➡ D8
Universitätsstr. 150
✆ (02 34) 322 30 98, www.boga.ruhr-uni-bochum.de
Freiland und Chinesischer Garten tägl. April–Okt. 9–18, Nov.–März 9–16 Uhr
Gewächshäuser und Informationszentrum: tägl. April–Okt. 9–17, Nov.–März 9–15.30 Uhr, Eintritt frei
Auf einem 13 ha großen Gelände nahe der Ruhr-Uni erstreckt sich der harmonisch in seine Umgebung eingepasste Botanische Garten. Exotische Gewächse erfreuen das Auge im Tropenhaus. Der eindrucksvolle Chinesische Garten Qian Yuan (»Verborgener Garten«) entstand in Zusammenarbeit mit der Universität Shanghai.

Chinesischer Garten der Ruhr-Universität Bochum

Die beeindruckende Jahrhunderthalle wird vielseitig genutzt

Jahrhunderthalle ➡ westl. Ac1
An der Jahrhunderthalle 1
✆ (02 34) 369 31 00, Tickets: www.ticketmaster.de
www.jahrhunderthalle-bochum.de
Die beeindruckende, unter Denkmalschutz stehende Industriehalle – einer der Ankerpunkte der Route der Industriekultur – dient heute als Spielstätte der Philharmoniker und Veranstaltungsort der **Ruhrtriennale** (www.ruhrtriennale.de). Auch Galas, Ausstellungen und Flohmärkte finden hier statt.

Rottstr5 Theater ➡ westl. Ac1
Rottstr. 5, ✆ (01 63) 761 50 71
www.rottstr5-theater.de
Eintritt € 14/7 inkl. Programmheft und Freigetränk
Kreatives, kleines, nicht sehr prunkvolles Independent-Theater weit abseits des Gängigen. Nur 40 Plätze, jedoch über 20 Schauspiele, Lesungen und andere Veranstaltungen im Monat, davon sind über die Hälfte Eigenproduktionen.

Schauspielhaus Bochum ➡ südl. Ac2
Königsallee 15, Tickets ✆ (02 34) 33 33 55 55
www.schauspielhausbochum.de
Tickets Schauspielhaus und Junges Schauspielhaus: je nach Stück, ab ca. € 11
Eines der größten und renommiertesten Theater im Lande, in der südlichen Innenstadt. Das dem Mutterhaus

Das Schauspielhaus in Bochum am Abend

angeschlossene **Junge Schaupielhaus** wendet sich mit Schauspielen, Regiewerkstatt, Workshops etc. an Kinder und Jugendliche. Mit Restaurant und Cocktailbar. Einmal pro Monat Theaterführungen (€ 5, Karten im VVK an der Theaterkasse).

Starlight Express Theater ➡ östl. Ab3, D7
Vgl. S. 14 f.

Tierpark und Fossilium Bochum ➡ Aa3
Klinikstr. 49
✆ (02 34) 95 02 90, www.tierpark-bochum.de
Tägl. ab 9, April–Sept. bis 19, März, Okt. bis 18, Nov.–Feb. bis 16.30 Uhr, Eintritt € 8/4,50
Im Stadtpark, nahe dem Planetarium, liegt der Tierpark mit 360 Tierarten. Schwerpunkte des Zoos sind das Aquarienhaus mit seiner riesigen Korallenriffanlage und das Fossilium, das einen Einblick in die Erd- und Lebensgeschichte von vor rund 150 Millionen Jahren gibt.

Ein Erdmännchen im Tierpark

Varieté et cetera ➡ nördl. Aa1, C7
Vgl. S. 19.

Zauberkasten ➡ C8
Lothringer Str. 36 c, ✆ (02 34) 86 62 35
www.zauberkasten.de, Tickets ab € 14
Das kleine Theater in Bochum-Gerthe (70 Plätze) zeigt Zauberei, Kleinkunst und Kabarett. Zudem bitete es das **Puzzleum**, das erste deutsche Puzzlemuseum (www.puzzleum.de), und Zauberkurse für Kinder.

Zeiss Planetarium Bochum ➡ Ab3
Castroper Str. 67
✆ (02 34) 51 60 60, Tickets ✆ (02 21) 28 02 14
www.planetarium-bochum.de
Verschiedene Haupt-, Kinder- und Schulprogramme, Termine mehrmals tägl., bitte erfragen
Eintritt € 9,50/3
Seit 1964 zeigt das Planetarium Sternenshows in stets modernster Weise. Nunmehr füllt das FullDome-Videosystem die gesamte Kuppel von 20 m Durchmesser mit den digitalen Bildern der Astronomieshows und dem »live« moderierten Sternenhimmel. Musik- und Klangshows lassen den Besuch des Zeiss Planetariums darüber hinaus zu einem extraterrestrischen Konzerterlebnis werden. Außerdem Vorträge zu Himmelserscheinungen und der Erforschung des Weltalls.

Bermuda3Eck ➡ Ac2
✆ (02 34) 911 73 33
www.bermuda3eck.de
Lebendige Ansammlung von Kneipen, Biergärten, Restaurants, Cafés, Kinos und Discos im Bereich zwischen Südring, Viktoriastraße, Konrad-Adenauer-Platz und Brüderstraße. Im Zentrum befindet sich der Engelbertbrunnen, der in den frühen 1980er Jahren als Treffpunkt von Jugendlichen aus der Subkultur diente und den Ausgangspunkt für die Szeneentwicklung des Viertels bildete.

Unter der Kuppel des Planetariums werden dem Besucher ferne Welten nahegebracht

Nachterlebnispark Prater ➡ C7
Dorstener Str. 425
✆ (02 34) 95 42 40, www.prater.de
Fr/Sa und vor Fei ab 22 Uhr
Eintritt € 5, zuzüglich € 7 Mindestverzehr
Großer Diskothekenkomplex mit verschiedenen Tanzflächen, Bars und Restaurant. Auf eine gepflegte Erscheinung wird Wert gelegt. Einlass ab 18 Jahren.

Privatbrauerei Moritz Fiege ➡ Ac3
Moritz-Fiege-Str. 1
Tickets: ✆ (02 34) 96 30 20
www.moritz-fiege.de, Fanshop Do/Fr 12–18 Uhr, Führungen Mo–Do 18.30–21.30, Fr 16–19 Uhr, Ticket € 16,50
Private Familienbrauerei, die ein hopfenbetontes Bier Pilsener Brauart sowie neun andere Biere braut und sie in der klassischen Bügelverschlussflasche verkauft. Einen Blick hinter die Kulissen vermittelt die dreistündige BrauKultTour.

Kaffeerösterei ROEST.ART ➡ Ac2
Grabenstr. 1–3
✆ (01 76) 20 83 66 33, www.roestart.de
Mo–Fr 10–19, Sa 10–17 Uhr
Stets frisch zubereitet: guter, handgemachter Kaffee aus den besten Anbaugebieten der Welt. Mit Onlineshop.

Ruhr Park ➡ D8
Am Einkaufszentrum
✆ (02 34) 579 27 92, www.ruhrpark.de, tägl. außer So 10–20, Fr bis 21.30 Uhr, Restaurants und Kinos länger

Bei spätsommerlichen, heißen Temperaturen am Kemnader See

Sonnenuntergang über der Innenstadt mit Exzenterhaus in Bochum

Großes Einkaufszentrum östlich des Autobahnkreuzes Bochum (A40/A43). Auf 126 000 m² Fläche befinden sich über 150 Geschäfte, zahlreiche Gastronomiebetriebe und die UCI Kinowelt.

Ausflugsziele:

Burg Blankenstein ➡ D/E8
Burgstr. 16, 45527 Hattingen
✆ Restaurant (023 24) 332 31
www.burgblankenstein.de, Di–Fr ab 18, Sa ab 14, So ab 11 Uhr, in der Saison auch Mo, €€
Die im 13. Jh. hoch über der Ruhr errichtete Burg war der Hauptsitz der Grafen von Mark.1922 erwarb Bochum die Burg für eine Reichsmark, denn 1321 hatte Graf Engelbert II. hier die Stadtrechte verliehen. Herrliche Aussicht vom Turm. Im Restaurant gibt es Ritterkost. Auch Blankenstein lohnt eine Erkundung.

Wasserburg Haus Kemnade ➡ D/E8
An der Kemnade 10
45527 Hattingen
✆ (023 24) 933 10
http://hauskemnade.de, www.hattingen.de
Tägl. außer Mo Mai–Okt.12–18, Nov.–April 11–17 Uhr, Eintritt frei
Restaurant Burgstuben tägl. außer Mo 12–23 Uhr
Die Geschichte der malerisch gelegenen Wasserburg unweit des Kemnader Sees geht bis ins 12. Jh. zurück. Das Museum beherbergt die **Musikinstrumentensammlung** des Bochumer Musikers Hans Grumbt und die **Ostasiatische Kunstsammlung Ehrich**. Östlich befindet sich in einem Vierständer-Fachwerkhaus von 1800 das **Bauernhausmuseum** des 18. und 19. Jh. (nur Mai–Okt.).

Seit 1949 verbindet die Kennedybrücke Bonn und Beuel

Bonn ➡ M/N6/7

Bonn, die ehemalige Residenzstadt der Kölner Kurfürsten und spätere deutsche Bundeshauptstadt, zählt heute rund 330 000 Einwohner. Sie liegt zu beiden Seiten des Rheins und ist mit ihren über 2000 Jahren eine der ältesten deutschen Städte. Auch wenn Bonn die meisten Ämter nach der Wiedervereinigung an Berlin abgeben musste, ist es eine politisch bedeutende Stadt geblieben, denn noch immer haben sechs **Ministerien** – etwa für Gesundheit, für Verteidigung, für Bildung und Forschung – hier ihren ersten Dienstsitz und die Bundeskanzlerin und der Bundespräsident ihren zweiten.

Das 1860 fertiggestellte, repräsentative **Palais Schaumburg** im Bundesviertel am Rhein beherbergte seit 1949 Teile des Bundeskanzleramts und fungiert zeitweise als Dienstsitz des Bundeskanzlers. In der Nachbarschaft steht die **Villa Hammerschmidt**, die von 1950 bis 1994 erster Amtssitz des Bundespräsidenten war. Beide Gebäude sind Teile des **Wegs der Demokratie**, der ausgehend vom Haus der Geschichte an 19 politisch-historisch relevanten Stationen aus der Bonner Zeit als Regierungssitz vorbeiführt.

Bonn ist **Beethoven-Stadt**, denn der berühmte Komponist wurde hier 1770 geboren. Neben seinem Geburtshaus zeugen davon die regelmäßig veranstalteten Beethoven-Konzerte, das im Herbst stattfindende Beethovenfest und die geführten Stadtrundgänge auf seinen Spuren.

Einst die Residenz der Kölner Kurfürsten beherbergt das 1697 bis 1705 errichtete **Kurfürstliche Schloss** seit 1818 den Haupttrakt der Rheinischen Friedrich-Wilhelm-Universität. Durch die Poppelsdorfer Allee, eine Mitte des 18. Jahrhunderts angelegte Sichtachse, ist das Kurfürstliche Schloss mit dem **Poppelsdorfer Schloss** verbunden, in dem heute das Mineralogische Museum und andere naturwissenschaftliche Einrichtungen der Universität untergebracht sind.

Einige große Firmen sind in Bonn ansässig, etwa die **Telekom** und die **Deutsche Welle**. Die Hauptverwaltung der **Deutschen Post** sitzt im Post Tower, dem mit 41 Stockwerken und 163 Metern höchsten Bürogebäude Nordrhein-Westfalens.

Höchstes Bürogebäude in Nordrhein-Westfalen: der 162,5 Meter hohe Post Tower

Die Stadt gilt außerdem als Stadt der Museen. Bekannt ist vor allem die **Museumsmeile** zwischen Bonn und Bad Godesberg, an der sich fünf bedeutende Museen angesiedelt haben.

Das hübsche Bonner Stadtzentrum erstreckt sich um das prächtige **Rokoko-Rathaus** und die mächtige **Münsterbasilika**. Ruhig verläuft der **Promenadenweg** am Rheinufer entlang, vorbei an dem massiven alten **Zollgebäude**, mit Blick auf die Biegung des viel besungenen Flusses und das südlich sich anschließende Siebengebirge. Vom Rheinufer fällt der Blick auf den **Post Tower** und den **Langen Eugen**, das einstige Abgeordnetenhochhaus am nördlichen Ende des beliebten

Die Villa Hammerschmidt, entstanden Mitte des 19. Jahrhunderts, ist der Bonner Amtssitz des Bundespräsidenten

In voller Pracht

Bonner Münster und Altes Rathaus

Bonn, Nordrhein-Westfalen

Obwohl Bonn mehr als 40 Jahre offizielle Hauptstadt der Bundesrepublik Deutschland war, wurde sie von vielen als »Bundeshauptdorf« belächelt. Sehr zu Unrecht, denn die kleine, aber feine Stadt am Rhein ist nicht nur Geburtsort Ludwig van Beethovens, sondern birgt aus ihrer über 2000-jährigen Geschichte wahre Schätze architektonischer Baukultur, wie das Bonner Münster und das Alte Rathaus. Das fünftürmige Münster mit seinem mächtigen Vierungsturm, Wahrzeichen Bonns, überragt imposant die Dächer der Innenstadt. Auf den Gräbern der christlich-römischen Märtyrer und Stadtpatrone Cassius und Florentius entstand schon um 400 n. Chr. ein erstes Gotteshaus. Im Lauf der Zeit wurde es immer wieder verändert, abgerissen und neu erbaut. Ungefähr zur Grundsteinlegung des Kölner Doms im Jahr 1248 wurde das Münster in seiner heutigen Form vollendet. Aus dieser Zeit stammt auch der Kreuzgang, ein Juwel kirchlicher Architektur und der einzige gut erhaltene romanische Kreuzgang nördlich der Alpen. Die Ausstattung des Innenraums ist überwiegend barock und mit den großen siebenteiligen Fächerfenstern der Seitenschiffe durchaus sehenswert. Auf dem Münsterplatz steht das bekannte Beethoven-Denkmal des Dresdener Bildhauers Ernst Hähnel. Der Blick des berühmten Bonner Sohns ist versonnen auf das Münster gerichtet.

Prächtiger Rokokobau: das Alte Rathaus von Bonn

Vom Münster bis zum Alten Rathaus sind es zu Fuß nur wenige Minuten, und der prächtige Rokokobau am dreieckigen Marktplatz mit seiner geschwungenen Freitreppe und den vergoldeten Gittern ist für Bonn-Besucher leicht zu finden. Nur zu gut kann man sich vorstellen, dass sich in diesem reich verzierten Gebäude Bedeutendes ereignet hat.

Nachdem Bonn 1949 zur Bundeshauptstadt geworden war, empfing man dort zahlreiche Staatsgäste. In den 1960er Jahren hielten hier Charles de Gaulle und John F. Kennedy ihre Begrüßungsansprachen. Auch Michail Gorbatschow wurde 1989 im Alten Rathaus begeistert empfangen. Seit 1978 ist das Gebäude allerdings nicht mehr Sitz der städtischen Verwaltung, sondern wird nur noch für repräsentative Anlässe genutzt.

Info: Im Zentrum von Bonn gelegen. **Info Bonner Münster:** Gangolfstr. 14, 53111 Bonn, Tel. (02 28) 98 58 80, www.bonner-muenster.de, Öffnungszeiten Kreuzgang Mo–Fr 10–17, Sa 10–15.30, So 11–16.30, im Sommer Mo, Mi–Fr bis 18.45 Uhr, Münster bis 2021 wg. Sanierung geschl. **Info Altes Rathaus:** Markt 2, 53111 Bonn, Tel. (02 28) 77 30 60, www.altes-rathaus-bonn.de, www.bonn.de.

Kunstinstallation »Ludwig van Beethoven – eine Ode an die Freude«

Naherholungsgebiets **Rheinaue.** Bonn ist seit 1996 deutsche Stadt der Vereinten Nationen, der Lange Eugen bildet das Hauptgebäude des UN Campus.

Zahlreiche Besucher besteigen hier eines der **Fahrgastschiffe** zu den nahen Weinregionen an Rhein und Mosel. Manch einer begibt sich auch zu Fuß auf den Weg und wandert auf dem populären **Rheinsteig** (www.rheinsteig.de), der von Bonn nach Wiesbaden am Mittelrhein entlangführt.

Tourist Information ➡ Ja2
Windeckstr. 1, am Münsterplatz, 53111 Bonn
✆ (02 28) 77 50 00
www.bonn.de, www.bonn-region.de
Mo–Fr 10–18, Sa 10–16, So 10–14 Uhr

Die **Bonn Regio WelcomeCard** bietet kostenlosen oder ermäßigten Eintritt in zahlreiche Attraktionen und zu vielen Freizeitaktivitäten sowie freie Fahrt mit den öffentlichen Verkehrsmitteln. Tickets für 24 Std. inkl. ÖPNV pro Person € 10, pro Familie € 19.

Beethovenfest
Tickets ✆ (02 28) 50 20 13 13
www.beethovenfest.de, Anfang bis Ende Sept.
Alljährlich stattfindendes internationales Beethoven-Musikfestival mit Orchestern und Solisten aus aller Welt, darunter sowohl renommierte Musiker als auch talentierte Nachwuchskünstler. An unterschiedlichen Spielstätten.

Im Haus der Geschichte verdeutlicht dieser VW T1 das Lebensgefühl der 1970er Jahre

Rhein in Flammen/Bonn
www.rhein-in-flammen.com
Anfang Mai
Großfeuerwerk am und auf dem Rhein.

Deutsches Museum Bonn ➡ südl. Jc3
Ahrstr. 45, ✆ (02 28) 30 22 55
www.deutsches-museum.de/bonn
Di–Fr, So 10–17, Sa 12–17 Uhr, Eintritt € 9/5
An der Museumsmeile thematisiert das familienfreundliche Museum Forschung und Technik der Gegenwart in Deutschland. Zu sehen ist u. a. die Magnetschwebebahn Transrapid 06 am Eingang des Museums. Sammlungen, Ausstellungen und spezielle Programme für Kinder zwischen 4 und 14 Jahren umfassen Museumsrallyes und die **ExperimentierTische** für Versuche mit Magnetismus und Optik. Die **ExperimentierKüche** befasst sich mit der Chemie im Alltag und die **Pfiffikus-Workshops** thematisieren diverse Phänomene in Naturwissenschaft und Technik.

4 **Haus der Geschichte der Bundesrepublik Deutschland** ➡ Jc3
Willy-Brandt-Allee 14, ✆ (02 28) 916 54 00
www.hdg.de, Di–Fr 9–19, Sa/So 10–18 Uhr, Eintritt frei
Permanente Ausstellung zur deutschen Geschichte seit 1945. Exponate zur Politik-, Gesellschafts- und Wirtschaftsgeschichte, zum deutschen Alltag sowie zur deutschen Kunst und Kultur. Besondere Exponate sind u.a. eine Geheimkamera, der Kanzler-Salonwagen und

Kunst und Kultur auf drei Kilometern Länge

MUSEUMSMEILE

Bonn, Nordrhein-Westfalen

Entlang der Bundesstraße 9 entstand Mitte der 1990er Jahre zwischen Bonn und Bad Godesberg ein ganz besonderes Viertel: die Museumsmeile. Südlich des Zentrums reihen sich in unmittelbarer Nachbarschaft fünf bemerkenswerte Museen mit hoher Anziehungskraft.

Im Norden geht es los mit dem Forschungsmuseum Koenig, direkt gegenüber der Villa Hammerschmidt, dem Elternhaus Alexander Koenigs (1858–1940). Der Zoologe und Sammler gründete 1912 dieses Museum, das heute mit rund sieben Millionen Präparaten zu den größten naturkundlichen Sammlungen Deutschlands gehört.

Museum für Gegenwartskunst: Kunstmuseum Bonn

Circa 500 Meter weiter veranschaulicht das Haus der Geschichte vom Ende des Zweiten Weltkriegs bis in die Gegenwart deutsche Zeitgeschichte in Politik, Wirtschaft und Gesellschaft. Zu sehen sind beispilsweise Exponate wie der erste Dienst-Mercedes Adenauers, ein Kino aus den 1950er Jahren oder der Haftbefehl für Erich Honecker.

Daneben wurde 1992 das Kunstmuseum Bonn errichtet. In dem spektakulären Bau ist eine bedeutende Sammlung deutscher Kunst nach 1945 ausgestellt, mit Werken von Joseph Beuys, Georg Baselitz und Gerhard Richter. Aber auch die Klassische Moderne ist mit Werken von Künstlern wie August Macke oder Max Ernst hochrangig vertreten.

Die dann folgende Kunst- und Ausstellungshalle der Bundesrepublik Deutschland, kurz Bundeskunsthalle, zählt zu den besucherstärksten Häusern dieser Art in Deutschland. Sie präsentiert auf 5600 Quadratmetern Fläche Ausstellungen zu Kunst- und Kulturgeschichte sowie Wissenschaft und Technik.

Etwas abseits liegt das Deutsche Museum Bonn, ein Ableger des Deutschen Museums München. Es widmet sich zeitgenössischer Forschung und Technik aus Deutschland. Hier kann man auf verständliche Art erfahren, wie der Airbag funktioniert, oder sich Verfahren aus der Hirnforschung erklären lassen.

INFO: An der B9, auf dem Weg nach Bad Godesberg. **INFO FORSCHUNGSMUSEUM KOENIG:** Adenauerallee 160, 53113 Bonn, Tel. (02 28) 91 2 20, www.zfmk.de. **INFO HAUS DER GESCHICHTE:** Willy-Brandt-Allee 14, Bonn, Tel. (02 28) 916 50, www.hdg.de. **INFO KUNSTMUSEUM BONN:** Friedrich-Ebert-Allee 2, Bonn, Tel. (02 28) 77 62 60, www.kunstmuseum-bonn.de. **INFO KUNST- UND AUSSTELLUNGSHALLE DER BUNDESREPUBLIK DEUTSCHLAND:** Friedrich-Ebert-Allee 4, Bonn, Tel. (02 28) 917 12 00, www.bundes kunsthalle.de. **INFO DEUTSCHES MUSEUM BONN:** Ahrstr. 45, Bonn, Tel. (02 28) 30 22 55, www.deutsches-museum.de/bonn.

ein »Rosinenbomber«. Auch wechselnde Ausstellungen. An der Museumsmeile gelegen.

🏛 **Kunstmuseum Bonn** ➡ Jc3
Helmut-Kohl-Allee 2
✆ (02 28) 77 62 60, www.kunstmuseum-bonn.de
Tägl. außer Mo 11–18, Mi bis 21 Uhr, Eintritt € 7/3,50
Das Kunstmuseum an der Museumsmeile präsentiert permanente Sammlungen mit dem Schwerpunkt August Macke und die Rheinischen Expressionisten sowie diverse zeitlich begrenzte Wechselausstellungen. Weitere Sammlungen: Werkgruppen und Künstlerräume deutscher Kunst nach 1945 und rund 450 Objekte von Joseph Beuys.

🏛 **Kunst- und Ausstellungshalle der Bundesrepublik Deutschland** ➡ Jc3
Helmut-Kohl-Allee 4
✆ (02 28) 917 12 00, www.bundeskunsthalle.de
Di/Mi 10–21, Do–So 10–19 Uhr
Eintritt € 17/11,50, bis 18 J. frei
Die Bundeskunsthalle ist eines der fünf Museen an der Museumsmeile und Nachbarin des Kunstmuseums Bonn. Sie fällt durch ihre drei markanten Lichttürme auf dem Dach auf. Kulturgeschichte, Technik, Wissenschaft,

Open-Air-Event auf dem Museumsmeilenplatz in Bonn

Ein rheinischer Expressionist

August Macke Haus

Bonn, Nordrhein-Westfalen

Der Maler August Macke hinterließ 11 000 Arbeiten, dabei wurde er nur 27 Jahre alt. Zieht man die klassisch unproduktiven Lebensphasen wie frühe Kindheit oder Krankheit ab, muss der Künstler im Durchschnitt zweieinhalb Skizzen, Blätter oder Bilder pro Tag kreiert haben. Im August Macke Haus in Bonn, der Stadt, in der der Künstler die längste Zeit seines kurzen Lebens verbrachte, ist ein Teil seines beachtlichen Schaffens zu sehen.

Das Museum gruppiert sich um das noch original erhaltene Atelier des Künstlers. Alles hier dreht sich um das expressionistische Werk und das künstlerische Umfeld Mackes. Max Ernst war hier, auch Franz Marc, mit dem August Macke ein vier mal zwei Meter großes Wandbild namens »Paradies« erschuf. Es ist so, als wäre man dabei gewesen, als der Künstler hier gemalt oder mit seinen Kunstfreunden diskutiert hat – hier im Atelier haben sie gestanden, geredet und gelacht.

Und wäre nicht in den 1970er Jahren eine engagierte Kunstliebhaberin gewesen, würde es heute im August Macke Haus eher nach Bier, Rauch und Schnitzel riechen, denn das Wohnhaus der Familie sollte in eine Kneipe umgewandelt werden. Glücklicherweise stehen heute statt Tellern Werke von August Macke im Atelier. Neben der Dauerausstellung finden mehrere Wechselausstellungen pro Jahr statt.

Das Gebäude ist eher unscheinbar, die Eltern von August Mackes Frau Elisabeth, geborene Gerhardt, brauchten für ihr benachbartes Unternehmen ein Archivgebäude und kauften den klassizistischen Bau. 1910 ließ Mackes Schwiegermutter das Dachgeschoss zu einem Atelier umbauen, ihr Schwiegersohn hatte sie eindringlich darum gebeten. Von 1911 bis 1914 arbeitete und lebte der Künstler mit seiner Familie in diesem Haus.

Im August Macke Haus in Bonn

Sein Tod kam viel zu früh, aus patriotischem Pflichtbewusstsein zog der Künstler im Jahr 1914 eher halbherzig ins Feld und fiel keine zwei Monate nach dem Beginn des Ersten Weltkriegs. Über 60 Jahre später starb seine Ehefrau, die bis zu ihrem Ableben im Haus der Familie in Bonn lebte.

Nach ihrem Tod sollte das Haus veräußert werden, aber die Leiterin des Bonner Kunstvereins, Margarete Jochimsen, gründete kurzerhand eine Bürgerinitiative, die das Gebäude erwarb, um es in ein Museum umzufunktionieren. Im Jahr 2017 eröffnete dann der moderne Erweiterungsbau.

Info: Das Museum liegt im Macke-Viertel westlich des Zentrums. **Info August Macke Haus e. V.:** Hochstadenring 36, 53119 Bonn, Tel. (02 28) 65 55 31, www.august-macke-haus.de, Öffnungszeiten Di/Mi, Fr–So 11–17, Do 13–21 Uhr, Eintritt € 9,50, ermäßigt € 6, inklusive Audioguide, Familienkarte € 19.

Dauerausstellung »Unser blauer Planet – Leben im Netzwerk« im Museum Koenig

Architektur und Bildende Künste bilden die Hauptthemen der Wechselausstellungen.

LVR-Landesmuseum Bonn ➡ Ja/Jb1
Colmantstr. 14–16, ✆ (02 28) 207 00
https://landesmuseum-bonn.lvr.de, Di–Fr, So 11–18, Sa 13–18 Uhr, Eintritt € 8/6, bis 18 J. frei, wird renoviert
Rheinische Kunst- und Kulturgeschichte von Zeiten der Neandertaler bis heute.

Zoologisches Forschungsmuseum Alexander Koenig ➡ Jc3
Adenauerallee 160
✆ (02 28) 912 21 02, www.zfmk.de/de/museum
Tägl. außer Mo 10–18, Mi bis 21 Uhr, Eintritt € 5/2,50
Das 1934 vom Zoologen Alexander Koenig begründete zoologische Forschungsmuseum an der Museumsmeile ist heute eines der bedeutendsten naturkundlichen Museen in Deutschland.

Beethoven-Haus ➡ Ja2
Bonngasse 20, ✆ (02 28) 981 75 25, www.beethoven.de
April–Okt. tägl. 10–18, Nov.–März Mo–Sa 10–17, So 11–17 Uhr, Eintritt € 10/8, Shop (Literatur, CDs etc.) gegenüber in der Bonngasse 21 Mo–Sa 10–18.30 Uhr
In diesem weitgehend original erhaltenen Haus, das 2019 renoviert wurde, erblickte 1770 der berühmte Komponist das Licht der Welt. Heute beheimatet es die größte Beethoven-Sammlung der Welt, darunter Erstdrucke seiner Werke, Gemälde, Porträts, Beethovens

Geburtsort eines musikalischen Genies

BEETHOVEN-HAUS

Bonn, Nordrhein-Westfalen

Es ist der 17. Dezember 1770. Draußen ist es kalt. Der Wind rüttelt an den Fenstern des Hauses in der Bonngasse 20. Ganz oben, unterm Dach in einer kleinen Kammer, liegt eine junge Frau seit Stunden in den Wehen. Dann endlich – der erlösende Schrei des Neugeborenen, der nur zwei Jahrzehnte später Musikgeschichte schrieb.

Der weltberühmte Komponist Ludwig van Beethoven entstammte einer Musikerfamilie. Der Vater, Johann van Beethoven, war kurfürstlicher Hofsänger, der Großvater kurfürstlicher Kapellmeister. Der ehrgeizige Vater – fasziniert vom damaligen Wunderkind Wolfgang Amadeus Mozart – trieb seinen begabten Sohn schon in jungen Jahren zu immer größeren Leistungen an und legte damit den Grundstein für Ludwigs musikalische Karriere.

Das Haus in der Bonngasse ist das einzige noch erhaltene Haus, in dem die Familie van Beethoven in Bonn gelebt hat. Heute bietet dort ein Museum die größte Beethoven-Sammlung der Welt. Zu sehen sind u.a. die Originalhandschriften der »Mondscheinsonate«, die Dienst-Bratsche, die Beethoven mit 15 Jahren in der Bonner Hofkapelle einsetzte, und der Orgelspieltisch, an dem er seit seinem zehnten Lebensjahr in der Bonner Minoritenkirche (heute Remigiuskirche) musizierte. Neben seinen Instrumenten und Werken umfasst die vielseitige Sammlung auch Exponate des täglichen Lebens wie die Hörrohre, die Beethoven mit zunehmender Taubheit gebrauchte. Zum Jubiläumsjahr 2020, dem 250. Geburtstag des Komponisten, wurde die Ausstellung modernisiert.

Absolutes Highlight: Dem Museum angeschlossen ist das Beethoven-Archiv mit dem Kammermusiksaal, mit seiner hervorragenden Akustik ein Traum für Konzertliebhaber. Direkt neben dem Museum liegt das Digitale Beethoven-Haus. Hier werden Leben und Werk des Komponisten multimedial und interaktiv sichtbar und hörbar gemacht. Der Besuch ist im Eintrittspreis für das Museum enthalten.

Geburtsort eines musikalischen Genies: das Beethoven-Haus in Bonn

INFO: Im Zentrum von Bonn. **INFO BEETHOVEN-HAUS:** Bonngasse 24–26, 53111 Bonn, Tel. (02 28) 981 75 25, www.beethoven.de, Öffnungszeiten tägl. 10–18 Uhr, Eintritt € 10, ermäßigt € 8.

letzten Flügel, Instrumente etc. Von Bedeutung ist das **Digitale Archiv** mit rund 6100 Dokumenten, 1600 Audiodateien und 7600 Textdateien. Im **Kammermusiksaal** finden Konzerte statt.

Beethoven Orchester Bonn
Tickets: ✆ (02 28) 77 80 08 oder (02 28) 50 20 10
www.beethoven-orchester.de
Konzerte ab € 17
Sinfoniekonzerte finden in der **Beethovenhalle** statt (wegen Sanierung bisSommer 2024 geschlossen), Kammerkonzerte u.a. im **Beethoven-Haus** und **Schumannhaus**, im **Kanzlerbungalow**, im **Opernhaus** oder an anderen Spielstätten der Stadt (Zeiten und Preise bitte erfragen).

Bonner Personenschifffahrt (BPS) ➡ Jb3
Brassertufer »Alter Zoll«, ✆ (02 28) 63 63 63
www.bonnschiff.de, Preise bitte erfragen, Verkauf in der Zentrale am »Alten Zoll«
Riesiges Angebot der BPS an Linien- und Themenfahrten am Mittelrhein und zur Mosel: Theaterfahrten, Ausflüge nach Königswinter, Remagen, Boppard, Rüdesheim und zu anderen Städten entlang des Rheins, Brunchfahrten, Tanz-in-den-Mai-, Muttertags-, Vatertags- und Oktoberfestfahrten, Tatort-Dinner-Fahrten, Piratenfest oder Halloweenparty auf dem Rhein …

Rhein in Flammen

Freizeitpark Rheinaue ➡ N6/7
www.bonn.de
www.ballonfestival-bonn.de
www.rhein-in-flammen.com
Parkanlagen auf dem ehemaligen Gelände der Bundesgartenschau von 1979 direkt am Rhein. Das beliebte, 125 ha große Naherholungsgebiet hat viel zu bieten: Schiffchen- und Auensee, Spazier- und Radwege von insgesamt 45 km Länge, ein Freilichttheater, einen Totempfahl, den Bismarckturm und zahlreiche Spezialgärten wie den Japanischen Garten, den Blindengarten, den Rosengarten und den Rheingarten.

Jeden dritten Samstag im Monat findet hier zwischen April und Oktober einer der größten **Trödelmärkte** Deutschlands statt. Am ersten Samstag im Mai lockt das Feuerwerksspektakel **Rhein in Flammen** Tausende

Fast so groß wie die Bonner Innenstadt: die Rheinaue

Besucher in den Park und einen Monat später steigen Dutzende Heißluftballons während des **Ballonfestivals** in den Himmel.

Schumannhaus ➡ N6
Sebastianstr. 182, ✆ (02 28) 77 36 56
www.bonner-schumannfest.de, Mo und Mi–Fr 11–13.30 und 15–18 Uhr, Museum Eintritt frei, Konzerttickets vgl. Homepage
In diesem Haus in Bonn-Endenich verbrachte Robert Schumann seine letzten Lebensjahre. Heute finden hier Konzerte statt. Das Haus beherbergt die **Bonner Musikbibliothek** und die **Schumann-Gedenkzimmer**.

Das **Schumannfest** mit Musik, Theater, Tanz, Film und Vorträgen findet alljährlich Ende Mai/Anfang Juni statt.

Strandhaus ➡ nördl. Ja2
Georgstr. 28, ✆ (02 28) 369 49 49
www.strandhaus-bonn.de, Di–Sa ab 18 Uhr
Das Restaurant mit der sommerlich frischen, freundlichen Optik liegt in der gemütlichen Bonner Altstadt. Eine kleine, aber feine Speisekarte mit bevorzugt saisonalen und regionalen Zutaten sowie ausgesuchte Weine sorgen für kulinarische Genüsse. Im Sommer sitzt es sich gut auf der lauschigen Terrasse. €€€

Kaffeehaus Müller-Langhardt ➡ Ja2
Markt 36, ✆ (02 28) 63 74 46, www.mueller-langhardt.de
Mo–Sa 9–18, So (außer Juli/Aug.) 12–18 Uhr

Palais Schaumburg, ehemaliger Amtssitz des Bundeskanzlers, zum Tag der offenen Tür

Über hundert Jahre schon serviert das traditionsreiche Konditoreicafé am großen Marktplatz Kaffee-, Kuchen- und Tortenspezialitäten. Innen Jugendstilambiente, draußen eine Terrasse, von der die Gäste den Blick auf das historische Rathaus genießen.

Einkaufen

Die Shoppingmeilen verlaufen zwischen **Markt-, Friedens- und Münsterplatz**. Der Wochenmarkt findet vor dem **Alten Rathaus** statt.

Haribo Shop Bonn ➡ N7
Am Neutor 3
✆ (02 28) 909 29 30
www.haribo.com/de
Mo–Sa 10–18, Sa 10–16 Uhr
In der Bonner City werden Klassiker von Haribo sowie Neuheiten, Fanartikel, Aktionsware und Spezialitäten aus anderen Ländern verkauft.

Ausflugsziel:

Schloss Drachenburg ➡ südwestl. N7
Drachenfelsstr. 118
3639 Königswinter
✆ (022 23) 90 19 70
www.schloss-drachenburg.de, März–Nov. tägl. 11–18, Juli/Aug. bis 19 Uhr, Eintritt € 7/5, Familien € 17
Schöner Familienausflug nach Königswinter. Baron Stephan von Sarter, der als Börsenanalyst zu Wohlstand gelangte, legte 1882 den Grundstein zum Bau des exzentrischen Schlosses, das im Weiteren als Sommerfrische, Hotel und Jungeninternat diente.

Von Drachen und Eseln

DRACHENFELS

Königswinter, Nordrhein-Westfalen

Seinen Namen verdankt der wohl bekannteste Berg des Siebengebirges einem furchterregenden Drachen, der tief unter dem Berg gehaust haben soll. Prinz Siegfried aus der Nibelungensage gelang es, das Untier zu erlegen. Sein Blut machte es fast unverwundbar. Erbaut wurde Burg Drachenfels im 12. Jahrhundert vom damaligen Kölner Erzbischof. Sie sollte der Stadt flussaufwärts zum Schutz dienen. Die Ruine des Bergfrieds steht auch heute noch auf dem Gipfel des Drachenfels. Übrig geblieben ist nur das markante Mauerstück mit dem Kölner Fenster.

Lange Zeit wurde der Drachenfels wegen seiner Nähe zum Rhein als Steinbruch genutzt. So dienten Steine vom Drachenfels bis zu ihrer Fertigstellung 1880 zum Bau der Außenfassade des Kölner Doms.

Auf dem Rücken eines Esels (nur für Kinder) den Berg zu erklimmen ist sicher eine spannende Aufstiegsmöglichkeit. Besonders beliebt ist auf halber Strecke des Eselswegs, den man auch per pedes nehmen kann, die Nibelungenhalle. Zur Musik Richard Wagners wandeln die Besucher im dämmrig-geheimnisvollen Licht des massiven Jugendstilbaus vorbei an ausdrucksvollen Wandgemälden des Berliner Malers Hermann Hendrich, die den »Ring der Nibelungen« zu neuem Leben erwecken.

Oberhalb der Mittelstation liegt das malerische Schloss Drachenburg mit dem erst 2002 eröffneten Museum für Naturschutzgeschichte in der Vorburg des Schlosses.

Ob zu Fuß, per Esel oder bequem mit der Zahnradbahn, der Aufstieg lohnt in jedem Fall, denn von der Aussichtsplattform hat man einen herrlichen Blick auf das Rheintal, das Siebengebirge und die Bonner Umgebung. Und auf dem Plateau ist es nach den 2013 abgeschlossenen Neu- und Umbauten richtig schön geworden: Der Gipfel-Bahnhof ist neu gestaltet und Besucher erwartet ein lichtdurchfluteter Glaskubus.

Blick vom Drachenfels auf Schloss Drachenburg in Königswinter

INFO DRACHENFELS: Der Drachenfels liegt ca. 10 km südöstlich von Bonn. **INFO SCHLOSS DRACHENBURG UND MUSEUM FÜR NATURSCHUTZGESCHICHTE:** Auf dem Drachenfels, 53639 Königswinter, www.naturschutzgeschichte.de, www.schloss-drachenburg.de, Öffnungszeiten März–Ende Nov. tägl. 11–18/19, Dez. Sa/So 12–20, Jan./Feb. tägl. 12–17 Uhr, Eintritt € 7, ermäßigt € 5. **INFO RESTAURANT & EVENTLOCATION:** Auf dem Drachenfels, 53639 Königswinter, Tel. (022 23) 296 99-0, www.der-drachenfels.de, Öffnungszeiten April–Mitte Nov. tägl. 10–18/19, Mitte Nov.–Dez. Sa/So 10–18 Uhr, Preise auf Anfrage.

Kreuz auf der Halde Haniel

Bottrop ➡ C5/6

Bottrop überschritt 1953 erstmals die 100 000-Einwohner-Grenze. Heute befindet sich die rund 117 000 Bürger zählende Stadt im Strukturwandel und setzt vermehrt auf den Tourismus.

Mit dem 2 **Movie Park Germany** (vgl. S. 29 f.), einem der besucherstärksten Freizeitparks in Europa, scheint der Strukturwandel in Bottrop zu gelingen. Als weiteres, weithin sichtbares Denkmal des Strukturwandels in der Region fungiert der auf der Halde Prosper emporragende **Tetraeder**. Mit der **Halde Haniel** weist Bottrop zudem einen außerordentlichen Aussichtspunkt des Ruhrgebiets auf. Im Dezember 2018 erlangte **Prosper-Haniel** überregionale Berühmtheit, denn in der letzten Steinkohlenzeche Deutschlands war Schicht im Schacht.

Über die Region hinaus bekannt ist Bottrops **Alpincenter**, das Skifahren im weitgehend schneearmen Ruhrgebiet möglich macht. Einen hohen Freizeitwert verzeichnen auch Parks und Freizeitzentren wie **Grafenmühle** und der **Revierpark Vonderort** an der Stadtgrenze zu Oberhausen.

i Ruhr Tourismus GmbH
Info-Hotline ✆ (18 06) 18 16 20 (gebührenpflichtig)
www.ruhr-tourismus.de

Quadrat Bottrop ➡ C5
Im Stadtgarten 20, 46236 Bottrop, ✆ (020 41) 37 20 30,
www.bottrop.de, Di–Sa 11–17, So 10–17 Uhr
Eintritt Sammlung frei, Wechselausstellungen € 10/4

Aussicht vom Tetraeder: Blick auf das Alpincenter von Bottrop

»*Homage to the Square*«

Josef Albers Museum Quadrat Bottrop

Bottrop, Nordrhein-Westfalen

Bereits das 1976 eröffnete Museumszentrum Quadrat im Stadtgarten von Bottrop umfasste neben einer heimatkundlichen Sammlung mehrere Werke des in der Stadt Bottrop geborenen und 1933 vor den Nationalsozialisten in

Das Josef Albers Museum Quadrat – benannt nach der Serie »Homage to the Square« von Josef Albers

die USA geflohenen Josef Albers (1888–1976), auf dessen berühmteste Bildserie »Homage to the Square« der Name sich denn auch bezieht. Die Form des damaligen Gebäudes griff ebenfalls das Quadrat auf.

Nach einer umfangreichen Schenkung von Werken aus dem Nachlass des Künstlers beschloss man die Erweiterung des Museums durch einen Neubau, wiederum mit dem Quadrat als wesentliches Gestaltungselement.

Am 25. Juni 1983 wurde das Josef Albers Museum eröffnet. Die Dauerausstellung präsentiert Arbeiten aus verschiedenen Werkphasen des Künstlers und wurde 2006 wegen des »intelligenten und von modischen Tendenzen des Kunstmarkts« unabhängigen Konzepts vom Internationalen Kunstkritikerverband zum Museum des Jahres gewählt.

In der Modernen Galerie werden wechselnde Ausstellungen international bekannter Künstler gezeigt. In jüngerer Vergangenheit waren beispielsweise Werke der amerikanischen und europäischen Malerei der Gegenwart zu sehen, etwa von Agnes Martin, Kimber Smith, Sol LeWitt, Giorgio Morandi, Sabine Funke, Helmut Dorner, James Bishop, Raimund Girke und Ulrich Erben.

Im Museum für Ur- und Ortsgeschichte verdeutlichen bemerkenswerte prähistorische Funde 350 Millionen Jahre Erdgeschichte. Ein riesiges Mammutskelett, Säbelzahntiger, Steinwerkzeuge der Neandertaler – die Exponate aus der Eis- und Steinzeit sind ziemlich beeindruckend.

Info: Bottrop liegt ca. 10 km nordwestlich von Essen. **Info Josef Albers Museum Quadrat Bottrop:** Im Stadtgarten 20, 46236 Bottrop, Tel. (020 41) 297 16, www.bottrop.de, Öffnungszeiten Di–Sa 11–17, So/Fei 10–17 Uhr, Eintritt Dauerausstellung frei.

Mammut-Schauen im Museum für Ur- und Ortsgeschichte von Bottrop

Das Quadrat Bottrop besteht aus verschiedenen Museen und Galerien: Im **Josef Albers Museum** wird das Lebenswerk des Malers dokumentiert. Da Bottrop über eine der wichtigsten Fundstellen eiszeitlicher Tiere in Westfalen verfügt, zeigt das **Museum für Ur- und Ortsgeschichte** (Eintritt frei) Tierskelette und frühe Werkzeuge. Außerdem auf dem Areal: die **Studio-Galerie** und die **Moderne Galerie.**

Städtische Galerie im Kulturzentrum August Everding ➡ C5
Blumenstr. 12–14
✆ (020 41) 70 38 32, www.bottrop.de
Mo–Fr 9–20, Sa 9–12 Uhr, Eintritt frei
Als Forum der lokalen und regionalen Kunst präsentiert das Museum Kunst aus der Vergangenheit und der Gegenwart zum Anschauen und Anfassen. Nach einem »Bitte Ruhe«-Schild wird man vergeblich suchen.

Alpincenter ➡ C5
Prosperstr. 299–301, ✆ (020 41) 709 50
www.alpincenter.com, Piste Mai–Sept. Mi–So 10–19, Okt.–April Mo–Do 10–18, Fr/Sa 10–2, So 10–23 Uhr, Tagesticket im Sommer € 39/28, im Winter € 44/29,50, in den Weihnachtsferien € 54/35, verschiedene Angebote
In der längsten Skihalle der Welt kann man bei einer Neigung von 24 % und 640 m Pistenlänge Ski- und Snowboard fahren. Der Eintrittspreis beinhaltet auch den Materialverleih und *all you can eat & drink.*

Jährlich im Mai öffnen der große **Biergarten** (Mi–Fr 14–22, Fr/Sa 11–22 Uhr) und die **Sommerrodelbahn** (Mi–So 12–20 Uhr). Im fast 10 m hohen Parcours des **Hochseilklettergartens** Besucher (ab 1,30 m Körpergröße) ihren Mut beweisen (nur im Sommer Mi–Fr 10–18, Sa/So 11–19 Uhr, € 7/5). Zudem: Skydiving (vgl. S. 89).

BernePark ➡ C5

Ebelstr. 25 a, ✆ (020 41) 375 48 40
www.bernepark.de, www.dasparkhotel.net
Zum Park avancierte die einstige Kläranlage auf der Emscherinsel im Rahmen der Emscherkunst 2010. Der Clou sind die Übernachtungen in einer der Kanalröhren des »Parkhotels« (Mai–Sept.). Herzhaftes und Süßes serviert das benachbarte Restaurant im Maschinenhaus des ehemaligen Klärwerks, das auch eine Außenterrasse besitzt.

Freizeitpark Schloss Beck ➡ B6

Am Dornbusch 39, Bottrop-Kirchhellen
✆ (020 45) 51 34, www.schloss-beck.de
Mitte März–Aug. tägl. 9–18 Uhr, Sept.–Mitte Okt. nur Sa/So, Eintritt € 12/11
Der liebenswerte Freizeitpark für Kinder ist mit Gokartbahn, Kinderriesenrad, Wasserbobs und Familienachter-

Abendstimmung im BernePark

bahn ausgestattet. Zudem gibt es Ruder- und Tretboote, Schiffschaukeln, Autoscooter, eine Fledermaushöhle, einen Abenteuersimulator etc.

Freizeitzentrum Grafenmühle ➡ C5
Alter Postweg 148/Zur Grafenmühle
✆ (020 45) 63 97
www.woodpeckers-roadhouse.de
http://bikertreff-grafenmuehle.de
www.herzblut-bottrop.de
Wechselnde Öffnungszeiten
Beliebter Motorrad- und Freizeittreff mit drei Restaurants samt Biergärten sowie mit Minigolfplätzen, Ponyreiten, Spielplätzen, Forellenteich etc. Am Rand des Naherholungsgebiets Kirchhellener Heide.

Halde Haniel ➡ C5
Fernewaldstraße (Parkplatz Bergwerk Prosper-Haniel)
Vom Parkplatz bis zum 126 m hohen Gipfel der Halde, entstanden aus dem Bergematerial der 2018 geschlossenen Zeche Prosper-Haniel, folgt man dem 15 Stationen zählenden Kreuzweg. Das **Gipfelkreuz** wurde anlässlich des Besuchs von Papst Johannes Paul II. 1987 gefer-

Förderturm der ehemaligen Zeche Prosper II in Bottrop

Tief unter Tage steht heute alles still: Halde Haniel

tigt und 1992 aufgestellt. Hier befindet sich auch ein 800 Zuschauer fassendes **Amphitheater**, in dem im Kulturhauptstadtjahr 2010 die Oper »Aida« aufgeführt wurde. Am Haldenrand entlang zieht sich eine Installation des baskischen Bildhauers Agustín Ibarrola, bestehend aus 105 **Totems**, die aus Eisenbahnschwellen gefertigt wurden.

Indoor Skydiving Bottrop ➡ C5
Prosperstr. 297
✆ (020 41) 709 51 50, www.indoor-skydiving.com
Tägl. 10–20 Uhr, Preise (Anfänger) ab € 59
Das Indoor Skydiving Bottrop bietet einen bis zu 286 km/h schnellen Hightech-Windtunnel, in dem man das Gefühl vom Fliegen auch ohne Sprung aus dem Flugzeug nachempfinden kann.

Malakoffturm ➡ C5/6
Knappenstr. 33
✆ (020 41) 10 24 30, www.bottrop.de
http://klettern-bottrop.de
März–Okt. Di 9–12, Do 14–17 Uhr, sonst nur Do
Der 1873 erbaute, mit Zinnen und Ecktürmchen besetzte, wuchtige Turm, der erst 1987 außer Dienst gestellt wurde, gehörte früher zur Schachtanlage Prosper II und ist einer von 13 verbliebenen Malakofftürmen im Ruhrgebiet. Am 1. und 3. Donnerstag des Monats um 14 Uhr kann man den aufwendig restaurierten Turm bis hoch zur Aussichtsplattform besteigen.

Begehbare Aussichtsskulptur auf einer Halde: der Tetraeder von Bottrop

Die **Kletterhalle** bietet Kurse für Anfänger und Fortgeschrittene.

2 Movie Park Germany ➡ C5
Vgl. S. 29, 32, 84.

Revierpark Vonderort ➡ C5
Vgl. 216.

Tetraeder ➡ C5
Beckstr. 1
www.halden.ruhr/tetraeder.html
Das Haldenereignis Emscherblick, Tetraeder genannt, ist ein frei begehbarer Aussichtsturm aus Stahlrohren in Form einer dreiseitigen Pyramide. Die etwa 50 m hohe Stahlkonstruktion ruht auf vier 8 m hohen Betonpfeilern und befindet sich auf der Kuppe der etwa 80 m hohen ehemaligen Halde Beckstraße der Schachtanlage Prosper an der Route der Industriekultur.

Bahnhof Nord ➡ C5
Am Vorthbach 10
✆ (020 41) 98 89 44, https://bahnhofnord.de
Mi–Sa 18–24, So 15–22 Uhr
In den ehemaligen Bahnhof laden heute ein Restaurant mit deutscher und mediterraner Küche, ein Bistro mit Bar sowie einer der gemütlichsten Biergärten des Ruhrgebiets ein. €€–€€€

Factory Bottrop ➡ C5
Gladbecker Str. 78
✆ (020 41) 26 23 35, www.factory-buffet.de
Mi–Fr 17.30–21, Sa/So ab 17 Uhr
Tortillas, Wraps, Burger und Co.: Das moderne Restaurant bietet ein umfangreiches Tex-Mex-Büfett. €€–€€€

Gasthof Berger ➡ C5
Schlossgasse 35
✆ (020 45) 26 68, www.gasthof-berger.de
Tägl. ab 11.30 Uhr
Seit 1887 bietet der Gasthof in Feldhausen im Norden von Bottrop herzhafte Köstlichkeiten. €€

Einkaufen
Bottroper mögen die kleinen Läden und größeren Geschäfte der modernen, freundlich gestalteten Fußgängerzone an der **Cyriakus-Kirche**. Mi und Sa ist Markttag.

Ausflugsziel:

Atlantis Freizeitbad ➡ A6
Konrad-Adenauer-Platz 1, 46282 Dorsten
✆ (023 62) 951 70, www.atlantis-dorsten.de
Mo 10–21.30, Di–Do 8–21.30, Fr 8–23, Sa 10–23, So 9–21, Fei 9–22 Uhr, Eintritt ab € 9/6
Spaßbad mit sechs Rutschen.

Fußgängerzone in Bottrop

Barock im Familienbesitz

Schloss Lembeck

Dorsten, Nordrhein-Westfalen

Ursprünglich als wehrhaftes Gut erbaut, hat sich Schloss Lembeck im Verlauf der Jahrhunderte zu einem der schönsten Wasserschlösser Nordrhein-Westfalens entwickelt. In der schwer zugänglichen Moorniederung der Lehmbecke hatten die Herren von Lembeck im 12. Jahrhundert eine Ritterburg errichtet, die von nachfolgenden Generationen immer wieder erweitert wurde. Dietrich Konrad von Westerholt schloss 1692 die Arbeiten an der inzwischen in barocker Schönheit strahlenden Dreiflügelanlage ab.

Das Schloss, umgeben von Wäldern, Wiesen und offenen Feldern des Naturparks Hohe Mark, ist bis heute in Familienbesitz. Derzeitige Inhaber sind Ferdinand Graf von Merveldt und seine Frau Catharine. Der Name Lembeck kommt aus dem Niederdeutschen. Man kann ihn als Lehmbach übersetzen, was auf den einstigen Standort des Schlosses in einem Sumpf- und Moorgebiets hindeutet.

Die Schlossanlage im Nordwesten des Kreises Recklinghausen wird vielfältig genutzt, teilweise als Hotel, im Hochparterre des Haupthauses ist ein Museum untergebracht. Bei einem Rundgang durch die im Stil des 18. und 19. Jahrhunderts gestalteten Säle und Salons sind Kunstwerke zu sehen, die die Besitzer in mehr als 300 Jahren zusammengetragen haben: chinesisches Porzellan, flämische Tapisserien sowie Gemälde und Möbel aus der Zeit des Rokoko und Empire. Wer sich im barocken Ambiente standesamtlich trauen lassen möchte, kann dies im Turmzimmer der Bibliothek tun.

Schloss Lembeck zählt zu den schönsten Wasserschlössern Nordrhein-Westfalens

Unter Kunstliebhabern bekannt ist das Schloss auch wegen seines von Johann Conrad Schlaun entworfenen, spätbarock ausgestatten Festsaals.

Kamine, Bilder der Familie, gemalte Supraporten; vor allem aber die zarten, schwungvollen Stuck-Rocaillen der Decke, die Sinnbilder der vier Jahreszeiten umrahmen, geben dem Raum Atmosphäre. Die teilweise vergoldeten Rahmen an den Kaminen erinnern an den Speiseraum von Schloss Nordkirchen, die Stukkaturen gleichen denen im Gelben Appartement von Schloss Augustusburg in Brühl. Vielleicht haben auch in Lembeck so berühmte Stukkateure wie Cuvilliés, Morsegno und die Brüder Castelli mitgearbeitet.

Info: Dorsten liegt ca. 40 km nördlich von Essen. **Info Schloss Lembeck:** Schloss 2, 46286 Dorsten-Lembeck, Tel. (023 69) 71 67, www.schlosslembeck.de, Öffnungszeiten Heimatmuseum Sa/So/Fei 13–18 Uhr, Schloss nur mit Führung Sa/So/Fei 11–17 Uhr jeweils zur vollen Stunde, Park Mo–Fr 11–17, Sa/So/Fei 10–18 Uhr, Eintritt € 6, ermäßigt € 4,50.

Förderturm der Zeche Zollern

Dortmund ➡ C/D9

Dortmund gilt als Hauptstadt des Reviers, und das nicht nur weil es mit knapp über 590 000 Einwohnern die größte Stadt des Ruhrgebiets ist – und die neuntgrößte Deutschlands – und somit Essen abgehängt hat. Die kontrastreiche Bier-, Kohle-, Stahl- und Fußballstadt war bereits im Mittelalter auf Landkarten verzeichnet. Weithin bekannt ist Dortmund auch als Stadt des Deutschen Fußballmeisters 2011 und 2012 Borussia Dortmund.

Der Strukturwandel wurde längst erfolgreich eingeläutet – dank der Ansiedlung von Hightechfirmen und einer vorwiegend naturwissenschaftlich ausgerichteten Universität. Als ihre Branchen der Zukunft sieht die Stadt Mikro-, Nano- und Biotechnologie, Logistik und IT. Das sogenannte dortmund-project, ein Zusammenschluss von Stadt, Wirtschaft und Wissenschaft, half bei der Gestaltung des »neuen Dortmund« als führender Wirtschafts- und Technologiestandort und unterstützte Projekte in den genannten innovativen Zukunftsbranchen.

Die grüne Großstadt, die bei rund 280 Quadratkilometern Fläche immerhin 49 Prozent Freiflächen verzeichnet, besitzt ausgedehnte Wälder, Felder, Wiesen und Parks wie den 5 **Westfalenpark** und den **Revierpark Wischlingen**.

Dortmund, am östlichen Rand des Ruhrgebiets gelegen, ist ein idealer Ausgangspunkt für Touren sowohl

Das alte Stadthaus im Neorenaissance-Stil und die moderne Berswordt-Halle im Zentrum von Dortmund

durch die Metropole Ruhr als auch in das Sauerland und das Münsterland.

Tourist Information ➡ Cb2
Kampstr. 80, 44137 Dortmund
✆ (02 31) 18 99 90, https://visit.dortmund.de
Mo–Fr 10–18, Sa 10–15 Uhr

Skywalk Phoenix West ➡ D9
Führungen ab Phoenixhalle/Phoenixplatz vor dem Hüttenmann, Hochofenstr./Konrad-Zuse-Straße
✆ (0231) 39 56 29 70, https://visit.dortmund.de oder www.ruhr-tourismus.de, Tickets: 21 €
Per 90-minütiger Führung geht es auf den stählernern Laufsteg, der in 26 m Höhe einer alten Gasleitung durch das ehemalige Hüttenwerk Phoenix West folgt. Aufstieg zur Aussichtsplattform in 64 m Höhe auf dem 1998 stillgelegten Hochofen, in dem seinerzeit bei 2000°C Eisenerz in Roheisen verwandelt wurde.

Borusseum ➡ D9
Strobelallee 50
✆ (02 31) 90 20 13 68, www.bvb.de/Der-BVB/Borusseum
Mo–Fr 10–18, Sa/So 9.30–18 Uhr, an Heimspieltagen bis zum Anpfiff, Eintritt € 6/4
Das frisch renovierte, grundlegend überarbeitete Vereinsmuseum des BVB im offiziell als Signal Iduna Park bekannten Westfalenstadion mit audiovisuellen Stationen, Kino und Exponaten aus der Vereinsgeschichte – interessant nicht nur für Fußballfans.

Brauerei-Museum ➡ C9
Steigerstr. 16, ✆ (02 31) 840 02 00
www.brauereimuseum.dortmund.de, Di/Mi, Fr, So 10–17, Do 10–20, Sa 12–17 Uhr, Museum Eintritt frei, jeden 2. und 4. Do um 17 Uhr Führung € 16
Informative Führung durch Brauerei und Museum mit anschließender Bierverkostung. Erzählt wird die Erfolgsgeschichte der industriellen Bierbrauerei in Dortmund.

DASA Arbeitswelt Ausstellung ➡ C9
Friedrich-Henkel-Weg 1–25
✆ (02 31) 90 71 26 45, www.dasa-dortmund.de
Mo–Fr 9–17, Sa/So 10–18 Uhr, Eintritt € 8/5
13 000 m² großes Erlebnismuseum mit Dauer- und Sonderausstellungen zum Experimentieren. Entdecken und Mitmachen in den Themenbereichen Mensch, Arbeit und Technik. Beim Mitmachen und Anfassen bekommen Kinder und Erwachsene Einblicke in die Arbeitswelten von gestern, heute und morgen, u.a. in einem Airbus-Cockpit.

Deutsches Fußballmuseum ➡ Cb1
Platz der Deutschen Einheit 1
✆ (02 31) 22 22 19 54, www.fussballmuseum.de
Tägl. außer Mo 10–18 Uhr, Eintritt € 17/14, online günstiger, bis 6 J. frei
Ein wahrer Tempel des Fußballs: Fans stehen ehrfürchtig vor den Reliquien der vier deutschen WM-Siege,

Das Fußballmuseum am Platz der Deutschen Einheit

Paradies für Kicker-Fans

Deutsches Fussballmuseum

Dortmund, Nordrhein-Westfalen

Wie ein riesiges Tor auf dem Spielfeld sieht es aus – das Eingangsportal des 2015 eröffneten Deutschen Fußballmuseums am Dortmunder Hauptbahnhof. Überlebensgroße Spielerskulpturen weisen den Weg ins Gebäude und blitzschnelle Lichtimpulse beschießen wie kleine Bälle die hypermoderne Fassade. Drinnen warten dann mehr als 7000 Quadratmeter Ausstellungsfläche darauf, von den Freunden der »schönsten Nebensache der Welt« erkundet zu werden. Das Deutsche Fußballmuseum ist ein Kind des legendären »Sommermärchens« von 2006: Die gelungene Weltmeisterschaft im eigenen Land bot den Anlass zur Errichtung dieses spannenden Ausstellungs- und Erlebnisorts in der Fußballhochburg Dortmund. Dargestellt werden Geschichte und Gegenwart des deutschen Fußballs von den Anfängen bis zu jener »Goldenen Generation« um Philipp Lahm, die 2014 den WM-Titel holte. Neben dem Nationalfußball geht es aber auch um das Spiel im Verein, um den Frauenfußball und den Fußball in der DDR. Ausstellungstechnisch bewegt sich das Museum auf höchstem Niveau: Die 3-D-Animationen und Multivisionselemente, die Hör-, Seh- und Fühlstationen sind einzigartig – sie machen den Besuch dieses Hauses zu einem sehr sinnlichen und auch aktiven Erlebnis, denn Mitmachen ist ausdrücklich erwünscht. Doch bei aller Technik kommen auch die eindrucksvollen Exponate nicht zu kurz: Zu sehen gibt es neben wichtigen Trophäen der Nationalelf auch den Originalfußball aus dem WM-Finale von 1954 – und jenen berühmten Schuh, den Mario Götze am 13. Juli 2014 trug, als er in der 113. Minute das entscheidende Tor zum deutschen Titelgewinn schoss.

Info: In der Dortmunder Innenstadt gelegen (dem Hauptbahnhof direkt gegenüber). **Info Deutsches Fussballmuseum:** Platz der Deutschen Einheit 1, 44137 Dortmund, Tel. (02 31) 22 22 19 54, www.fussballmuseum.de, Öffnungszeiten Di–So 10–18 Uhr, Eintritt Erwachsene € 17, Kinder € 14, unter 6 J. frei.

Ausstellungsräume des Deutschen Fußballmuseums in Dortmund

Das Dortmunder U erstrahlt im neuen Glanz

u. a. dem Originalball von 1954. Auch die Geschichte des Vereinsfußballs wird eingehend vorgestellt. Mit der Aufnahme in die Hall of Fame werden die besten deutschen Fußballer/-innen geehrt.

Dortmunder U ➡ Cb1
Leonie-Reygers-Terrasse
✆ (02 31) 502 47 23, www.dortmunder-u.de
Tägl. außer Mo 11–18, Do/Fr bis 20 Uhr
Eintritt bis auf Sonderausstellungen frei
Längst ein Wahrzeichen der Stadt ist das weithin sichtbare goldene U auf dem Dach der aus den 1920er Jahren stammenden Union-Brauerei, heute ein Zentrum für Kunst und Kreativität. Im 4. und 5. Stock des Dortmunder U befindet sich das Museum Ostwall (vgl. S. 46, 100).

Hoesch-Museum ➡ nördl. Ca3
Eberhardstr. 12
✆ (02 31) 844 58 56, www.hoeschmuseum.dortmund.de
Di/Mi 13–17, Do 9–17, So 10–17 Uhr, Eintritt frei
160 Jahre Stahlgeschichte in Dortmund und im Ruhrgebiet am Beispiel der Firma Hoesch. Originalprodukte, -werkzeuge und -fertigungsanlagen sowie Modelle und Multimedia. Ein 3-D-Erlebnis versetzt Besucher in ein virtuelles Stahlwerk.

Kindermuseum Adlerturm ➡ Cc2
Günter-Samtlebe-Platz 2, ✆ (02 31) 502 60 31, http://adlerturm.dortmund.de, Mi–So 11-18 Uhr, Eintritt frei
Das Museum in einem ehemaligen Wachturm aus dem 14. Jh. informiert speziell auf Kinder ausgerichtet über die mittelalterliche Stadtgeschichte und Archäologie.

Industriehalle der Zeche Zollern

Kindermuseum Mondo Mio ➡ C/D9
Florianstr. 2, ✆ (02 31) 502 61 27, www.mondomio.de
Di–Fr 13.30–17, in den Ferien Mo–Fr 13–18, Sa/So stets 11–18 Uhr
Eintritt frei, Westfalenpark € 3,50 im Sommer, € 1,50 im Winter
Populäres Kultur- und Erlebnismuseum für Kinder im Westfalenpark. Dauerausstellungen sowie wechselnde Veranstaltungen.

LWL-Industriemuseum Zeche Zollern ➡ C8
Grubenweg 5, ✆ (02 31) 696 11 11
www.lwl.org/industriemuseum, tägl. außer Mo 10–18 Uhr, Eintritt € 5/2,50 unter 6 J. frei
Die 1898 eingeweihte Zeche in Dortmund-Bövinghausen galt aufgrund der modernen Technik und Architektur als Musterzeche. Architekt Paul Knobbe orientierte sich seinerzeit an der Backsteingotik und schuf u.a. opulente Giebel mit Zinnen und Türmchen. Das prächtige Jugendstilportal der Maschinenhalle rettete das »Schloss der Arbeit« vor dem Abriss. Heute vermittelt die Zeche als Teil des LWL-Industriemuseums Einblicke in die ehemalige Kohlenförderung im Revier. Sie ist einer der Ankerpunkte der Route der Industriekultur.

Museum für Kunst- und Kulturgeschichte ➡ Ca/Cb2
Hansastr. 3, ✆ (02 31) 502 55 22
www.mkk.dortmund.de, Di/Mi, Do/Fr 11–20, Sa/So 11–18 Uhr, Eintritt frei, Sonderausstellungen € 6/3

Dieser Zeche zollt Respekt

Zeche Zollern

Dortmund, Nordrhein-Westfalen

Hohe Backsteinbauten, Jugendstiltore, stählerne Türme, riesige Zahnräder, eiserne Loren. Wer glaubt, hier sei alles rostig und verstaubt, der kann sich leicht vom Gegenteil überzeugen. Anfang des 20. Jahrhunderts wurde der Fortschritt der Technik stolz zur Schau gestellt. Die Zeche Zollern II/IV ist nicht nur architektonisch eine Meisterleistung, sie ist auch beeindruckender Zeitzeuge der Geschichte der Montan-Industrie. Das stillgelegte Steinkohlebergwerk im Nordwesten Dortmunds ist das Prestigeobjekt der größten Bergbaugesellschaft der Jahrhundertwende – eine Musterzeche im wahrsten Sinne des Wortes.

Jugendstiltor der Zeche Zollern

Der heutige Sitz des Westfälischen Landesmuseums für Industriekultur im Stadtteil Bövinghausen wurde in den Jahren 1898 bis 1904 von der Gelsenkirchener Bergwerks AG errichtet und legte von Anfang an einen glänzenden Start im späten Kaiserreich hin. Die imposante Anlage zählt zu den schönsten Bergwerksanlagen des Ruhrgebiets. Allein ihrem prächtigen Portal ist es zu verdanken, dass die Zeche nach ihrer Stilllegung im Jahr 1969 nicht der Abrissbirne zum Opfer fiel und das spektakulärste Gebäude der Anlagen endlich die verdiente Aufmerksamkeit der Industriedenkmalpflege erfuhr: die Maschinenhalle.

Noch heute begeistert der eher ungewöhnliche Jugendstilbau auch aufgrund seiner technischen Ausstattung. Hier stehen nicht nur Fördermaschinen und Druckluftkompressoren nahezu im Originalzustand, sondern hier ist auch Geschichte des Fortschritts geschrieben worden. Als erste Zeche setzte Zollern seine Maschinen elektrisch in Gang, mit eigens dafür geschaffenen Generatoren. Kein Wunder, dass die Maschinenhalle als erstes Industriebauwerk Deutschlands überhaupt unter Denkmalschutz gestellt wurde. Die Musterzeche ist ein wichtiger Ankerpunkt auf der Europäischen Route der Industriekultur.

Doch die Zeche Zollern II/IV ist vor allem Zeugnis des Strukturwandels im sogenannten Revier und veranschaulicht auf eindrucksvolle Weise die harten Arbeitsbedingungen hinter schönen Fassaden und in dunklen Tiefen, die Entwicklungen, die das betriebliche Hygiene- und Gesundheitswesen durchlief, und die Anstrengungen, die unternommen wurden, um Arbeitsunfälle zu reduzieren.

Die Zeche bietet neben der Kohleverladestation, dem ehemaligen Zechenbahnhof, dem begehbaren Fördergerüst und den wechselnden Sonderausstellungen im Museum ein breites Angebot für die ganze Familie: Im Kinderkeller können die Kleinen in die Rolle der Bergleute schlüpfen und der Spielplatz bietet ausreichend Platz zum Toben.

Info: In Bövinghausen, ca. 15 km westlich des Dortmunder Zentrums gelegen. **Info LWL-Industriemuseum Zeche Zollern:** Grubenweg 5, 44388 Dortmund, Tel. (02 31) 696 11 11, www.lwl.org, Öffnungszeiten Di–So/Fei 10–18 Uhr, Eintritt € 5, ermäßigt € 2,50.

Im Museum für Kunst- und Kulturgeschichte in Dortmund

Kunst von der Urgeschichte bis zum 20. Jh., Malerei und Plastiken bis 1900, Möbel und Design bis zur Gegenwart – all das im 1883 gegründeten und damit ältesten Museum seiner Art im Ruhrgebiet.

Museum Ostwall ➡ Cb1
Leonie-Reygers-Terrasse 2, ✆ (0231) 502 60 87
www.museumostwall.dortmund.de
Di/Mi, Fr/Sa 11–18, Mi/Do 11–20 Uhr, Eintritt frei
Das gründlich renovierte Museum Ostwall (vgl. S. 47) präsentiert im Dortmunder U seine umfangreichen Kunstsammlungen des 20. und 21. Jhs.

Naturmuseum Dortmund ➡ C9
Münsterstr. 271, ✆ (02 31) 502 48 50
www.naturmuseum.dortmund.de
Bei Wiedereröffnung zeigt das frisch renovierte Naturmuseum in neuen Ausstellungen regionale Erdgeschichte, lebensgroße Dinosaurier, Tierpräparate, ein Großaquarium mit heimischen Fischen, Terrarien, Fossilien, ein Fluoreszenz-Kabinett, eine Edelsteinschleiferei. Führungen und Kurse, besonders für Kinder.

Big Tipi – Erlebniswelt Fredenbaum ➡ C9
Lindenhorster Str. 6, ✆ (02 31) 28 66 89 80
http://bigtipi.dortmund.de, Mi–So 10–18 Uhr
In der städtischen Abenteuerwelt erwartet Kinder und Jugendliche ein fast 35 m hohes **Indianerzelt**, das für die Expo 2000 konzipiert wurde und rund 360 m² Raum überspannt. Außerdem gibt es einen **Hochseilgarten** und einen **Spielplatz**.

Ruine Hohensyburg

Hohensyburg ➡ D9
Hohensyburgstraße
www.route-industriekultur.ruhr
Hoch über dem Ruhrtal zwischen Dortmund und Hagen ragt die Ruine Hohensyburg auf, ein beliebtes Ausflugsziel. Oberhalb der Mündung der Lenne in die Ruhr bietet die einstige Ritterburg einen wunderbaren Ausblick.

Klettermax Dortmund ➡ D9
Helmut-Körnig-Halle, Strobelallee 40
✆ (02 31) 427 02 57
www.kletter-max.de

Beliebte Kletterhalle, in der man an Fassaden, Schornsteinen, Türmen etc. klettern kann. Auch Bouldern, Vorstiegs-, Techniktraining. Mit Hochseilgarten.

Kokerei Hansa ➡ C9
Emscherallee 11, ✆ (02 31) 931 12 33
www.route-industriekultur.ruhr, tägl. außer Mo April–Okt. 10–18, Nov.–März 10–16 Uhr
Führungen ab € 8
In dem bedeutenden Industriedenkmal spiegelt sich die Ruhrgebietstradition von Kohle und Stahl wider. Die 1928 in Betrieb genommene und 1992 stillgelegte Kokerei in Dortmund-Huckarde ist heute einer der Ankerpunkte der Route der Industriekultur und kann im Rahmen einer Führung besichtigt werden.

Konzerthaus Dortmund ➡ Cb2
Brückstr. 21, ✆ (02 31) 22 69 62 00
www.konzerthaus-dortmund.de
Erstklassige Konzerte von Weltrang und großartige Klangerlebnisse im Konzertsaal. Geboten werden unterschiedliche Musikrichtungen wie Sinfonie-, Kammermusik- und Chansonabende, Opern und Popkonzerte.

In der Kokerei Hansa wurden über 5000 Tonnen Koks täglich produziert

PHOENIX Park ➡ D9
https://www.dortmund.de
Auf dem Gelände des ehemaligen Stahlwerks Hermannshütte in Hörde, 5 km von der Innenstadt entfernt, entstand und entsteht ein modernes Büro- und Wohngebiet mit bedeutendem Freizeitwert. Im Mittelpunkt des 99 ha großen östlichen Teils des Phoenix-Geländes erstreckt sich ein 24 ha großer **Stausee** zur Naherholung. Am Seeufer gibt es auch einen Hafenbereich mit Gastronomie, eine drei Kilometer lange Uferpromenade sowie Naturräume, in denen sich Flora und Fauna ungestört entwickeln können.

Revierpark Wischlingen ➡ C9
Höfkerstr. 12
✆ (02 31) 917 07 10
www.wischlingen.de
Der große Park lädt zu ausgedehnten Spaziergängen und zum Besuch von Veranstaltungen ein. Spiel und Sport bieten eine **Eislaufhalle**, eine **Minigolfanlage** und ein **Allwetter-** und **Solebad** mit Saunalandschaft.

Im Hochseilgarten **tree2tree** (www.tree2tree.de). erwarten Kletterer auf 14 Parcours rund 170 Elemente (vgl. auch S. 139, 213, 217 und 221).

Auf dem Skywalk entlang, um Phoenix West

Idyllisch: Schloss Bodelschwingh – ein Bau aus dem 13. Jahrhundert

Schloss Bodelschwingh ➡ C8
Schlossstr. 75, ✆ (02 31) 28 86 20 60
http://schloss-bodelschwingh.de
Das mittelalterliche Wasserschloss im Stadtteil Bodelschwingh stammt aus dem 13. Jh. Es ruht auf Eichenholzpfählen, die immer gut von der Luft abgeschlossen sein müssen, um nicht zu verrotten. Die bewohnte Anlage ist nur von außen oder bei Veranstaltungen zu besichtigen.

Spielbank Hohensyburg ➡ D9
Hohensyburgstr. 200
✆ (02 31) 774 00, www.spielbank-hohensyburg.de
Klassisches Spiel: tägl. 15–3, Fr/Sa bis 4 Uhr, Automatenspiel und Las Vegas World: tägl. 11–2, Fr/Sa bis 3 Uhr
Tageskarte € 5
1985 eröffnetes Spielcasino mit über 300 Automaten und 40 Spieltischen. Beim klassischen Spiel ist auf die Kleiderordnung zu achten, Leihgarderobe ist erhältlich. Regelmäßig Poker- und andere Turniere.

Theater Dortmund ➡ Cb/Cc2
Opernhaus am Platz der Alten Synagoge
Theaterkarree 1–3, ✆ (02 31) 502 72 22
www.theaterdo.de
Fünf Sparten gehören zum Theater Dortmund, das seit über einem Jahrhundert seine Besucher erfreut: das Opernhaus, die Kinderoper, das Schauspielhaus, das Kinder- und Jugendtheater und das Ballettzentrum.

Die Westfalenhallen sind Austragungsort zahlreicher Großveranstaltungen

Westfalenhallen Dortmund ➡ D9
Rheinlanddamm, Tickets ✆ (02 31) 120 46 66
www.westfalenhallen.de
In der Konzerthalle finden rund 250 Konzerte und Veranstaltungen im Jahr statt. Der denkmalgeschützte Kuppelbau am Rheinlanddamm ist Teil eines bedeutenden Messe- und Kongresszentrums.

5 **Westfalenpark** ➡ D9
An der Buschmühle 3
✆ (02 31) 502 61 00
http://westfalenpark.dortmund.de
Mehrere Eingänge mit unterschiedlichen Öffnungszeiten bis 23 Uhr, Kernzeiten tägl. 9–21 Uhr
Eintritt im Sommer € 3,50, im Winter € 1,50, Turmauffahrt € 2,50, Kombiticket € 3,50
Bereits dreimal für die Bundesgartenschau auserkoren: Der beliebteste Park Dortmunds bietet u.a. das **Deutsche Rosarium**, Cafés, Biergärten, eine **Minigolfanlage**, eine **Kleinbahn**, einen **Bootsverleih**, den 209 m hohen **Florianturm** samt Aussichtsplattform auf 140 m Höhe sowie fantastische Blumenrabatten, Gehölzpflanzungen und Themengärten. Das Rosarium mit seinen 2600 Rosensorten ist das drittgrößte der Welt. Im Park finden u.a. Festivals und Flohmärkte statt.

Zoo Dortmund ➡ D9
Mergelteichstr. 80
✆ (02 31) 502 85 93, http://zoo.dortmund.de

Tägl. ab 9, Mitte März–Mitte Okt. bis 18.30, Nov.–Mitte Feb. bis 16.30, sonst bis 17.30 Uhr
Eintritt € 8,50/5, unter 4 J. frei
Großzügige zoologische Parkanlage mit rund 1500 Tieren und 230 Arten. Der Schwerpunkt liegt auf seltenen südamerikanischen Tieren. Einer der Höhepunkte ist das Amazonashaus, das Flora und Fauna des Tropenwalds präsentiert.

Pfefferkorn ➡ Cb1
Hoher Wall 38
✆ (02 31) 14 36 44
https://dortmund.pfefferkorn-restaurants.de
Tägl. ab 11, Mo–Do bis 24, Fr/Sa bis 1, So bis 23 Uhr
Steakhaus in historischem Ambiente. Die Menüs sind erstklassig. €€–€€€

Hövels Hausbrauerei ➡ Cb1
Hoher Wall 5–7
✆ (02 31) 914 54 70
www.hoevels-hausbrauerei.de/cms
So–Do 11–24, Fr/Sa 11–1 Uhr
Deftige westfälische Küche und ein Bier, das hier seit 1854 gebraut wird: **Hövels Original.** €–€€

Acapella-Festival im Westfalenpark und das ehemalige Stahlwerk Hösch im Hintergrund

Einkaufen

Dortmund verfügt über eine der größten Einkaufsmeilen des Reviers, die sich über das gesamte Gebiet innerhalb des Rings erstreckt. Die großen Kaufhäuser befinden sich auf dem **Westenhellweg** ➡ Cb1/2. In der Liste der meistfrequentierten Einkaufsmeilen NRWs belegt dieser Platz drei.

Ausflugsziel:

LWL-Freilichtmuseum Hagen – Westfälisches Landesmuseum für Handwerk und Technik ➡ F9
Mäckingerbach, 58091 Hagen
✆ (023 31) 780 70
www.lwl-freilichtmuseum-hagen.de/de
April–Okt. Di–Sa 9–17.30, So 9–18 Uhr, Eintritt € 8/4, bis 18 J. frei
Die Industriegeschichte Westfalens vom ausgehenden 18. bis zum 20. Jh. erleben Besucher in den historischen Bauten des einzigartigen Freilichtmuseums im hübschen Mäckingerbachtal. Live-Demonstrationen von bekannten und längst in Vergessenheit geratenen Handwerkstechniken, begleitende permanente und wechselnde Ausstellungen sowie Führungen. Das Museum ist einer der Ankerpunkte der Route der Industriekultur. Das Restaurant »**Museumsterrassen**« ist angeschlossen.

Hammer und Amboss im Freilichtmuseum Hagen

Handwerks- und Technikmuseum in Westfalen

Freilichtmuseum Hagen

Hagen, Nordrhein-Westfalen

Das Freilichtmuseum Hagen des Landschaftsverbands Westfalen-Lippe (LWL) – oder auch Westfälisches Landesmuseum für Handwerk und Technik – ist ein beliebtes Ausflugsziel im von Wald umrahmten, idyllischen Mäckingerbachtal am südlichen Stadtrand von Hagen. Wie kein anderes Museum nimmt es seine Besucher mit auf einen Spaziergang durch die Industriegeschichte Westfalens vom späten 18. bis in das frühe 20. Jahrhundert.

In ihrer Anordnung sorgt die Mischung aus historischen Bauten, lebhaften Handwerksdemonstrationen und diversen Ausstellungen, die auf die sozialen und wirtschaftlichen Zusammenhänge vergangener und moderner Gesellschaften eingehen, für tiefgreifende Einblicke in das aufblühende Industriezeitalter, welches das Ruhrgebiet wie keine andere Region Deutschlands prägte.

In einem Drittel der wiederaufgebauten und restaurierten Häuser des rund 43 Hektar großen Museumsgeländes werden Handwerkstechniken wie Schmieden, Seilefertigen und Ölpressen gepflegt. Vor Ort gefertigte Gebrauchsgegenstände aus Metall, Holz und Keramik sowie Bier, Brot, Wurst und andere Lebensmittel werden zum Teil an die Besucher verkauft. Diese können Fertigungsprozesse hautnah erleben, Fragen stellen und oft selbst Hand anlegen, denn viele Anlaufpunkte des Freilichtmuseums sind interaktiv gestaltet.

Zur Pause zwischendurch eignet sich das mitten im Freilichtmuseum gelegene Restaurant. Hier gibt es vom westfälischen Mittagstisch bis zur Bergischen Kaffeetafel für jeden Geschmack etwas. Erholung finden die Besucher zudem in der Wald- und Wiesenlandschaft der Umgebung.

Das beliebte Freilichtmuseum Hagen ist einer der 25 historisch bedeutsamen Ankerpunkte der Route der Industriekultur, die in besonderem Maße die Industriegeschichte des Ruhrgebiets markieren.

Fachwerkhaus im Westfälischen Freilichtmuseum Hagen

Info: Hagen liegt ca. 30 km südlich von Dortmund und ca. 35 km nordöstlich von Wuppertal. **Info LWL-Freilichtmuseum Hagen:** Mäckingerbach, 58091 Hagen, Tel. (023 31) 780 70, www.lwl-freilichtmuseum-hagen.de, www.route-industriekultur.de, Öffnungszeiten April–Okt. Di–Sa 9–17.30, So 9–18 Uhr, Eintritt € 8, ermäßigt € 4, bis 17 J. frei.

Beliebter Platz vor allem für die Jüngeren – Düsseldorfs »Spanische Treppe« am Burgplatz

Düsseldorf ➡ F/G4

Die rund 640 000 Einwohner zählende Landeshauptstadt Nordrhein-Westfalens liegt am mächtigen Rhein und der kleinen, namensgebenden Düssel. Die Stadt ist nicht so alt wie Köln, nicht so groß wie Köln, nicht so bekannt wie Köln und liegt daher seit über hundert Jahren im Dauer-Clinch mit der Nachbarstadt.

Düsseldorf wurde vor allem deshalb preußisches Regierungszentrum, weil es hier keinen katholischen Bischofssitz gab und die protestantischen Preußen so einen Einfluss des Vatikans auf ihre Politik ausschließen wollten. Düsseldorf blieb Verwaltungszentrum, zuletzt bei der Gründung des Landes Nordrhein-Westfalen im Jahr 1946.

Heute ist Düsseldorf das politische Zentrum NRWs und die siebtgrößte Stadt Deutschlands. Es gehört zu den wirtschaftsstärksten Städten Europas und ist neben Dresden, Jena und Braunschweig zu den deutschen Großstädten mit den geringsten Schulden. In Düsseldorf haben international agierende Firmen ihren Sitz wie der Henkel-Konzern, Vodafone, E-Plus und die Metro AG.

In der mondänen **Einkaufsmetropole** trifft sich die Schickeria. Ein Einkaufs- oder Schaufensterbummel auf der renommierten Königsallee – einer der beliebtesten Flaniermeilen Deutschlands und als »Kö« bekannt – ist für viele Düsseldorfer wie Besucher ein Highlight.

Die Landeshauptstadt von Nordrhein-Westfalen

Düsseldorf

Nordrhein-Westfalen

»Heute ist Kirmes, das heißt, ganz Düsseldorf trinkt Wein. Nicht als ob's das nicht jeden Tag täte, aber es wird getanzt und gejubelt ...«, schrieb Felix Mendelssohn-Bartholdy. In Düsseldorf wird zwar nicht jeden Tag Wein getrunken, getanzt und gejubelt, aber gut leben kann man hier tatsächlich. Das Dorf an der Düssel, das um 1135 erstmals erwähnt wurde, maß ursprünglich nicht mehr als drei Straßenzüge und ein paar Hundert Einwohner. Nur langsam stieg es im 16. Jahrhundert zu einer bescheidenen Residenz auf. Wirkliche Bedeutung erlangte Düsseldorf erst im 19. Jahrhundert als Industrie- und Verwaltungsstandort und dann endgültig nach 1946 als Hauptstadt des größten deutschen Bundeslandes und als Wirtschaftsmetropole.

Heute ist die Stadt internationaler Kongress- und Messeplatz, ein bedeutendes Handelszentrum und weltberühmt für ihre Mode. Sie ist ein wichtiger Werbe- und Medienstandort und verfügt über eine ausgesprochen lebendige, kreative Kunstszene.

Mit rund 630 000 Einwohnern ist Düsseldorf zwar groß, aber durchaus noch überschaubar. Das hat Vorteile. Fast alles Sehenswerte liegt so nah beieinander, dass es sich bequem zu Fuß erkunden lässt. So vereint beispielsweise die städtische Kunstachse neben einer Vielzahl von Galerien vier bedeutende Museen: die Kunsthalle, die Kunstsammlung NRW am Grabbeplatz (K20) und im ehemaligen Ständehaus (K21) sowie das Museum Kunstpalast im Ehrenhof.

Trotz der stürmischen Entwicklung der letzten 200 Jahre ist Düsseldorf im Grunde eine Gartenstadt geblieben. Eine Vielzahl von Parkanlagen lohnt den Besuch. Der zentrale Hofgarten gibt der Innenstadt das Gepräge – neben der Königsallee, die weltweit wegen ihres ausgesuchten Flairs bekannt ist. Weitere Besuchermagneten sind die Altstadt und die neu gestaltete Rheinuferpromenade.

Das Rathaus in Düsseldorf mit dem Jan-Wellem-Reiterstandbild

Und die Stadt hat noch ein Plus: die rheinische Mentalität ihrer Bewohner. In seinen Memoiren sagt der in Düsseldorf geborene Heinrich Heine über die Düsseldorfer: »Zum Glück sind meine Landsleute ein harmlos fröhliches Völkchen. Sie sind im Rausche gutmütig. Ils ont le vin bon.« Nicht nur guten Wein haben sie, auch gutes Bier: Altbier.

Info Düsseldorf: Düsseldorf Tourismus GmbH, Der Neue Stahlhof, Benrather Str. 9, 40213 Düsseldorf, Tel. (02 11) 17 20 28 67; Immermannstr. 65b (am Hauptbahnhof), Tel. (02 11) 17 20 28 67; Marktstraße, Ecke Rheinstraße (Altstadt), Tel. (02 11) 17 20 28 67, www.duesseldorf-tourismus.de.

Ein breit gefächertes Kulturangebot ist das Markenzeichen von Düsseldorf. Dazu gehört eine große Anzahl renommierter Museen, Galerien und Theater. Eine Hommage an die Moderne ist der **Medienhafen**, wo die imposanten Gehry-Bauten die Aufmerksamkeit auf sich ziehen.

Nachtleben wird großgeschrieben, und so wundert es nicht, dass sich in der Düsseldorfer Altstadt **»die längste Theke der Welt«** befindet: Restaurants und Kneipen liegen hier dicht an dicht und servieren vor allem – aber nicht nur – **Altbier**.

Der turbulente **Düsseldorfer Karneval** hat Weltruf und zieht Millionen bunt gekleideter Narren zu Straßenumzügen in die Altstadt und Umgebung.

Düsseldorf ist auch die Stadt der **Japaner** in Deutschland: Nirgendwo gibt es so viele japanische Firmen und Japaner mit deutscher Staatsbürgerschaft.

i Düsseldorf Marketing & Tourismus
– Am Hauptbahnhof/Immermannstr. 65 b ➡ östl. Hd3
✆ (02 11) 17 20 28 67
Mo–Fr 9–18, Sa 9.30–17 Uhr
– Marktstraße/Ecke Rheinstraße (Altstadt) ➡ Hc1
✆ (02 11) 17 20 28 67, wegen Sanierung geschlossen
www.duesseldorf-tourismus.de
Hier sowie in vielen Hotels und Kultureinrichtungen erhält man die **DüsseldorfCard.** Es gibt sie für 24, 48, 72 oder 96 Stunden pro Person für € 10/15,50/21/26,50, pro

Auch in Düsseldorf wird am Rosenmontag der Karneval ganz jeck gefeiert

Platz für alle

Düsseldorfer Altstadt

Düsseldorf, Nordrhein-Westfalen

Man kennt sie als die längste Theke der Welt – die Düsseldorfer Altstadt. Und das ist wörtlich zu nehmen. Es reihen sich Kneipe an Kneipe, Restaurant an Restaurant und Bar an Bar, insgesamt sind es 250 auf nur einem Quadratkilometer. An der Kreuzung Ratinger Straße/Neubrückstraße liegt das sogenannte Bermuda-Dreieck. Den Namen gaben ihm Besucher der drei Gaststätten in diesem Bereich: Zum Goldenen Einhorn, Ohme Jupp und Zur Uel. Hier stehen, flirten und schwadronieren im Sommer Hunderte junger Leute. Es sind vor allem die alten Brauhäuser in der Altstadt, wie die Brauerei Zum Schiffchen in der Hafenstraße oder das Uerige an der Berger Straße, die Geschäftsleute, Studenten, Handwerker und Angestellte bei einem Altbier vereinen.

Die Schneider-Wibbel-Gasse in der Düsseldorfer Altstadt

In dem ältesten Viertel der Stadt zwischen Heinrich-Heine-Allee und Rhein kann man es aber auch ruhiger angehen lassen, z. B. am Stiftsplatz auf einer Bank unter Bäumen. Die Stiftskirche St. Lambertus aus dem Jahr 1288 erhielt vom Papst sogar den Ehrentitel einer Basilica Minor. Sehenswert sind der Kirchenschatz und das prachtvolle Grab Herzog Wilhelms des Reichen. Zum Wahrzeichen der Stadt wurde der schiefe Pyramidenturm. Der Sage nach hat der Teufel die Turmspitze gedreht. Eine absolute Rarität im Rheinland ist die ehemalige Jesuitenkirche St. Andreas an der Andreasstraße, zwischen 1622 und 1629 erbaut, mit ihren süddeutschen, frühbarocken Elementen.

Vom einstigen Mittelpunkt der Stadt, dem herzoglichen Schloss, ist nur noch der Schlossturm am Burgplatz erhalten. Etwas versteckt unter Platanen am Rand des Platzes steht der bronzene Radschlägerbrunnen von 1954. Mit ihm setzte der Künstler Alfred Zschorsch einem alten Düsseldorfer Brauch ein Denkmal.

Demnach führten die Kinder im Jahr 1288, als Düsseldorf nach der Schlacht von Worringen die Stadtrechte erhielt, ihre Freudendreher auf. Auch heute noch trifft man kleine Radschläger in der Stadt: Bei einem Wettbewerb auf der Königsallee, wo alljährlich über hundert Jungen und Mädchen im Radschlagen gegeneinander antreten.

Am Marktplatz erzählt das Reiterstandbild des Kurfürsten Johann Wilhelm vom Selbstverständnis eines absolutistischen Herrschers. Das Denkmal, von Gabriel de Grupello gegossen und 1711 errichtet, wurde keineswegs von »dankbaren Bürgern der Stadt« – wie es auf dem Sockel steht – gestiftet. Es war Jan Wellem selbst, der das vier Meter hohe Denkmal schon zu seinen Lebzeiten aufstellen ließ. An der Nordseite des Marktplatzes steht das 1570 bis 1573 unter der Leitung des Duisburger Maurermeisters Heinrich Tußmann errichtete Rathaus.

Info: Tourist Information Altstadt, Marktstraße, Ecke Rheinstraße, 40213 Düsseldorf, www.duesseldorf-tourismus.de, wird derzeit saniert.

Tokio am Rhein

Japan-Tag

Düsseldorf, Nordrhein-Westfalen

Hätten Sie's gewusst? Nach London und Paris ist die japanische Gemeinde in Düsseldorf die drittgrößte Europas. Rund 7000 Menschen aus dem »Land der aufgehenden Sonne« leben hier, das sind rund 25 Prozent aller Japaner in Deutschland. 380 japanische Unternehmen sind in der nordrhein-westfälischen Landeshauptstadt ansässig, deren enge Beziehung zum Kaiserreich im Fernen Osten bis in die Wirtschaftswunderjahre nach dem Zweiten Weltkrieg zurückreicht. Die vielen japanischen Geschäfte und Restaurants, aber auch die Kultur- und Bildungseinrichtungen der japanischen Gemeinde gehören zu Düsseldorf wie der Rhein oder die Kö.

Bereits 1975 ließ die japanische Gemeinde als Zeichen der Freundschaft im Düsseldorfer Nordpark einen 5000 Quadratmeter großen Japanischen Garten einrichten: ein wunderbarer Ort zum Entspannen. Und einmal im Jahr laden die Bürger Nippons alle, die Zeit und Lust haben, zu einem riesigen Fest unter freiem Himmel ein. Seit 2002 findet der Japan-Tag an einem Samstag Ende Mai oder Anfang Juni am Düsseldorfer Rheinufer statt.

Düsseldorf ist nicht nur am Japan-Tag ein Zentrum der japanischen Kultur

Schon gegen Mittag beginnt auf mehreren Bühnen das Programm: Chorgesänge und Konzerte auf klassischen fernöstlichen Instrumenten, kunstvolle Kampfsport-Darbietungen und Kimono-Shows, Tanzgruppenauftritte mit Punk- oder Rockbands. Einrichtungen wie der Japanische Club oder die Japanische Schule stellen sich vor, und jede Menge Verkaufsstände locken mit landestypischen Snacks und Getränken, mit den neuesten Mangas und Animes, mit hippen Videospielen und erlesenem japanischem Design. Auf den Rheinwiesen wird ein Samurai-Heerlager aufgeschlagen, das mit originalgetreu nachgebauten Rüstungen, Waffen und anderen Requisiten einen Eindruck vom Leben im Japan der Feudalzeit vermittelt – ein spannender Ausflug in die Geschichte des fernen Landes.

Doch die bis zu einer Million Besucher der Veranstaltung sollen auch selbst aktiv werden: Es finden Cosplay- und Karaoke-Wettbewerbe statt, man kann sich im Masken-Basteln, in der Kalligraphie und beim Ikebana versuchen oder an einem Schnupperkurs Japanisch teilnehmen. Im Rahmenprogramm werden japanische Filme gezeigt, Ausstellungen eröffnet und spezielle Museumsführungen angeboten. Absolutes Highlight und krönender Abschluss des Japan-Tags ist das große Feuerwerk über dem Rhein, das einer thematischen Choreografie folgt und live im WDR-Fernsehen übertragen wird.

Info: In der Düsseldorfer Altstadt. **Info Japan-Tag:** Marktstr. 6 D, 40213 Düsseldorf, Tel. (02 11) 172 02 22 74, www.japantag-duesseldorf-nrw.de.

Zu Ehren des Stadtpatrons, des hl. Apollinaris, feiert Düsseldorf gegenüber von St. Lambertus (links) die größte Kirmes am Rhein

Familie für € 19/29/39/49. Das Ticket gewährt freien oder ermäßigten Eintritt in Museen und Sehenswürdigkeiten, Ermäßigungen bei Veranstaltungen, freie Nutzung von Bussen und Bahnen.

Kirmes in Düsseldorf ➡ westl. Hb1
https://groesstekirmesamrhein.de
Die größte Kirmes am Rhein mit rund 4,5 Mio. Besuchern findet seit 1901 jährlich Mitte Juli neun Tage lang auf den Oberkasseler Rheinwiesen statt: Mo–Fr ab 14, Sa ab 13 und So ab 11 Uhr, das nächste Mal 2021.

Filmmuseum Düsseldorf ➡ Hd1
Schulstr. 4
✆ (02 11) 899 22 32, www.duesseldorf.de/filmmuseum
Tägl. außer Mo 11–18 Uhr, Eintritt Museum € 5, Schüler bis 18 J. frei, Black-Box-Kino € 7
Die Dauerausstellung präsentiert Exponate aus der über 100-jährigen Geschichte des Films.

Außerdem zeigt das **Black-Box-Kino** Filme, die mit dem Museum in Zusammenhang stehen.

K20 Kunstsammlung NRW ➡ Hc2
Grabbeplatz 5, ✆ (02 11) 838 12 04
www.kunstsammlung.de

Größte Kirmes am Rhein

Düsseldorfer Kirmes

Düsseldorf, Nordrhein-Westfalen

Mit jährlich über vier Millionen Besuchern ist die zehntägige Düsseldorfer »Rheinkirmes« eines der größten Volksfeste Deutschlands. Ihre Wurzeln führt die vom St.-Sebastianus-Schützenverein 1316 e. V. ausgerichtete

Größte Kirmes am Rhein: die Düsseldorfer Kirmes auf den Oberkasseler Rheinwiesen

Kirmes auf die Ehrung des Stadtpatrons St. Apollinaris von Ravenna zurück, und um den religiösen Ursprung des Fests zu betonen, würde die katholische Kirche den Namen »Apollinaris-Kirmes« bevorzugen.

Die größte Kirmes am Rhein findet jedes Jahr um die dritte Juliwoche statt. Den Festplatz bilden rund 165 000 Quadratmeter der linksrheinischen Uferwiesen in Düsseldorf-Oberkassel mit Blick auf die gegenüberliegende Altstadt. Sonntags gibt es einen Festgottesdienst und einen »historischen Schützenumzug« mit rund 3000 Schützen, Pferdekutschen und Musikkapellen. Am letzten Freitag findet gegen 22.30 Uhr ein riesiges Höhenfeuerwerk statt.

Schausteller aus dem In- und Ausland präsentieren Hunderte von traditionellen Fahrgeschäften und sensationelle technische Innovationen. Auf einer richtigen Kirmes nicht fehlen dürfen Schützen-Festzelt, Autoscooter, Riesenschaukel, Boxbuden und Geisterbahn. 55 Meter hoch ist das Riesenrad »Bellevue«, das atemberaubende Ausblicke auf Düsseldorf und den Rhein liefert, und auf gar 85 Meter bringt es der Freifallturm »Hangover«. Für das leibliche Wohl sorgen Imbissbuden, Restaurant- und Bierzelte traditioneller Hausbrauereien aus Düsseldorf und vom Niederrhein.

Zum »Rummelplatz« hinüber gelangt man am besten zu Fuß über die Rheinkniebrücke oder die Oberkasseler Brücke. Von und zur Altstadt transportiert auch die »Kirmesfähre« Besucher unermüdlich hin und her.

Info: Auf den Oberkasseler Rheinwiesen gelegen. **Info Düsseldorfer Kirmes:** Tel. (02 11) 469 54 95 oder 24 84 53 87, www.groesstekirmesamrhein.de, Öffnungszeiten Mo–Fr ab 14, Sa ab 13 und So ab 11 Uhr, Kirmesfähre € 2,50, bis 9 J. € 1,50.

Di–Fr 10–18, Sa/So 11–18, 1. Mi im Monat bis 22 Uhr (frei ab 18 Uhr), Eintritt € 12/2,50, Kombikarte mit K21 € 18/4
1986 eröffnetes und 2008–10 erweitertes Museum der Gegenwartskunst mit Schwerpunkt auf der Klassischen Moderne und Paul Klee. In dem modernen Museumsbau sind Skulpturen, Gemälde, Foto-, Film- und Videoarbeiten sowie Rauminstallationen zu sehen. Museumsgeschäft, Café **»Lokal Lieshout«** und Restaurant **»Klee's«**. Pendelbus zum K21.

K21 Kunstsammlung NRW ➡ He1/2
Ständehausstr. 1, ✆ (02 11) 838 12 04
www.kunstsammlung.de
Di–Fr 10–18, Sa/So 11–18, 1. Mi im Monat bis 22 Uhr (frei ab 18 Uhr), Eintritt € 12/2,50, Kombikarte mit K20 €18/4
Zweites Standbein der Kunstsammlung NRW: Die 1,5 km entfernte Dependance der Kunstsammlung am Grabbeplatz. Sie beeindruckt mit einer großen öffentlichen Piazza im Innenhof und einem spektakulären gläsernen Kuppelraum. Gezeigt wird Gegenwartskunst ab 1980.

Das Kleine Studio lädt Kinder ab drei Jahren in die ständige Werkstatt für frühpädagogische Projekte.

Das historische Ständehaus war ehemals Sitz des Landtages von NRW. Mit Museumsgeschäft und »**Pardo Bar**«. Pendelbus zum K20.

Museum Kunstpalast ➡ Ha/b1
Ehrenhof 4/5, ✆ (02 11) 56 64 21 00
Konzerttickets ✆ (02 11) 27 40 00
www.kunstpalast.de, tägl. außer Mo 11–18, Do bis 21 Uhr, Eintritt Sammlung € 5/4, Sonderausstellung € 14/11, bis 17 J. frei
Im Kulturzentrum Ehrenhof, direkt am Rhein, sind Sammlungen und wechselnde Ausstellungen zeitgenössischer bildender Kunst, u. a. Gemälde, Grafiken, Skulpturen, Glas zu sehen. Konzerte im **Robert-Schumann-Saal**. Das Café »**KristallBar**« ist angeschlossen.

Aquazoo/Löbbecke-Museum ➡ nördl. Ha2
Kaiserswerther Str. 380, ✆ (02 11) 27 40 02 00
www.duesseldorf.de/aquazoo
Tägl. 10–18 Uhr, Eintritt € 10/6, bis 6 J. frei
Der im Nordpark direkt am Rheinufer gelegene Aquazoo mitsamt seinem Naturkundemuseum beherbergt

Die Installation »in orbit« von Tomás Saraceno im K21

International renommierte Museen

Kunstsammlung Nordrhein-Westfalen

Düsseldorf, Nordrhein-Westfalen

Der eindrucksvolle Bau der Kunstsammlung Nordrhein-Westfalen am Grabbeplatz, 1986 eröffnet und nach zweijähriger Sanierung im Sommer 2010 um 2000 Quadratmeter erweitert wiedereröffnet, stammt von den dänischen Architekten Dissing und Weitling. Hinter der geschwungenen schwarzen Fassade werden in zwei Abteilungen herausragende Kunstwerke des 20. und 21. Jahrhunderts gezeigt. Der Bereich Kunst vor 1945 umfasst u.a. Werke von Paul Klee, Pablo Picasso, Werke des deutschen Expressionismus sowie des Surrealismus.

In der Abteilung nach 1945 liegt der Schwerpunkt auf amerikanischer Kunst sowie Rauminstallationen, Fotografien, Film- und Videoarbeiten, doch sind dort auch deutsche Künstler wie Joseph Beuys, Gerhard Richter und Markus Lüpertz vertreten.

Im April 2002 eröffnete die Dependance der Kunstsammlung in der Friedrichstadt, K21. Das ehemalige Ständehaus beeindruckt mit einer öffentlichen Piazza im Innenhof und einem spektakulären gläsernen Kuppelraum. Es zeigt Gegenwartskunst seit 1980, vor allem in Wechselausstellungen.

Info K20 Kunstsammlung NRW: 40213 Düsseldorf, Tel. (02 11) 838 12 04, www.kunstsammlung.de, Öffnungszeiten Di–Fr 10–18, Sa/So/Fei 11–18, jeden 1. Mi im Monat 10–22 Uhr, Eintritt € 12/2,50, Kombiticket mit K21 € 18/14/4, 1. Mi im Monat ab 18 Uhr frei. **Info K21 Kunstsammlung NRW:** Ständehausstr. 1, 40217 Düsseldorf-Friedrichstadt, Tel., Website, Öffnungszeiten, Eintritt vgl. K20.

Der imposante Bau der K20 Kunstsammlung NRW am Grabbeplatz

Bürohochhäuser und Wolkenbügel im Medienhafen

mehrere Hundert Tierarten. Regelmäßig finden öffentliche Tierfütterungen statt.

Capitol Theater ➡ östl. Hd3
Vgl. S. 12.

Freizeitbad Düsselstrand ➡ G4
Kettwiger Str. 50, ✆ (02 11) 95 74 55 55
www.baeder-duesseldorf.de, Mo–Fr 8–22, Sa/So 9–20 Uhr, Eintritt € 4,60–6,20/3–4,30, unterschiedliche Flex-, Spar- und Familientarife
Das Familienbad im Stadtteil Flingern hat auch eine Sauna und Aquafitness-Kurse im Angebot, darunter Aquacycling, Aquaboxing und Aquagymnastik.

Kom(m)ödchen Düsseldorf ➡ Hc2
Kay-und-Lore-Lorentz-Platz, ✆ (02 11) 32 94 43
www.kommoedchen.de, Tickets € 33,50/25
Das Kabarett ist weit über die Grenzen NRWs hinaus für sein gutes Programm bekannt.

Medienhafen ➡ westl. He1
Am Rhein, südlich des Fernsehturms
https://medienhafen.de
Das angesagte Büro- und Wohnquartier beeindruckt mit denkmalgeschützten Gebäuden, sehr innovativen Bürobauten und einem Jachthafen. Für das beliebte neue Düsseldorfer Freizeitziel wurde ab den späten

1980er Jahren der alte Hafen umgebaut. Modernisierte Lagerhallen und aufgepeppte Speichergebäude beherbergen Büros für Medienschaffende sowie eine wachsende, vielseitige Gastronomieszene und dienen als Kulisse für trendige Freizeitaktivitäten wie Segway-, Rikscha- und sogar Raftingtouren auf dem Rhein.

Mittlerweile gilt der von dem amerikanischen Architekten Frank O. Gehry entworfene futuristische Gebäudekomplex, der **Neue Zollhof**, als ein Wahrzeichen Düsseldorfs. Die drei kontrastierenden Gebäudeteile wirken wie eine riesige, asymmetrische Skulptur.

Rheinturm ➡ westl. He1
Stromstr. 20, Düsseldorf-Unterbilk
✆ (02 11) 863 20 00, www.rheinturm.de
Aussichtsebene tägl. 14–23 Uhr, Aufzug € 9/4,50
Zwischen Rheinkniebrücke und dem neuen Medienhafen strebt seit 1982 der 241 m hohe Düsseldorfer Fernsehturm empor. Am Turm befindet sich die weltweit größte Dezimaluhr, die von 39 der leuchtenden Bullaugen des Turms gebildet wird. Von der **Aussichtsetage** auf 168 m Höhe sowie dem darüber gelegenen japanischen »**QOMO Restaurant**« (So–Do 18–1, Fr/Sa, Fei 18–2, So 11–15 Uhr, ✆ 02 11-86 32 00 18), eröffnet sich das fantastische Panorama von Stadt und Umland.

Neuer Zollhof und Rheinturm am Eingang des Medienhafens

Roncalli's Apollo Varieté ➡ westl. Hd1
Vgl. S. 18.

Südpark ➡ G4
www.duesseldorf.de/stadtgruen/park/suedpark.html
Der mit 70 ha Fläche größte Park Düsseldorfs zieht Garten- und Kunstliebhaber an (u. a. Dahliengarten, Heckenlabyrinth) und vor allem Familien. Höhepunkte sind der **Bauernhof**, der **Seilzirkus** und der **Wasserspielplatz**.

Benkay Restaurant ➡ Hd3
Immermannstr. 41
✆ (02 11) 834 26 20
www.nikko-hotel.de/benkay-restaurant-sushi-bar
Tägl. 12–23 Uhr
Nobles japanisches Restaurant im Nikko-Hotel mit Sushi-Bar, Teppanyaki-Grill und privaten Tatami-Räumen. €€€

Tanzende Bürotürme am Rheinufer

MEDIENHAFEN

Düsseldorf, Nordrhein-Westfalen

Wo einst eine triste Hafenkulisse leer stehender Lagerräume das Bild bestimmte, erheben sich heute moderne Bürogebäude als architektonische Highlights vor historischen Kulissen. In restaurierten Hafengebäuden und preisgekrönten neuen Häusern haben sich Unternehmen aus den Bereichen Werbung, Kunst, Kommunikation und Neue Medien niedergelassen. Man trifft sich in Bistros, schicken Restaurants, Galerien und Discos. Skater flitzen über die Kaianlagen, die nahtlos in die Rheinpromenade übergehen.

Das spektakulärste Ensemble, den Neuen Zollhof an der Stromstraße, schuf der kalifornische Architekt Frank O. Gehry: Seine drei tanzenden Gebäudeskulpturen wurden schnell zum Symbol für einfallsreiches, dynamisches und unkonventionelles Bauen. Der rote und der weiße Turm spiegeln sich im Metall des mittleren Hauses und werden so wieder zu einer Einheit. Der Betrachter des Kai-Centers in der Kaistraße fühlt sich an den Bug eines glänzenden Ozeandampfers erinnert. Die Glaswände laufen in einem spitzen Winkel aufeinander zu und werden nach oben durch die Stahlkonstruktion einer überdimensionalen Reling abgeschlossen.

Trotz aller Neuerungen ist überall Hafenatmosphäre überall zu spüren. Kaimauern, Treppen, gusseiserne Poller und schmiedeeiserne Geländer von 1896, Gleisanlagen der alten Ladestraße und die dazugehörenden Kräne stehen unter Denkmalschutz.

Die Umstrukturierung des Hafengebiets, nur 1000 Meter von Altstadt und Königsallee begann in den 1980er Jahren mit dem Bau des neuen Landtagsgebäudes. Anfang der 1990er zog das WDR Landesstudio Düsseldorf in die Stromstraße. 1998 war das Stadttor bezugsfertig, ein riesiges gläsernes Bürogebäude, das einem kopfstehenden U ähnelt und in dem der Ministerpräsident von Nordrhein-Westfalen seinen Sitz hat. Mittlerweile reicht das In-Viertel am Südwestrand der City zwischen Kniebrücke, Kai- und Hammerstraße bis zur Franziskusstraße.

Die Gehry-Zeile im Medienhafen in Düsseldorf

Hautnah miterleben kann man den Wandel vom Wirtschafts- zum Medienhafen bei Führungen. Und da ist die Auwahl groß und vielfältig. Schon bei der Wahl des Fortbewegungsmittels ist so mancher überfordert: Segway, Rikscha, Yacht – oder schlicht und einfach per pedes? Von der Photo Tour bis zur Deli Tour ist vieles im Angebot.

INFO: Am alten Rheinhafen, westlich der Innenstadt gelegen. **INFO MEDIENHAFEN:** Tel. (02 11) 58 00 34 17, www.medienhafen.de, Führungen Tel. (02 11) 63 52 59, www.duesseldorfer-stadtfuehrung.de.

Füchschen-Alt zählt zu den beliebtesten Bieren in Düsseldorf

Brauerei Zum Schiffchen ➡ Hd1
Hafenstr. 5
✆ (02 11) 13 24 21, www.brauerei-zum-schiffchen.de
Tägl. 12–24 Uhr
Düsseldorfs ältestes Restaurant wurde 1628 erstmals urkundlich erwähnt. Rheinische und Düsseldorfer Spezialitäten. €€–€€€

Brauerei Im Füchschen ➡ Hc2
Ratinger Str. 28, ✆ (02 11) 137 47 16
https://fuechschen.de/brewery/the-restaurant
Mo–Do 15–22, Fr/Sa 11–1, So/Fei 11–21 Uhr
In dieser traditionsreichen Kleinbrauerei in der Altstadt wird seit 1848 obergäriges Füchschen-Alt getrunken und dazu Deftiges aus der hauseigenen Metzgerei gespeist. €–€€

Einkaufen
Jeder kennt die **Königsallee** ➡ Hc/Hd2 und vielen ist die marmorierte **Kö-Galerie** ➡ Hd2 ein Begriff: Hier sind die exquisitesten Läden zu finden. Auf der »Kö« werden die neuesten Designerroben ausgeführt – das Sehen und Gesehenwerden gehört selbstverständlich dazu.

Die umsatzstärkste Straße Düsseldorfs ist allerdings die **Schadowstraße** ➡ Hc2, eine Querstraße der Kö. Hier bekommt auch »Otto Normalverbraucher« alles, was er oder sie braucht – und das zu zivilen Preisen.

Ein Platz zum Sehen und Gesehenwerden

Königsallee

Düsseldorf, Nordrhein-Westfalen

Die Königsallee, kurz Kö, ist unbestrittener Magnet von Düsseldorf. Bekannt für luxuriöses Einkaufen, beliebt als Ruheoase mit historischem Wassergraben. Von weit her kommen die Leute, um über die Prachtmeile zu flanieren. Alles, was in der Designer- und Modewelt Rang und Namen hat, findet sich hier wieder. Ein Ort zum Sehen und Gesehenwerden. Cocktailbars, Banken und Hotels vervollständigen die fesche Szenerie. Einmal im Jahr, im Juni, verwandelt sich die Kö in einen Buchladen. Beim Bücherbummel präsentieren sich Antiquariate, Buchhandlungen und Verlage, dazu gibt es Kleinkunst und Musik für jede Altersklasse.

Ursprünglich hieß Düsseldorfs Prachtboulevard Kastanienallee, lag an der Stadtgrenze und war gar keine feine Gegend. Kaspar Huschberger und Maximilian Weyhe planten und verwirklichten die Allee samt Wassergraben 1802 bis 1804. Bis heute säumen Kastanienbäume die Straße.

Ihren neuen Namen verdankt die Kö einem Pferdeapfel. Aufgebrachte Düsseldorfer, unzufrieden mit den preußischen Verordnungen, sollen König Friedrich Wilhelm IV. im Jahr 1848 mit Pferdeäpfeln beworfen haben – einer hat angeblich Seine Majestät sogar getroffen. Der empörte König verließ die Stadt. Um den Monarchen wieder gnädig zu stimmen, benannte der Düsseldorfer Gemeinderat im Jahr 1851 zwei Straßen nach ihm, die Friedrichstraße und die Königsallee.

Dem ersten Ladenlokal 1902 folgten schnell weitere – so wandelte sich das Bild von der Wohnstraße zur teuren Einkaufsmeile. Hinzu kam eine immer repräsentativere Ausstattung mit Brunnen und Denkmälern. Das imposanteste und oft fotografierte Denkmal ist die wasserspeiende Tritonengruppe von Fritz Coubillier aus dem Jahr 1902. Weniger beachtet wird dagegen der bronzene bergische Löwe, das Wappentier Düsseldorfs, am südlichen Ende des 1000 Meter langen Stadtgrabens.

Düsseldorfs liebevoll »Kö« genannter Prachtboulevard: die Königsallee

In unmittelbarer Nähe der Königsallee steht beim Hofgarten das Düsseldorfer Opernhaus, das zusammen mit dem Theater Duisburg eine Theatergemeinschaft bildet. Die beiden Standorte der Oper am Rhein haben ähnliche Ausmaße und können so dieselben Opern- und Ballettproduktionen zeigen. Sein heutiges Gesicht erhielt das Düsseldorfer Haus in den 1950er Jahren, inzwischen steht es unter Denkmalschutz.

Info: In der Stadtmitte gelegen. **Info Königsallee:** Interessengemeinschaft Königsallee e. V., Königsallee 60 F, 40212 Düsseldorf, Tel. (02 11) 86 39 90 25, www.koenigsallee-duesseldorf.de.

Panorama der Kö: Hier ist immer viel los

Ausflugsziele:

Kaiserswerth ➡ F4
www.duesseldorf-tourismus.de
Einer der sehenswertesten Stadtteile Düsseldorfs ist das im Norden gelegene, historische Kaiserswerth mit der grünen Rheinfront, wo auch die Ausflugsschiffe der Weißen Flotte an- und ablegen. Mittelpunkt des malerischen Ortskerns ist die um 700 als Bestandteil des Klosters gegründete **Basilika St. Suitbertus**. Aus dem Mittelalter stammt die von Kaiser Friederich Barbarossa als Zollfeste erbaute **Kaiserpfalz** (Ostern–Ende Okt. tägl. 9–18 Uhr).

Weiße Flotte Düsseldorf ➡ F4
MS »Allegra«, Untere Rheinwerft, Landebrücke A, Rheinuferpromenade
✆ (02 11) 17 20 28 54, www.w-flotte.de
Kaiserswerth hin und zurück € 25/17, Panoramafahrt € 16/9, weitere Preise bitte erfragen
Im Angebot sind Linienfahrten nach Kaiserswerth, Duisburg, Zons und Köln, zudem Sonder-, Feuerwerks-, Dinner- und Panoramafahrten entlang der Rheinpromenade und durch den Medienhafen.

Neanderthal Museum ➡ G5
Talstr. 300, 40822 Mettmann
✆ (021 04) 979 70
www.neanderthal.de
Tägl. außer Mo 10–18, Fundstelle bis 17, Nov.–Feb. nur bis 16 Uhr, Museum € 11/6,50, Sonderausstellung € 7/3,50, Familienkarte 10 % Rabatt

Kaiserpfalzruine

Düsseldorf, Nordrhein-Westfalen

Das beliebte Ausflugsziel im Norden Düsseldorfs blickt auf eine lange Geschichte zurück. Um 695 erhielt der angelsächsische Mönch Suitbertus die Insel (= Werth) geschenkt und gründete dort ein Benediktinerkloster, das zum Ausgangspunkt für scine Missionstätigkeit wurde. Kaiser Friedrich I., genannt Barbarossa, ließ die Kaiserpfalz ausbauen, nachdem er im Jahr 1174 den Rheinzoll von den Niederlanden nach Kaiserswerth verlagert hatte und eine den Fluss beherrschende Festung benötigte.

Deren stimmungsvolle Ruine bestimmt noch heute – vom Rhein aus betrachtet – das Ortsbild. Barbarossa hob Kaiserswerth in den Stand einer freien Reichsstadt, deren Stern jedoch sank, als 1235 der Rheinarm verlandete, auf dem sie lag. Die Stadt verarmte zusehends. Zahlreiche Kriege setzen dem Bauwerk zu und ließen es schließlich so weit verkommen, dass es über lange Jahre nur noch als Steinbruch diente.

Erst gegen Ende des 19. Jahrhunderts entschloss man sich zur Restaurierung der verbliebenen Reste. Die heutige Gestalt der Ruine lässt die mächtige Architektur des Originals immer noch erahnen: Sechs Meter dicke Mauern auf einer Breite von 50 Metern und fast 15 Meter hoch.

Info: Im nördlichen Stadtteil Kaiserswerth gelegen. **Info Kaiserpfalz:** Burgallee, 40489 Düsseldorf-Kaiserswerth, Tel. (02 11) 22 97 30 77, www.kaiserpfalz-kaiserswerth.de, Außenbesichtigung Karfreitag–Okt. tägl. 9–18 Uhr.

Die Ruine der Kaiserpfalz in Düsseldorf-Kaiserswerth

Wo vor über 100 Jahren der erste Neandertaler gefunden wurde, den man zunächst für einen an Rachitis erkrankten Homo sapiens hielt, befindet sich heute das Neanderthal Museum. Es stellt nicht nur die Funde der Umgebung aus, sondern beleuchtet auch die Entwicklung der Menschheit von der frühen Steinzeit bis heute.

Langen Foundation ➡ G3
Raketenstation Hombroich 1
41472 Neuss-Holzheim
✆ (021 82) 57 01 15
www.langenfoundation.de
Tägl. 10–18 Uhr
Eintritt € 8/5, Famienticket € 19, Kombiticket mit Museum Insel Hombroich € 20/12,50, Sa/So/Fei € 25/15
Seit 2004 ergänzt die Langen Foundation in unmittelbarer Nachbarschaft zur Insel Hombroich das kulturelle Angebot der Gegend mit ihrer hochkarätigen Sammlung japanischer Kunst in einem beeindruckenden Neubau des japanischen Architekten Tadao Ando.

Museum Insel Hombroich ➡ G3
Minkel 2
41472 Neuss-Holzheim
✆ (021 82) 887 40 00
www.inselhombroich.de
Tägl. 10–19, im Winter bis 17 Uhr

Wirkt wie ins Nirgendwo gestellt: Langen Foundation in Neuss-Holzheim

Geschichte der Menschheit

NEANDERTHAL MUSEUM

Mettmann, Nordrhein-Westfalen

Etwa 250 000 Jahre lang beherrschten die Neandertaler Europa. Nicht gebückt und mit der Keule in der Hand, wie ihnen häufig nachgesagt wird, nicht tumb, grob und gefährlich, sondern intelligent und handwerklich geschickt, mit ausgefeilten Jagdtechniken und sozialer Fürsorge für ihre Angehörigen. Sie passten sich an die rauen Lebensbedingungen der Eiszeit an und sicherten so ihr Überleben. Doch vor gut 30 000 Jahren verliert sich ihre Spur. Dass es sie überhaupt gegeben hat, kam durch aufsehenerregende Funde erst vor 150 Jahren ans Licht.

Nachbildung des Neandertalers im Neanderthal Museum bei Mettmann

Die 16 Knochen, die Steinbrucharbeiter im August 1856 in der Nähe von Mettmann fanden, machten die Neandertaler zum Synonym für die menschliche Urgeschichte. Skelett und Schädel wurden zum Meilenstein der Erforschung der Menschheitsgeschichte und machten den Namen des Neandertals weltweit bekannt. Jährlich kommen deshalb Hunderttausende Besucher aus der ganzen Welt an den Ort, an dem heute das Neanderthal Museum steht.

Das Museum zeigt aber nicht nur die Lebensumstände des Steinzeitmenschen. Dargestellt wird in einzelnen Episoden und Themenblöcken auch die gesamte Menschheitsgeschichte, von den Anfängen in Afrika bis zur Gegenwart. 3-D-Animationen, Schautafeln und täuschend echte Plastiken zeigen, wie unsere Vorfahren gelebt haben.

Ein wissenschaftliches Highlight ist die Abgusssammlung. Hier sind Abdrücke von 50 steinzeitlichen Individuen aufbewahrt. Drei Millionen Jahre menschlicher Urgeschichte, präsentiert in einer 30-Quadratmeter-Vitrine: Exponate aus Afrika, Asien und Europa, nach Alter und Herkunft katalogisiert. Dazu gehören Gipsabdrücke ebenso wie Modelle, die mithilfe modernster Computertomografie und Lasertechnik hergestellt wurden.

Wer will, kann auch selbst in das Leben der Frühmenschen eintauchen. In der Steinzeitwerkstatt werden Materialien bearbeitet, die heute seltener verwendet werden: Knochen, Leder oder Sehnen. Der Originalfundort des berühmtesten Deutschen, die Feldhofer Grotte, ging durch den Kalkabbau zwar für immer verloren. Eine Annäherung an die Topografie der historischen Stätte ist aber in einem archäologischen Garten möglich.

Weitere Attraktionen: Der Kunstweg »Menschenspuren« lädt zum Nachdenken über Mensch und Natur ein, und im Wildgehege leben Auerochsen, Wisente und Wildpferde.

INFO: Das Neandertal liegt ca. 20 km östlich von Düsseldorf. **INFO NEANDERTHAL MUSEUM:** Talstr. 300, 40822 Mettmann, Tel. (021 04) 97 97-0, www.neanderthal.de, Öffnungszeiten Di–So Museum 10–18, Fundstelle März–Okt. 10–17, Nov.–Feb. 10–16 Uhr, Veranstaltungen in der Steinzeitwerkstatt nur nach Anmeldung, Eintritt € 11, ermäßigt (6–16 J.) € 6,50.

Kunst in der Erft-Aue

Museum Insel Hombroich

Neuss, Nordrhein-Westfalen

»Kunst parallel zur Natur«, dieses Zitat von Paul Cézanne war das Motto für die Konzeption des Museums Insel Hombroich. Dezentrale Ausstellungspavillons und restaurierte Gebäude stehen in einer renaturierten Park- und Auenlandschaft. Wege durchziehen die ruhige Anlage, Brücken und Stege führen über Gewässer. Skulpturen und Monumenten von Künstlern, die teilweise auf der Insel arbeiten und leben, verteilen sich auf dem Gelände. Der Bildhauer Erwin Heerich hat elf Pavillons geschaffen. Sie beherbergen ein breites Spektrum an Kunstwerken, und selbst so etwas wie begehbare Skulpturen. »Lange Galerie« heißen sie, »Schnecke« oder schlicht »Turm«.

Museum Insel Hombroich in der Erft-Aue südwestlich von Neuss

Im Inneren der lichtdurchfluteten Räume: Kunst aus verschiedenen Zeiten und Kulturräumen. Da stehen fremdartig lächelnde Khmer-Skulpturen den monochromen Malereien von Gotthard Graubner gegenüber. Alte chinesische Gläser von intensiver Farbigkeit leiten zu dadaistischen Kompositionen von Hans Arp und Kurt Schwitters. Federkleider aus Peru werden neben Skulpturen von Alexander Calder gezeigt. Die breit gefächerte Sammlung wartet mit weiteren berühmten Namen auf, wie Tadeusz, Brancusi, Chillida, Klimt und Matisse.

Auf dem 20 Hektar großen Gelände vereinen sich Kunst und Natur. Seit der Eröffnung 1987 gilt das Museum des Düsseldorfer Privatsammlers Karl-Heinrich Müller als einzigartig in Europa. Es gibt keine feste Wegführung, überall lauern Überraschungen: Um einen Baum herum stehen rostige Stühle aus Eisen. Auf einer versteckten Waldlichtung ruhen geometrisch geformte Marmorblöcke und das Ufer der Erft säumt ein Sessel aus Ziegelsteinen.

»Wer die Insel besucht, lässt sich auf eines der wenigen Kunstabenteuer ein, die es in unserer voll klimatisierten, museumspädagogischen Republik noch gibt! Hier hilft kein Tonbandgerät am Ohr und es gibt keine Schilder an den Bildern. Habe den Mut, dich deiner Augen zu bedienen. Dies ist kein Freizeitpark mit Kunstlehrpfad. Gefordert ist die verlorene Lust der Empfindung«, so der Gründer Karl-Heinrich Müller.

Zur Stiftung Insel Hombroich gehört eine während des Kalten Kriegs von der Nato betriebene Raketenstation. In den Hallen, Hangars, dem Beobachtungsturm und neu entstandenen Gebäuden leben und arbeiten heute Künstler aller Sparten und verschiedener Nationen. Auch der Bau der Langen Foundation von Tadao Ando gehört zur Museumsinsel.

Info: Insel Hombroich liegt ca. 7 km südwestlich vom Neusser Zentrum. **Info Museum Insel Hombroich:** Minkel 2, 41472 Neuss-Holzheim, Tel. (021 82) 887 40 00, www.inselhombroich.de, Öffnungszeiten tägl. April–Sept. 10–19, Okt.–März 10–17 Uhr, Eintritt Mo–Fr € 15, ermäßigt € 7,50, Sa/So € 20/10.

Eintritt € 15/7,50, Sa/So/Fei € 20/10, Kombiticket mit Langen Foundation jeweils € 5 mehr
In der wunderschön angelegten Park-Aue stehen elf Museumsbauten, die unter dem Motto »Kunst parallel zur Natur« zu einer Entdeckungstour einladen. Festes Schuhwerk wird empfohlen, Hunde dürfen nicht mitgenommen werden.

Alpenpark Neuss ➡ G3
An der Skihalle 1, 41472 Neuss
✆ (021 31) 12 44-0
www.alpenpark-neuss.de
Piste April–Nov. Mo–Do 14–21, Fr 14–22, Sa/So 9–22 Uhr, Dez.–März tägl. 9–22 Uhr, Tageskarte Mo–Fr ab € 36/22 (4–13 J.), Sa/So € 39/29
Große Wintersporthalle mit einer Länge von 300 m und einer Breite von 60 m – die erste Skihalle Deutschlands. Skischule mit verschiedenen Kursen und Angeboten für den ganzjährigen Winterspaß. Kleidung und Geräte ausleihbar. Mit Sportgeschäft, Gastronomie, Biergarten und Sportbar sowie Kletterpark, FunFußball und Almgolf.

Museum Insel Hombroich in der Erft-Aue südwestlich von Neuss

Pulverschnee und Hüttenzauber im Rheinland

ALPENPARK NEUSS

Neuss, Nordrhein-Westfalen

Eine breite Piste mit frischem Pulverschnee und eine Après-Ski-Party in einer gemütlichen Berghütte sind ein Traum für jeden Wintersportler, der im Alpenpark Neuss das ganze Jahr über in Erfüllung geht. Doch es geht hier längst nicht mehr nur ums Skifahren. Der Kletterpark an der Rückseite der Skihalle lockt mit sieben Parcours und 70 Stationen in bis zu neun Metern Höhe. Auch die Almgolf- und die FunFußball-Anlagen sind beliebt.

Angefangen hat es mit der Skipiste: Wenn der Skifahrer nicht zum Berg kommt, dann kommt der Berg zum Skifahrer, dachte sich die Allrounder Winter World GmbH & Co. KG wahrscheinlich, als sie 2001 im relativ schneearmen Neuss die erste Indoor-Piste Deutschlands errichtete. Bei minus 4,2 Grad laden Schlepp- und Sessellift auf eine Bergtour ganz neuer Art ein, mit Pisten für jedermanns Geschmack. Mutige Skifahrer können sich auf dem oberen Teil der Piste auf bis zu 110 Metern Höhe bei einem Gefälle von 28 Prozent austoben. Wer es etwas ruhiger angehen möchte, steuert auf der 300 Meter langen Abfahrt die weniger abenteuerlichen Routen im Mittelteil der Piste an.

Für alle, die noch nie auf Skiern standen, ist der breite und flache Übungshang im unteren Teil ideales Terrain, um sich auf eigene Faust in ersten Rutschversuchen zu üben oder mit der Ski- und Snowboardschule in die Wintersportwelt eingeführt zu werden. Der Funpark neben der Piste lädt Snowboarder zu haarsträubender Akrobatik ein und eine Rodelbahn bringt für Groß und Klein einen Riesenspaß. Wer etliche Abfahrten später so richtig durchgefroren ist, kann auf einer Hütte mit Panoramafenster zur Piste wieder Kraft für neue Abfahrten tanken.

INFO: Der Alpenpark liegt ca. 16 km von Düsseldorf, ca. 8 km von Neuss-Zentrum entfernt. **INFO ALPENPARK NEUSS:** An der Skihalle 1, 41472 Neuss, Tel. (021 31) 124 40, www.alpenpark-neuss.de, Öffnungszeiten Piste Okt.–Mitte April tägl. 9–22, sonst Mo–Do 14–21 Fr/Sa 9–22, So 9–20 Uhr, Preise auf Anfrage.

Rodelspaß im Alpenpark Neuss

Innenhafen von Duisburg

Duisburg ➡ C/D4

Duisburg, die rund 500 000 Einwohner zählende Stadt am westlichen Rand des Ruhrgebiets, war und ist traditionell eine Stahl-, Bergbau- und Industriestadt, die heute aber erfolgreich auf neue Technologien setzt.

Bereits im Mittelalter profitierte Duisburg von seiner Nähe zum Rhein, Europas wichtigster Verkehrsader, der die Stadt in Süd-Nord-Richtung durchfließt. Diese Lage war stets ein Privileg gegenüber den weiter östlich gelegenen Ruhrstädten und sie prägt bis heute das Bild der Stadt. Technikfans können während einer Hafenrundfahrt den größten Binnenhafen der Welt, den **Duisport**, erkunden.

Zu Beginn des 21. Jahrhunderts verfügt die facettenreiche Stadt über große Stahlwerke, idyllische »grüne Lungen«, eine renommierte **Universität**, die 2003 mit der Uni Essen fusionierte, und über den Rheinhausener **Logport**, der die Bedeutung der Logistik als Wirtschaftszweig in Duisburg unterstreicht. Außerdem hat sich die Stadt in der Forschung und Entwicklung der Informations- und Kommunikationstechnologie sowie der Mikrotechnologie einen Namen gemacht.

Der Strukturwandel zeigt sich in Duisburg auch in der Umgestaltung ehemaliger Industriegelände in Businessparks und neue Technologiestandorte, wie in Neudorf und Ruhrort. In den einst vernachlässigten, industriell geprägten Stadtteilen Hochfeld und Wanheim entstanden Publikumsmagnete wie der Hochfelder **RheinPark**

Mindestens einen Tagesausflug wert: Landschaftspark Nord

und die auf einer Halde errichtete, begehbare Skulptur **»Tiger and Turtle – Magic Mountain«** in Wanheim.

Freunde moderner Kunst schätzen die drei bemerkenswerten Duisburger **Kunstmuseen.** Wer im Grünen ausspannen möchte, kommt an der **Sechs-Seen-Platte,** in den ausgedehnten **Rheinauen,** im 6 **Landschaftspark Nord** oder im **Revierpark Mattlerbusch** auf seine Kosten. Auf der **Regattabahn** und dem neuen Parallelkanal ist die internationale Ruderelite zu Hause. Und auch das Stadion des traditionsreichen MSV Duisburg befindet sich in der wald- und wasserreichen Umgebung der Regattabahn.

Duisburg hat seine eigene **Kö** – die transparent überdachte Königstraße –, in der wetterunabhängig eingekauft werden kann, genauso wie in den benachbarten Einkaufszentren **CityPalais, Königsgalerie** und **Forum Duisburg** bzw. auf dem **Sonnenwall.**

Die knallbunte Brunnenskulptur **»Lifesaver«** von Niki de Saint-Phalle grüßt schon von Weitem auf der Königstraße. Unter ihren Fittichen enfalten sich um den König-Heinrich-Platz dreimal wöchentlich der Bauernmarkt (Di, Do u. Sa 10–18 Uhr), der stimmungsvolle Weihnachtsmarkt und viele Stadtfeste.

Tourist Information ➡ Db3
Königstr. 86, 47051 Duisburg, ✆ (02 03) 28 54 40
www.duisburg.de, www.duisburglive.de
Tägl. außer So 10–18 Uhr

Auf und Ab im Ruhrgebiet

Tiger and Turtle – Magic Mountain

Duisburg, Nordrhein-Westfalen

Auf der Heinrich-Hildebrand-Höhe im Duisburger Süden ragt seit 2011 ein seltsames Gebilde in den Himmel: Mitten in einem Industriegebiet in unmittelbarer Nachbarschaft der Hüttenwerke Krupp Mannesmann scheint eine Achterbahn ihr Zuhause gefunden zu haben! Doch es fehlen die Wagen und auch weiteres Kirmestreiben sucht man vergebens. Des Rätsels Lösung: Bei dem spiralförmigen, rund 20 Meter hohen Objekt handelt es sich um ein Kunstwerk. Es sieht wie eine Achterbahn aus, ist aber keine. Auf einer Grundfläche von 40 mal 41 Metern errichtete das Künstlerduo Heike Mutter und Ulrich Genth einen vielfach verschlungenen Treppenweg, der zu Beginn eines nicht begehbaren Loopings abrupt abbricht, sodass der Besucher umkehren müssen.

Die Großskulptur wurde 2010 in Auftrag gegeben, als das Ruhrgebiet Kulturhauptstadt Europas war. Der Bezug zum Standort ist für die Künstler klar: Auch wenn sich das Kunstwerk einer eindeutigen Interpretation entzieht, so steht es doch symbolisch für den Gegensatz zwischen Geschwindigkeit und Stillstand und für eine Ruhrregion im Umbruch. Der »Logik des ewigen Wachstums« stellen die Künstler eine »absurd-widersprüchliche Struktur« entgegen, die das an eine Achterbahn geknüpfte Versprechen bewusst nicht einlöst. »Tiger and Turtle« – der Titel ist Programm: Der vorpreschende Tiger und die langsame Schildkröte verkörpern die Gegensätze und Widersprüche, um die es den Urhebern geht.

Skulptur »Tiger & Turtle – Magic Mountain« im Duisburger Angerpark

Ob alle Besucher diese Sichtweise teilen, ist nicht bekannt, doch fest steht, dass sich das Kunstwerk, das nachts von 880 LED-Leuchten erhellt wird, zu einem beliebten Ausflugsziel entwickelt hat. Zahllose Menschen wandeln Jahr für Jahr die 349 Stufen hinauf und hinunter, posieren für Fotos und genießen vom höchsten begehbaren Punkt aus einen grandiosen Blick über den Rhein bis nach Düsseldorf.

Info: In Duisburg-Angerhausen gelegen. **Info Tiger and Turtle – Magic Mountain:** Ehringer Str. 117, 47249 Duisburg, Tel. (02 03) 28 54 40, www.tigerandturtle.duisburg.de.

Die Königstraße und die Skulptur »Lifesaver«

DKM ➡ Dc2
Güntherstr. 13–15
✆ (02 03) 93 55 54 70, www.museum-dkm.de
Sa/So/Fei, 1. Fr im Monat 12–18 Uhr, sonst nur nach Vereinbarung, Eintritt € 12/6
2009 eröffnetes, sehenswertes Kunstmuseum, das moderne und antike asiatische Kunst auf 2700 m² in 51 Räumen über fünf Etagen vereint. Die Dauerausstellung folgt dem Motto »Linien stiller Schönheit«. Die Werke sind unkommentiert, zur Ansicht liegen Kataloge aus.

Kultur- und Stadthistorisches Museum Duisburg ➡ Da2
Johannes-Corputius-Platz 1
✆ (02 03) 283 26 40, www.stadtmuseum-duisburg.de
Di–Sa 10–17, So/Fei 10–18 Uhr
Eintritt € 4,50/2, bis 6 J. frei
Das Museum zur Stadtgeschichte am Innenhafen beleuchtet u.a. das Leben und Werk des berühmten Kartografen und Globenherstellers Gerhard Mercator. In der Sammlung Köhler-Osbahr sind rund 500 antike Kunst- und Gebrauchsgegenstände sowie Schmuck und Münzen ausgestellt.

MKM – Museum Küppersmühle für Moderne Kunst ➡ nördl. Da2
Philosophenweg 55, ✆ (02 03) 30 19 48 11
www.museum-kueppersmuehle.de

Moderne Kunst am Hafen

MKM – Museum Küppersmühle

Duisburg, Nordrhein-Westfalen

Ein inspirierender Raum für herausragende deutsche Kunst ist diese ehemalige Mühle am Duisburger Hafen: Auf einer Ausstellungsfläche von rund 2500 Quadratmetern auf drei Etagen werden wegweisende Werke u. a. von Joseph Beuys, Hanne Darboven, Candida Höfer, Rebecca Horn, Jörg Immendorff, Anselm Kiefer, Imi Knoebel, Markus Lüpertz, A.R. Penck, Sigmar Polke und Gerhard Richter gezeigt. Sonderausstellungen widmen sich einzelnen Künstlern oder Kunstbewegungen, die nicht immer Teil der Sammlung sind. Eine so umfangreiche Schau deutscher Nachkriegskunst gibt es selten zu sehen.

Die Highlights der Sammlung Ströher sind ein Magnet, aber auch die Industriearchitektur an sich ist einen Besuch wert. Räume mit bis zu sechs Meter hohen weißen Wänden und Böden aus grauem türkischen Basalt schaffen eine einmalige Atmosphäre. Ein Glanzlicht ist das angebaute moderne Treppenhaus, das faszinierende Perspektiven eröffnet.

Lange galt der Mühlenbetrieb (Baujahr 1908) mit seinen für damalige Verhältnisse riesigen Ausmaßen als »Brotkorb des Ruhrgebiets«. 1969 fusionierte das Unternehmen mit den Homberger Küpperswerken, die der Mühle und dem Museum ihren Namen gaben. Doch schon 1972 gingen im Mühlenbetrieb die Lichter aus. Nach 25-jährigem Leerstand wurde 1997 bis 1999 aus dem Industriebau mit historischer Backsteinfassade ein Kunstmuseum, dem das bekannte Basler Architektenbüro Herzog & de Meuron ein Gesicht gab. Seither ist der Duisburger Hafen wieder ein attraktiver Ort zum Verweilen. Vor dem Museum liegt ein U-Boot vor Anker, das ebenfalls als Kunstraum genutzt wird. »Ich kann weil ich will was ich muss« nennt sich eine Bildcollage des Künstlers Andreas M. Kaufmann und des Kunsthistorikers Hans Ulrich Reck im Inneren.

In der Küppersmühle ist ein Erweiterungsbau entstanden: Noch 2020 soll er eröffnen, dann stehen für die renommierte Sammlung von Sylvia und Ulrich Ströher, die mit der Sammlung von Hans Grothe fusionierte und seither insgesamt 1500 Werke umfasst, 5000 Quadratmeter zur Verfügung.

Info: Im Innenhafen von Duisburg gelegen. **Info Museum Küppersmühle:** Philosophenweg 55, 47051 Duisburg, Tel. (02 03) 30 19 48 11, www.museum-kuep persmuehle.de, Öffnungszeiten Mi 14–18, Do–So/Fei 11–18 Uhr, Eintritt € 9, ermäßigt € 4,50, Do für Duisburger frei.

Installationsansicht im MKM: A.R. Penck (l.), Markus Lüpertz (r.)

Mi 14–18, Do–So, Fei 11–18 Uhr, Eintritt € 6–9/3–4,50, bis 16 J. frei, für Duisburger jeden Do frei
In der ehemaligen Getreidemühle am Innenhafen ist seit 1999 das MKM untergebracht, eines der größten deutschen Privatmuseen, das sich der deutschen Gegenwartskunst widmet. Werke der vom Museum verwalteten **Sammlung Ströher** sind u.a. von Georg Baselitz, Anselm Kiefer, Joseph Beuys, Gerhard Richter, Markus Lüpertz, Jörg Immendorff. Den Umbau des Speicherhauses und die Fertigstellung des Erweiterungsbaus bis 2020 leitete das renommierte Architekturbüro Herzog & de Meuron, das z. B. für das Olympiastadion in Peking und die Allianz Arena in München verantwortlich zeichnet.

Museum der Deutschen Binnenschifffahrt ➡ D4
Apostelstr. 84, ✆ (02 03) 808 89 40
www.binnenschifffahrtsmuseum.de
Tägl. außer Mo 10–17 Uhr, Museumsschiffe nur Mitte April–Anfang Okt., Eintritt Museum € 4,50/2, Museumsschiffe € 3/1,50, Kombiticket € 6,50/3
1998 hat das Museum in dem ehemaligen Ruhrorter Jugendstil-Schwimmbad Quartier bezogen. Als einer der Ankerpunkte der Route der Industriekultur zeigt es Exponate zur Entwicklungsgeschichte des regionalen Boots- und Schiffbaus. Highlight ist ein 16 m langer friesischer Lastensegler inmitten des ehemaligen Schwimmbeckens.

U-Boot-Kunstinstallation am Museum Küppersmühle am Innenhafen, Skulptur von A. M. Kaufmann und H.-U. Reck

Von der Steinzeit bis zur Gegenwart

Museum der Deutschen Binnenschifffahrt

Duisburg, Nordrhein-Westfalen

Die Binnenschifffahrt ist ein uraltes Gewerbe. Seit Jahrtausenden werden Flüsse genutzt, um Menschen und Waren mit Flößen oder Booten zu befördern. Auf dem 7500 Kilometer langen Netz der Binnenwasserstraßen in Deutschland hat der Frachtverkehr ein beachtliches Verkehrsaufkommen. Zwar geht der Transport sehr langsam vonstatten, ist dafür aber umweltfreundlich, kostengünstig und meistens frei von Staus. Der steigende Konkurrenzdruck macht den Binnenschiffern allerdings zunehmend das Leben schwer.

Man muss kein ausgesprochener Fan der Binnenschifffahrt sein, um das Museum in Duisburg zu besuchen. Die Ausstellung in einem ehemaligen Jugendstil-Hallenbad reicht von der Steinzeit bis zur Gegenwart. Sie ist so interessant aufbereitet, dass vor allem Familien mit Kindern viel Spaß haben. Auf drei Etagen wartet ein multimediales Erlebnis mit vielen Modellen und Ausstellungsstücken zum Anfassen. Ein Highlight ist der Lastensegler »Goede Verwachting« aus dem Jahr 1913. In der ehemaligen Herrenschwimmhalle, direkt am Rhein gelegen, ist er unter vollen Segeln zu bewundern. In der Damenschwimmhalle vermittelt dagegen der begehbare Nachbau eines Binnenschiffs einen plastischen Eindruck vom Leben an Bord.

Wem das noch nicht reicht, der kann die »Oscar Huber« besichtigen: einen alten Radschleppdampfer, der wenige Fußminuten entfernt an der Schifferbörse vor Anker liegt. Direkt neben einer weiteren Sehenswürdigkeit: »Ein Schiff, das keines ist«, heißt sie auf der Website des Museums. Besichtigt werden kann der Eimerkettendampfbagger »Minden«, der bis in die 1970er Jahre die Fahrrinne der Weser zwischen Stolzenau und Hameln bearbeitete. Außerdem lockt eine Hafenrundfahrt durch den größten Binnenhafen Europas.

Ausstellungsraum im Museum der Deutschen Binnenschifffahrt in Duisburg

Info: Im Duisburger Stadtteil Ruhrort gelegen. **Info Museum der Deutschen Binnenschifffahrt:** Apostelstr. 84, 47119 Duisburg, Tel. (02 03) 808 89 40, www.binnenschifffahrtsmuseum.de, Öffnungszeiten Di–So 10–17 Uhr, Museumsschiffe Okt.–März geschl., Eintritt Museum € 4,50, ermäßigt € 2, Schiffe € 3/1,50, Kombiticket € 6,50/3.

Museumsschiffe am Leinpfad

Drei **Museumsschiffe** ankern am Leinpfad, der Ruhrorter Promenade: der Radschleppdampfer »Oscar Huber« von 1922, der Eimerkettendampfbagger »Minden« von 1882 und das Kranschiff »Fendel 147« von 1922. Nahebei ist ein Kaikran von 1897 zu sehen, der bis 1974 im Europahafen aktiv war. So sind anderthalb Jahrhunderte Binnenschifffahrtsgeschichte vereint.

Wilhelm Lehmbruck Museum – Zentrum Internationaler Skulptur ➡ Db/c2

Friedrich-Wilhelm-Str. 40, ✆ (02 03) 283 32 94
https://lehmbruckmuseum.de, Di–Fr 12–17, Sa/So 11–17 Uhr, Eintritt € 9/5, Kinder bis 14 J. frei

Das mitten in Duisburg gelegene Lehmbruck Museum ist ein Museum für Skulptur. Seine Sammlung umfasst neben dem Nachlass des Namensgebers Wilhelm Lehmbruck moderne Plastiken von Künstlern wie Alberto Giacometti, Pablo Picasso, Hans Arp und Rebecca Horn. Die Sammlung gilt als einzigartig in Europa, ebenso der eindrucksvolle Museumsbau, der inmitten des neu gestalteten und mit Skulpturen besetzten Kantparks gelegen ist.

Friemersheim ➡ E3/4

www.duisburg.de/wohnenleben/florafauna/rheinaue-friemersheim.php

Zu den Besonderheiten des an der Grenze zu Krefeld gelegenen, linksrheinischen Duisburger Stadtteils

Die Statue »Die Kniende« (1911) von Wilhelm Lehmbruck im Lehmbruck Museum

Weltbekannte Skulpturen

Wilhelm Lehmbruck Museum

Duisburg, Nordrhein-Westfalen

Die Skulptur »Die Knieende«, von den Nationalsozialisten als entartet gebrandmarkt, galt der übrigen Welt als Symbol für die freie Kunst Europas. Heute steht das 1911 in Bronze gegossene Meisterwerk des Bildhauers Wilhelm Lehmbruck in Duisburg. Ein Gipsguss steht im Inneren jenes Museums seiner Heimatstadt, das seinen Namen trägt. Dem künstlerischen Vermächtnis Lehmbrucks, dessen Werk zu den großen Leistungen des 20. Jahrhunderts zählt, hat sein Sohn ein eigenes Gebäude gewidmet und dafür eine mit den Kunstwerken korrespondierende Architektur entworfen. Geschwungene Wände ummanteln Skulpturen, die unter Lichtkuppeln dem Wechsel des Tageslichts ausgesetzt sind. Auf mehreren räumlichen Ebenen lässt sich der künstlerische Werdegang und Arbeitsprozess Lehmbrucks eindrucksvoll nachvollziehen.

Die Statue »Geneigter Frauentorso« (1913) von Wilhelm Lehmbruck im Lehmbruck Museum

Das seit dem Jahr 2000 als Stiftung geführte Institut ist aus dem 1902 gegründeten Museumsverein und dem 1931 konstituierten städtischen Kunstmuseum hervorgegangen. Es zeichnet sich durch eine in Europa einzigartige Sammlung internationaler Skulptur der Moderne aus. Auf 5000 Quadratmetern Innenfläche sowie in dem das Museum umgebenden Kantpark finden Besucher nicht nur das Lebenswerk von Wilhelm Lehmbruck, sondern noch vieles mehr über die Kunst seit seiner Zeit. Zu sehen sind auch Plastiken anderer nationaler und internationaler Künstler, darunter Joseph Beuys, Käthe Kollwitz, Pablo Picasso, Max Ernst und Salvador Dalí.

Daneben verfügt das Museum über eine Sammlung deutscher Malerei des späten 19. und 20. Jahrhunderts, u. a. Gemälde der Brücke-Künstler Ernst Ludwig Kirchner, Erich Heckel, Karl Schmidt-Rottluff, Max Pechstein und Otto Mueller sowie Werke von August Macke, Emil Nolde, Christian Rohlfs und Johannes Molzahn als weitere Vertreter des Expressionismus. Hinzu kommen Gemälde der Bauhaus-Schule (Max Beckmann, Ernst Wilhelm Nay), Tausende Fotografien und Druckgrafiken.

Info: Im Zentrum von Duisburg gelegen. **Info Stiftung Wilhelm Lehmbruck Museum:** Friedrich-Wilhelm-Str. 40, 47051 Duisburg, Tel. (0203) 283 32 94, https://lehmbruckmuseum.de, Öffnungszeiten Di–Fr 12–17, Sa/So 11–17 Uhr, Eintritt € 9, ermäßigt € 5.

Weithin sichtbar überragt der Wasserturm Friemersheim

Friemersheim zählen die weißen Gebäude des malerischen Ortskerns, etwa die erstmals um 1147 urkundlich erwähnte **Dorfkirche** und das **Lehrerhaus** von 1800 mit dem Heimatkundemuseum. Auffällig thront in Deichnähe der in ein Wohnhaus umgewandelte alte **Wasserturm**. Am Friemersheimer Rheinufer breitet sich das 62 ha große Naturschutzgebiet **Rheinaue Friemersheim** aus. Dort befindet sich auch der um 1200 als Wasserburg erstmals erwähnte, heute ökologisch bewirtschaftete **Werthschehof**.

Hafenrundfahrten – WEISSE FLOTTE Düsseldorf/ Duisburg ➡ D4
Calaisplatz 3
✆ (02 03) 713 96 67, www.hafenrundfahrt.nrw
April–Okt. ab Schwanentor 11, 13.15, 15.30 Uhr, ab Schifferbörse 12.15, 14.30 Uhr, sonst seltener, Dauer 2 Std., Ticket € 16/8, Fahrt von Schwanentor bis Schifferbörse, Dauer 1 Std., Ticket € 12/7
Kommentierte Hafentour mit der MS »Gerhard Mercator« und der MS »Stadt Duisburg« durch den größten Binnenhafen der Welt.

Hochseilgarten tree2tree ➡ E4
Kalkweg
✆ (018 05) 873 32 87 33, www.tree2tree.de
Tägl. 10–19, im Hochsommer bis 20 Uhr
Eintritt € 26/23/14, inkl. Gurt, Helm und Einweisung
Im Juni 2008 eröffnete der 10 ha große Hochseilgarten in der Wasserwelt Wedau im Sportpark Duisburg. Er ist in einen natürlichen Baumbestand integriert und bietet 17 Parcours mit 225 Kletterelementen, darunter ein

Netzklettergang und eine 252 m lange Seilrutsche über den Parallelkanal der Regattabahn.

Innenhafen ➡ Da/Db1/2
www.innenhafen-portal.de
Der Innenhafen, der einst Teil des riesigen Duisburger Binnenhafens war, ist einer der Ankerpunkte der Route der Industriekultur. An seinem Beispiel ist die industrielle Entwicklung und die spätere Wandlung des Ruhrgebiets gut nachvollziehbar.

In den 1990er Jahren wurde das Hafengebiet – mit seinen Restaurants, Bars und Museen bereits eine beliebte Flaniermeile – neu konzipiert. Die historische Industriearchitektur in neuem Gewand bildet den architektonischen Hintergrund des Hafens. Moderne Bürogebäude wie die **»Five Boats«** in Schiffsform wurden ebenso geschaffen wie Wohnraum. Über den Jachthafen führt eine Fußgängerbrücke, die als größte höhenverstellbare **Hängebrücke** der Welt gilt. In der Nähe liegen die 1999 eingeweihte **Synagoge** mit ihrem **Garten der Erinnerungen**, das **Stadtmuseum** und das **Museum Küppersmühle**.

6 **Landschaftspark Duisburg-Nord** ➡ D4
Emscherstr. 71, ✆ (02 03) 429 19 19
www.landschaftspark.de
das ganze Jahr über kostenlos zugänglich
Mitte der 1980er Jahre wurde der Industriekomplex des Thyssen-Hochofenwerks im Duisburger Norden stillgelegt. Danach blieb das 200 ha große Gelände einige Jahre sich selbst überlassen, bevor es in den

Innenhafen mit Landesarchiv

»Ein-Blick« ins Revier

Landschaftspark Duisburg-Nord

Duisburg, Nordrhein-Westfalen

Wo noch vor wenigen Jahrzehnten Hochöfen qualmten, kommen jetzt Kletterer, Taucher und Kulturbegeisterte auf ihre Kosten. Der Landschaftspark Duisburg-Nord ist auf dem besten Weg, den Kölner Dom von seinem Beliebtheitssockel zu stürzen, und rangiert auf der Skala der populärsten Ziele für Touristen in NRW vor dem Drachenfels und dem Kahlen Asten. Dass die stillgelegte Hütte ein solcher Anziehungspunkt werden würde, hatte 1985, als der rauchende Koloss seinen letzten Atemzug tat, niemand zu hoffen gewagt. Im Gegenteil: Die Industrieanlagen auf dem über 200 Hektar großen Gelände im Duisburger Norden sollten abgerissen werden. Engagierte Bürger setzten sich dafür ein, dass zwischen 1990 und 1999 ein ebenso ungewöhnlicher wie vielseitiger Landschaftspark entstand.

Landschaftspark Duisburg-Nord: Lichtinstallation des Künstlers Jonathan Park

Das Nutzungskonzept des ehemaligen Hüttenwerks überzeugt. Die Anlage ist auf dem industriegeschichtlichen Rundweg komplett zu begehen, die Kombination aus Stahlkonstruktionen und teilweise historischen Backsteinhallen ist sehenswert. Wo früher bei gut 2000 Grad Celsius Eisen gewonnen wurde, kann man heute einen Blick in das Innere des gigantischen Hochofens Nummer 5 werfen und danach von der Plattform in 70 Metern Höhe die Aussicht genießen. Die ehemaligen Erzbunker dienen heute als Klettergarten.

Wem der Sinn eher nach Abkühlung steht, der kann im Gasometer abtauchen, denn der riesige Gasbehälter wurde in ein modernes Tauchzentrum umfunktioniert. In einer der Gießhallen wartet außerdem ein Hochseilgarten.

Ein Großteil der Hallen dient heute als außergewöhnlicher Veranstaltungsort für Empfänge, Messen oder Konzerte. Viele Familien nutzen das Gelände als riesigen Freizeitpark. Für Kinder gibt es einen Spielplatz mit Riesenröhrenrutsche durch zwei Erzbunker, auf Skater und Mountainbiker wartet eine offene Halle, und es gibt einen Lehr- und Lernbauernhof.

Neben den offensichtlichen Zeichen der industriellen Hochkultur hat sich auch die Natur ihr Terrain zurückerobert. Schätzungen zufolge haben sich an die 300 Pflanzen- und 60 Vogelarten neu angesiedelt. An Wochenenden und Feiertagen lohnt es, abends einen Blick auf die Anlagen zu werfen, denn dann tauchen künstlerische Lichtinstallationen die Öfen und Türme in eine spektakuläre Farbwelt.

Info: In Stadtteil Meiderich, ca. 8 km nördlich vom Duisburger Zentrum gelegen. **Info Landschaftspark Duisburg-Nord:** Besucherzentrum, Tour de Ruhr, Emscherstr. 71, 47137 Duisburg, Tel. (02 03) 429 19 19, www.landschaftspark.de, Öffnungszeiten Besucherzentrum Mo–Fr 9–18, Sa/So/Fei 11–18 Uhr, Park ganzjährig rund um die Uhr, Eintritt frei, Führungen über Besucherzentrum.

Hochöfen im Landschaftspark Duisburg/Nord

Landschaftspark Nord umgewandelt wurde. Heute wird hier an den verschieden hohen Erzbunkerwänden geklettert (**Klettergarten**, Sektion Duisburg des Deutschen Alpenvereins, www.dav-duisburg.de), in der Gebläsehalle finden Konzerte statt, im ehemaligen Gasometer entstand ein **Tauchrevier**. Kinder können spielen, rutschen, skaten.

Auch die Besteigung des Hochofens ist möglich. Ein unvergleichliches Panorama der Industrielandschaft belohnt den Aufstieg. Im Sommer findet zu Füßen des Hochofens das **Stadtwerke-Sommerkino** (www.stadtwerke-sommerkino.de) statt.

Highlight ist die **Lichtinstallation** des englischen Künstlers Jonathan Park, der die Industriearchitektur eindrucksvoll in Szene setzt (Fr–So, Fei nach Anbruch der Dunkelheit bis 3 Uhr, während des Sommerkinos auch Mo–Do).

Niederrhein-Therme im Revierpark Mattlerbusch ➡ C4
Wehofer Str. 42
✆ (02 03) 995 84 12, www.niederrhein-therme.de
Tägl. geöffnet, Sauna- und Solebereich 8.30–23, Wellenbad 10–20, Salzgrotte 9.45–21.30 Uhr
Eintritt Therme € 14 (2 Std.), € 17 (4 Std.), € 20 (Tageskarte), Grotte € 4 für Thermengäste, sonst € 7
Wasserspaß und -genuss pur: im Karibik-Wellenbad mit Römerbecken und Beach-Volleyball-Platz vor der Tür, im Wellenbad auch Angebot von Wassergymnastik und anderen Kursen. Saunen und Solebäder, Restaurant, Imbiss, Bäder- und Massagepraxis sowie Badeboutique. Eine weitere Attraktion ist die Salzgrotte.

3 Ruhrtalradweg
✆ (018 06) 18 16 30
www.ruhrtalradweg.de
Der 240 km lange, gut ausgeschilderte Radwanderweg führt von Winterberg im Sauerland bis nach Duisburg zur Ruhrmündung in den Rhein, wo die Skulptur **Rheinorange** das Ende des Wegs markiert. Man radelt vorbei an wunderschönen Flusslandschaften, Feldern und Wäldern, malerischen Ortskernen und historischen Industrieanlagen mit neuem Freizeitwert. Meist besteht unterwegs Anschluss an den öffentlichen Nahverkehr.

Geschafft: Wer bis hier her durchhält, ist den gesamten Ruhrtalradweg abgefahren

Sechs-Seen-Platte ➡ E4
www.duisburg.de/wohnenleben/wasser/sechsseenplatte.php, Infos und Karten auch bei der Tourist Information auf der Königstraße
Wolfssee, Wambachsee und Masurensee sind auf Wassersport ausgerichtet (Freibad, Surfstation, Bootsverleih, Seglerverein). An Böllertsee, Wildförstersee und Haubachsee bietet ein 25 km langes Wegenetz Wanderern und Radlern, Joggern und Spaziergängern Erholung. Gute Aussichtspunkte sind der **Stahlturm** auf dem Wolfsberg und die hohe, gelbe **Fußgängerbrücke** zwischen Masuren- und Wolfssee. Die 283 ha große Sechs-Seen-Platte entstand in Folge des ausgiebigen Kiesabbaus seit dem frühen 20. Jh.

Spielbank Duisburg ➡ Db3
Landfermannstr. 6
✆ (02 03) 71 39 20, (08 00) 774 35 22
www.casino-duisburg.de
Deutschlands modernstes und besucherstärkstes Automatenspiel-Casino im City Palais in unmittelbarer Nähe des Theaters. 354 Spielgeräte, 31 klassische Spieltische mit Roulette, Black Jack und Poker. Mit Restaurant und zwei Bars.

Theater Duisburg ➡ Da3
Neckarstr. 1, Tickets ✆ (02 03) 28 36 21 00
www2.duisburg.de/theater/start.php

König-Heinrich-Platz mit Theater

Im Duisburger Zoo findet man Entspannung im Chinesischen Garten

Mit seinem tempelartigen Eingang, einem eindrucksvollen Portikus mit sechs weißen Säulen, ist das 1912 fertiggestellte Theater im Zentrum eines der markantesten Bauwerke der Stadt. Auf über 1100 Plätzen genießen Besucher Theaterstücke der Deutschen Oper am Rhein und Konzerte der Duisburger Philharmoniker.

Wasserskianlage Töppersee ➡ D/E3
Lohfelder Weg 91
✆ (021 51) 40 37 47, https://toeppersee.de
Anfang Mai–Anfang Sept. tägl. geöffnet, Zeiten vgl. Homepage, Eintritt € 21/17 (1 Std.), € 27/21 (2 Std.), € 21/17 (Tageskarte)
Wasserskianlage auf dem kleinen Töppersee in Rheinhausen. Spazierwege um den See.

Wasserwelt Wedau ➡ E4
Auskünfte über das Ruhr.VisitorCenter Duisburg oder unter www.duisburg.de/sport/sportpark_duisburg/sportpark-duisburg.php
Großes Areal für Wasser- und Freizeitsportler: eine über 2 km lange **Regattabahn**, auf der selbst internationale Wettbewerbe stattfinden, eine **beleuchtete Laufstrecke**, eine **Wasserskianlage** am Margarethensee, ein 5000 m² großer **Wasseraktionsplatz** für Kinder, ein **Hochseilklettergarten**, ein **Schwimmstadion**, eine **Eislaufhalle**, Heimat der Eishockey-Füchse, und das **Wedaustadion** – offiziell Schauinsland-Reisen-Arena – Heimat des langjährigen Fußballbundesligisten MSV Duisburg.

Zoo Duisburg ➡ D4
Mülheimer Str. 273, ✆ (02 03) 60 44 42 50
www.zoo-duisburg.de

Tägl. ab 9 Uhr bis zum Einbruch der Dämmerung
Eintritt € 16,90/9,90 inkl. Delfinvorführung
Der Duisburger Zoo ist einer der größten Deutschlands. Hier wurden die ersten Koalas in Europa geboren und auch der erste bedeutende Chinesische Garten außerhalb Chinas wurde hier angelegt. Im Sommer dreimal täglich Delfinvorführungen. Naturnah ist das Gehege der Brillenbären gestaltet.

AV Concept Store ➡ Da2
Kuhlenwall 20
✆ (02 03) 298 50 50
www.arsvivendi-shop.de, tägl. außer So 8–19.30 Uhr
Im Kuhlenwall-Karree bietet der Concept Store, eine Kombination aus dem ehemaligen Restaurant »Der kleine Prinz« und dem Geschäft »Ars Vivendi« von der Tonhallenstraße, Gastronomie, Livemusik und Shopping unter einem Dach. Menschen mit und ohne Handicap arbeiten zusammen, servieren Essen und verkaufen Kleidung, die komplett in Duisburg produziert wird.

Markantes vor der Tür: die **Werthmann-Kugel**, die eigentlich »Hommage à Mercator« heißt, und der aus dem frühen 14. Jh. stammende **Schäferturm** der Stadtmauer.

Einkaufen
Duisburgs Einkaufsstraße ist die transparent überdachte **Königstraße** ➡ Db2/3. Auch die benachbarten Einkaufszentren **CityPalais** ➡ Db2, **Königsgalerie** ➡ Db2 und **Forum Duisburg** ➡ Db2 bieten sich an.

Shopping im Forum Duisburg

Abendliches Spektakel auf dem Gelände der Zeche Zollverein

Essen ➡ C/D6

Essen, einst Synonym für Bergwerke und Krupp, ist heute das Energiezentrum Deutschlands mit den meisten Firmen dieses Sektors und hat den Strukturwandel bereits erfolgreich hinter sich gebracht. Die Stadt hat sich zu einem der wirtschaftsstärksten Standorte des Landes entwickelt. Ihre zentrale Lage und die ideale Infrastruktur haben bis heute viele Wirtschaftsunternehmen davon überzeugt, ihren Hauptsitz hierher zu verlegen, u.a. ThyssenKrupp, E.ON, Evonik, Hochtief und den WAZ-Konzern.

Die mit rund 590 000 Einwohnern zehntgrößte Stadt Deutschlands besitzt eine Reihe hochrangiger Museen und renommierter Theater, ist ein erfolgreicher Messestandort, hat eine gut frequentierte Einkaufsmeile und für das Ruhrgebiet den Titel **Kulturhauptstadt Europas 2010** gewonnen. 53 Städte der Region beteiligten sich seinerzeit an dem Gesamtkunstwerk unter dem Motto »Kultur durch Wandel – Wandel durch Kultur«. Die ⑦ **Zeche Zollverein** wurde aufgrund ihrer monumentalen Industriearchitektur von der UNESCO in den Rang des Weltkulturerbes gestellt und die **Folkwang Universität der Künste** verfügt über weltweites Renommee.

Essen bietet darüber hinaus malerische Flecken wie die Gegend um den **Baldeneysee** und die Altstadt von **Kettwig**. Auch der ③ **Ruhrtalradweg** durch das idylli-

Weihnachtliches bei den Essener Lichtwochen

sche, namensgebende Tal erfreut sich wachsender Beliebtheit. Als sichtbares Wahrzeichen des Wandels in Essen und im Ruhrgebiet gilt die monolithische Skulptur von Richard Serra auf der **Schurenbachhalde** im Essener Norden, eine 14,5 Meter hohe, aufrecht stehende Bramme aus Stahl. Sie markiert außerdem einen fabelhaften Aussichtspunkt.

Tourist Information ➡ Gc2
Kettwiger Str. 2–10, 45127 Essen
✆ (02 01) 887 23 33, www.visitessen.de
Mo–Fr 9–18, Sa 10–14 Uhr

Essener Lichtwochen
www.visitessen.de
Ende Okt.–Anfang Jan.
Seit über 70 Jahren erstrahlt Essen durch festliche und dabei sogar umweltfreundliche LED-Illuminationen mit Motiven zahlreicher Länder der Europäischen Union.

Essen.Original
www.visitessen.de
Das Ende August/Anfang September stattfindende Kultur- und Musikfestival wurde 1996 zum 100. Großstadtjubiläum initiiert. Aus der einmaligen Veranstaltung ging das jährliche dreitägige Festival hervor.

Domschatzkammer ➡ Gb2
Burgplatz 2
✆ (02 01) 220 42 06

Ein 1000 Jahre alter Schatz

Essener Dom und die Goldene Madonna

Essen, Nordrhein-Westfalen

Ihr Blick ist verträumt und gedankenverloren. »Essen sein Schatz«, die Goldene Madonna, ist die älteste vollplastisch erhaltene Marienfigur der Welt. Und der Essener Dom kann mit weiteren Highlights aus der ottonischen Zeit aufwarten: einem 1000 Jahre alten, monumentalen, siebenarmigen Leuchter, dem Schwert Ottos des Großen und der Kinderkrone Kaiser Ottos III. Die 74 Zentimeter hohe Madonna aus mit Gold beschlagenem Pappelholz wurde um 900 gestiftet: von der Essener Äbtissin Mathilde II., einer Enkelin Kaiser Ottos I. Maria als Himmelskönigin, die die Macht über den Erdkreis für ihren Sohn hält.

Ursprünglich wurde die Figur bei Prozessionen mitgeführt. Jahrhundertelang lag sie abgeschoben im Depot und im Zweiten Weltkrieg war sie im Erzstollen versteckt. Nach dem Krieg wurde die Goldene Madonna im Dom besonders geschützt: Sie stand in einem Fahrstuhl, der bei einem Diebstahlversuch automatisch in den Keller gefahren und dort in einem Tresor angekommen wäre.

Inzwischen hat man sich etwas anderes überlegt, denn bei einem Brand wäre die Madonna in ihrem stählernen Sarg wohl verloren gewesen. Heute steht die Skulptur am Ende des nördlichen Seitenschiffs und ist aus nur wenigen Metern Entfernung zu betrachten.

Wem die Fußgängerzone Kettwiger Straße zu hektisch wird, der findet im Dom ein ruhiges Plätzchen. Seine Ursprünge reichen ebenfalls bis ins 9. Jahrhundert zurück, als der sächsische Adelige Altfrid, später Bischof von Hildesheim, ein Frauenstift gründete. Charakteristisch ist der achteckige Turm der Basilika. Seit Ende der 1960er Jahre ist die Kathedrale Sitz des Ruhrbischofs.

Kreuzgang des Essener Doms

Dem Münster vorgelagert ist die gotische Hallenkirche St. Johann Baptist, die heute als Anbetungs- und katholische Pfarrkirche dient. Kunsthistorisch bedeutsam sind die beiden Altartafeln von Bartholomäus Bruyn dem Älteren.

Info: Im Zentrum von Essen gelegen. **Info Essener Dom:** Burgplatz 2, 45127 Essen, Tel. (02 01) 220 44 12, www.dom-essen.de, Öffnungszeiten Mo–Fr 6.30–18.30, (Mo, Fr 8–10 Uhr für Reinigung geschl.), Sa/So 9–19.30 Uhr.

www.domschatz-essen.de
Tägl. außer Mo 11–17 Uhr, Eintritt € 4/3
Exponate zu über 1000 Jahren Geschichte, Kunst und kirchlichem Leben der Ruhrregion. Zu sehen sind zahlreiche wichtige Kunstwerke, darunter die »Goldene Madonna« von 980, eines der ältesten erhaltenen vollplastischen Bildwerke des Mittelalters und das älteste erhaltene rundplastische Marienbild der Welt, sowie etwa 30 bedeutende gotische Kirchenkunstwerke wie Kelche und Kreuze.

Museum Folkwang Essen ➡ südl. Gc1
Museumsplatz 1, ✆ (02 01) 884 54 44
www.museum-folkwang.de
Tägl. außer Mo 10–18, Do/Fr bis 20 Uhr
Eintritt Sammlungen frei, Sonderausstellungen € 10/6
1902 gegründete bedeutende Kunstsammlung mit Schwerpunkt auf der deutschen und französischen Malerei und Skulptur des 19. Jh., der klassischen Moderne und der Kunst nach 1945, ergänzt durch umfangreiche Sammlungen der Grafik und Fotografie. Das **Deutsche Plakat Museum** seit 2010 in einem Neubau von David Chipperfield Architects ergänzt den denkmalgeschützten Altbau und beherbergt über 350 000 Plakate aus Kultur, Politik und Wirtschaft.

Palast der Projekte ➡ C6
Kokerei Zollverein Essen, Areal C, Salzlager, Heinrich-Imig-Straße, ✆ (02 01) 24 68 10

Die ehemalige Kokerei beherbergt heute eine Dauerausstellung

Kunsttempel an der Ruhr

Museum Folkwang

Essen, Nordrhein-Westfalen

Alles begann mit Renoirs »Lise mit dem Sonnenschirm«. Mit diesem Gemälde legte der Hagener Bankierssohn Karl Ernst Osthaus 1901 den Grundstein für seine Sammlung moderner Kunst. Im Jahr darauf stiftete

Ständige Ausstellung im Museum Folkwang

er in seiner Heimatstadt das Museum Folkwang und damit das erste deutsche Museum, das sich den damals aktuellen Kunstströmungen in Deutschland und Frankreich widmete. Als Osthaus im Jahr 1921 starb, verkauften die Erben seine Sammlung nach Essen, wo sie mit den Beständen des dortigen Kunstmuseums vereinigt wurden. Der Name Museum Folkwang blieb erhalten.

Heute gilt das Haus mit Fug und Recht als eines der bedeutendsten Kunstmuseen der Bundesrepublik. Vom Klassizismus und der deutschen Romantik, von den Impressionisten und den Wegbegleitern der Moderne bis hin zu den Kubisten, den Expressionisten und den Künstlern der Abstraktion und des Art Informel reicht das Spektrum der hochkarätigen Sammlung.

Kaum ein prominenter Name fehlt unter den augestellten Künstlern: Gemälde von Caspar David Friedrich, Arnold Böcklin und Paul Cézanne sind ebenso vertreten wie Werke von Auguste Rodin, Vincent van Gogh, Paul Gauguin, Salvador Dalí und Andy Warhol. Doch auch Fotografien, Grafiken, archäologische und kunstgewerbliche Objekte sowie sage und schreibe 350 000 Plakate gehören zu den Schätzen des Hauses. Da wird schnell mal der Platz knapp.

Um mehr Ausstellungsfläche zu gewinnen, erhielt das Museum 2010 einen von Stararchitekt David Chipperfield entworfenen gläsernen Anbau, der aus Mitteln der Alfried Krupp von Bohlen und Halbach-Stiftung finanziert wurde. Ein Tempel moderner Kunst mitten im Pott – das ist das Museum Folkwang. Für Ihren Besuch sollten Sie ein wenig mehr Zeit einplanen – es lohnt sich!

Info: Im Essener Südviertel gelegen. **Info Museum Folkwang:** Museumsplatz 1, 45128 Essen, Tel. (02 01) 884 50 00, www.museum-folkwang.de, Öffnungszeiten Di/Mi, Sa/So 10–18, Do/Fr 10–20 Uhr, Eintritt ständige Sammlung frei.

Organische Architektur des Aalto-Musiktheaters

www.zollverein.de/erleben/kunst/palace-of-projects
Fr–So und Fei 11–17 Uhr, Eintritt € 4/3, unter 12 J. frei
Über 60 Entwürfe zur Verbesserung der Welt zeigt die Dauerausstellung von Ilya und Emilia Kabakov. Sie befindet sich im Salzlager der Kokerei Zollverein in Essen-Katernberg, das zur Ausstellungshalle umgebaut wurde.

Aalto-Musiktheater ➡ südl. Gc2
Opernplatz 10
Ticketcenter Hagen 2 ✆ (02 01) 812 22 00
www.theater-essen.de/oper
Karten € 22–55, bei Premieren teurer
Oper, Operette, Musical und Ballett – mit 1100 Plätzen ist das Haus Spielort des Aalto-Musiktheaters, des Aalto-Balletts und der Essener Philharmoniker. Das vom bekannten finnischen Architekten Alvar Aalto entworfene Gebäude wurde 1988 fertiggestellt.

Alte Synagoge – Haus jüdischer Kultur ➡ Gb2
Edmund-Körner-Platz 1
✆ (02 01) 884 52 18, www.essen.de
Tägl. außer Mo 10–18 Uhr, Eintritt frei, Führungen 1. und 3. So des Monats, Tickets € 3/2
Ausstellungen zu jüdischer Tradition und jüdischen Festen, der jüdischen Lebensweise, der Geschichte des Hauses und der jüdischen Gemeinde Essen.

Erbaut wurde die Synagoge zwischen 1911 und 1913, in der Reichspogromnacht wurde sie zerstört. Ab Ende der 1950er Jahre erfolgte der Wiederaufbau, ab 2008 übernahm die »Alte Synagoge« ihre Funktion als Haus der jüdischen Kultur.

Das Kleine Theater ➡ Gb1
Gänsemarkt 42
✆ (02 01) 520 98 52
Abendkasse ✆ (02 01) 20 16 44 77
www.kleines-theater-essen.de
Spieltage Fr–So, Sommerpause Juli/Aug.
Tickets € 16/8, Kindervorstellungen € 7/5
Besucher lieben das gemütliche Wohnzimmerambiente in dem Privattheater mit nur 44 Plätzen und einer 3 mal 5 m großen Bühne. Vom Schauspiel über Komödie und Kabarett bis hin zu Krimi und Kindertheater wird hier alles aufgeführt.

Filmstudio Glückauf ➡ südl. Gc1
Rüttenscheider Str. 2
Tickets ✆ (02 01) 43 93 66 33 oder 23 10 23
https://filmspiegel-essen.de
Essens ältestes Kino stammt aus dem Jahr 1924. Das elegant ausgestattete Filmtheater ist eines der ältesten seiner Art in Nordrhein-Westfalen und besitzt einen der letzten erhaltenen Kinosäle aus den 1920er Jahren sowie ein stilvolles Foyer mit Nierentischen und einer großen Theke.

Die Alte Synagoge gehört zu den in Deutschland am besten erhaltenen Bauten jüdischer Kultur der Vorkriegszeit

GOP Varieté-Theater ➡ Ga2
Vgl. S. 16.

Grugapark ➡ D6
Haupteingang: Messeplatz
✆ (02 01) 888 31 06
www.grugapark.de
Tägl. 9 Uhr bis Einbruch der Dunkelheit
Eintritt € 4/1,20 (6–15 J.), unter 6 J. frei
Der 700000 m² große Park entstand 1927 aus dem Botanischen Garten und entwickelte sich seit der **Gr**oßen **Ru**hrländischen **Ga**rtenbauausstellung 1929 in einer an Blumen sowie wertvollen alten und seltenen Gehölzen reichen Parklandschaft.

Man findet dort ein breites Freizeitangebot: u.a. Abenteuerspielplatz, Botanischer Garten, Grugabahn, Open-Air-Museum mit einer internationalen Skulpturensammlung, Konzertarena, Grillplätze, Niedrigseilparcours, Vogel- und Kleintiergehege, Ponyreiten, mehrere Restaurants. In der Orangerie bietet die Eisenbahn-Modellwelt Oktorail eine Zeitreise durch die Industriegeschichte des Ruhrgebiets (Fr–So 10–18 Uhr, in den NRW-Schulferien tägl., Eintritt € 3,90/1).

Ein Augenschmaus ist das 2005 fertiggestellte Hundertwasserhaus – oder Ronald McDonald Haus –, genutzt als Familienzentrum für Angehörige schwer-

Schloss Borbeck

Friedensreich-Hundertwasser-Haus auf dem Gruga-Gelände in Essen

kranker Kinder, die im nahen Krankenhaus behandelt werden. Eine Besichtigung ist im Rahmen einer Führung möglich, Anmeldung unter ✆ (02 01) 43 99 90.

Schloss Borbeck ➡ D5
Schlossstr. 101, ✆ (02 01) 884 42 19
https://schloss-borbeck.essen.de
Tägl. außer Mo 14–18 Uhr
Das Schloss weist eine knapp 1000-jährige Geschichte auf. Einst residierten hier die Essener Fürstäbtissinnen, über die eine Dauerausstellung informiert. Im Schloss finden neben Kunstausstellungen auch Musikveranstaltungen statt. Im 42 ha großen Park sind Kunstinstallationen zu sehen.

Siedlung Margarethenhöhe ➡ D6
Steile Straße/Kleiner Markt
Führungen ✆ (02 01) 24 68 14 44
www.ruhrmuseum.de/aussenstellen/margarethenhoehe
Benannt wurde die Siedlung zu Ehren ihrer Stifterin Margarethe Krupp. Sie gilt als eines der gelungensten Beispiele der Gartenstadtidee vom Beginn des 20. Jhs.: Wohnsiedlungen mit Gärten und viel Grün sollten gebaut werden, in denen die Hüttenarbeiter und ihre Familien wohnen und sich selbst versorgen konnten. Die kleinen Häuser aus der Zeit von 1909 bis 1920 vereinen Funktionalität, Komfort und Form auf angenehme Weise. Führungen durch die Siedlung bietet das **Ruhr Museum** (vgl. S. 162 f.) an.

Beliebtes Wassersportrevier: Baldeneysee

Villa Hügel ➡ D6
Hügel 15, ✆ (02 01) 616290
Führungen ✆ (02 01) 616 29 17
www.villahuegel.de
Park tägl. 8–20 Uhr, Villa tägl. außer Mo 10–18 Uhr, Eintritt Villa und Park € 5, Kinder unter 14 J. frei, öffentliche Führungen So 11, 12.30 und 14 Uhr, € 3
Der ehemalige Wohnsitz der Stahlfabrikanten-Dynastie Krupp in Essen-Bredeney bildet einen der Ankerpunkte auf der Route der Industriekultur. Vor allem die Sonderausstellungen sind von einzigartiger Qualität. Interessant ist aber auch das Gebäude selbst, das als repräsentativer Industriellensitz von Alfred Krupp konzipiert und 1870 in Auftrag gegeben wurde.

Weiße Flotte auf dem Baldeneysee ➡ E6
Hardenbergufer 379
✆ (02 01) 185 79 90
https://baldeneysee.de/schifffahrt.html
Fahrpreis ab € 12,50/6,50
Die Weiße Flotte bietet auf dem Baldeneysee in der Saison (Ende April–Anfang Okt.) täglich zweistündige Seerundfahrten sowie sonn- und feiertags Ruhrrundfahrten (Mai–Sept.) zum Kettwiger Stausee an. An allen Anlegestellen kann man zu- oder aussteigen. Die siebenstündigen Ruhrtalfahrten finden mittwochs statt (Ende Juni-Anfang Sept., telefonische Anmeldung empfohlen). Auch Fünf-Schleusen-Fahrten, Fahrten mit Kapitänsbrunch etc.

Wohnkultur der Gründerzeit

Villa Hügel

Essen, Nordrhein-Westfalen

Der Chronometer im Portierzimmer der Villa Hügel zeigt 9 Uhr. Sofort wird diese Zeit allen Morsestationen der Kruppschen Gussstahlfabrik telegrafiert. Eigens damit betraute Angestellte überprüfen daraufhin die Turm-, Büro- und Werkstattuhren und korrigieren, wenn nötig, die Zeiger. Denn Alfred Krupp hatte feststellen müssen, dass die Uhren seines Werks eine »grauenhafte Differenz« aufwiesen. Am 14. Dezember 1872 machte er daher seine Villa kurzerhand zur zentralen Messstation des Unternehmens. Er erwog sogar, sämtliche Turmuhren Essens nach seinem Chronometer stellen zu lassen, damit die Arbeiter auch pünktlich zur Schicht erschienen.

Villa Hügel, Wohnsitz der Industriellenfamilie Krupp in Essen

Es lassen sich viele Episoden wie diese aus dem Leben Alfred Krupps erzählen, der aus der 1811 gegründeten Fabrik seines Vaters Friedrich einen Weltkonzern machte. Um die Villa Hügel exakt nach seinen Plänen bauen zu lassen, verschliss er sieben Architekten. 1873 fertiggestellt, diente das Gebäude gut sieben Jahrzehnte lang drei Generationen als Wohn- und Repräsentationshaus.

Seit dem Jahr 1953 finden hier regelmäßig große Kunstausstellungen von internationalem Rang statt. Neben der Präsentation bedeutender Werke Alter Meister ziehen große kulturhistorische Projekte das Publikum in ihren Bann. Beispielsweise gab es schon vielbeachtete Ausstellungen zu den Themen »Barock in Dresden«, »Prag um 1600«, »Das Flämische Stillleben 1550–1680« und »London 1800–1840«. Einen Schwerpunkt bildet auch die Kunst und Kultur Zentral- und Ostasiens (z. B. »Korea – Die alten Königreiche«, »Das alte China« oder »Tibet – Klöster öffnen ihre Schatzkammern«).

Das Hauptgebäude mit den Wohnräumen kann als herausragendes Beispiel der Wohnkultur der Gründerzeit besichtigt werden. Im Nebengebäude ist das Krupp-Museum zur Firmengeschichte untergebracht.

Auch für den Park hatte Alfred Krupp ganz konkrete Vorstellungen: Er wünschte sich einen »Wald von Bäumen«, den er »noch zu Lebzeiten genießen« könne. Mit Setzlingen kommt man da bekanntlich nicht weit. So ließ Krupp Bäume, die schon einige Jahrzehnte in den Ästen hatten, in seinen Park versetzen. Spätere Krupp-Generationen ergänzten Pflanzen und zum 150. Firmenjubiläum erhielt der Garten im Jahr 1961 seine heutige Gestalt. Heutzutage können sich Besucher an einem englischen Landschaftsgarten mit majestätischen Baumriesen erfreuen.

Info: Im südlichen Stadtteil Bredeney am Baldeneysee gelegen. **Info Villa Hügel:** Kulturstiftung Ruhr, 45133 Essen-Bredeney, Tel. (0201) 616 29 17, www.villahuegel.de, Öffnungszeiten Hügel-Park tägl. 8–20 Uhr, Villa Hügel Di–So 10–18 Uhr, Eintritt Museum inkl. Park € 5, unter 14 J. frei.

Zeche Carl ➡ C6
Wilhelm-Nieswandt-Allee 100
✆ (02 01) 834 44 10, www.zechecarl.de
Kultur- und Jugendzentrum, Kinderbereich, Stadtteilbüro und Restaurant – die Zeche Carl im Stadtteil Altenessen hat regelmäßig Kabarett, Konzerte, Workshops, Sportveranstaltungen und Feriengestaltung im Programm.

7 **Zeche Zollverein** ➡ D6
Besucherzentrum Ruhr, in der Kohlenwäsche
Gelsenkirchener Str. 181, ✆ (02 01) 24 68 10
www.zollverein.de, Führungen, u. a. »Kohle und Kumpel« (2 Std., buchbar im Besucherzentrum Ruhr)
Die Zeche Zollverein wurde als letzte Essener Zeche 1986 stillgelegt und Ende 2001 UNESCO-Welterbestätte. Führungen, Museumsangebote und andere Kulturveranstaltungen beleuchten die wechselvolle Geschichte der historischen Zeche, die an der Route der Industriekultur liegt. Einen Höhepunkt der kulturellen Vielfalt bildet die alljährliche, ruhrgebietsweite **Extraschicht** (vgl. S. 20 f.). Die beliebte Nacht der Industriekultur findet immer am letzten Samstag im Juni statt.

Auf dem 100 ha großen Gelände befinden sich zwei hochkarätige Museen: das **Red Dot Design Museum** und in der ehemaligen Kohlenwäsche das **Ruhr Museum**. Im Winter lockt eine **Eisbahn** und im Sommer das **Werksschwimmbad** auf der Kokerei. In der ehemaligen Kompressorenhalle eröffnete 1996 das **CASINO Zollverein**

Das 100 ha große Areal der Zeche Zollverein ist heute ein Besuchermagnet

Einfach treiben lassen

BALDENEYSEE

Essen, Nordrhein-Westfalen

Langsam gleitet das kleine Haustretboot vorbei an den bewaldeten Hügeln des Baldeneysees. Vater und Sohn strampeln. Mama und Tochter ruhen sich auf dem Deck aus. Der acht Kilometer lange Ruhrstausee und seine

Passagierverkehr auf dem Baldeneysee in Essen.

Ufer sind ein Freizeitparadies für Tretbootfahrer, Segler, Windsurfer, Ruderer, Kanuten, Spaziergänger, Inlineskater und Radfahrer.

Nicht zuletzt wegen seiner idyllischen Lage im Süden Essens ist der Baldeneysee zu einem Treffpunkt im Ruhrgebiet geworden. Um den See herum haben sich mehr als 30 Segelvereine niedergelassen. Zahlreiche Bootsstege säumen das Ufer. Einmal im Jahr trifft sich die Elite hier zur Essener Woche, Deutschlands größter Binnensee-Regatta.

Wer nicht selbst rudern oder segeln will, kann die bewaldeten Hänge des Ruhrufers von Bord der Weißen Flotte aus kennenlernen. Einer der Haltepunkte der Schiffe auf ihrer Rundtour liegt unterhalb der Villa Hügel. Die ehemalige Residenz der Familie Krupp zeigt heute wechselnde Kunstausstellungen. Auch Fahrten durch das Ruhrtal und zu den Schleusen bietet die Weiße Flotte an.

Wer lieber auf seine eigene Muskelkraft setzt, kann bei der Grünen Flotte auf dem Mülheimer Wikingerschiff anheuern. Auf dem zwölf Meter langen Ruderboot haben 14 Personen Platz. Ebenfalls etwas Besonderes ist eine Fahrt auf einem Hausboot auf der Ruhr. Sie werden mit Tretkraft angetrieben und man kann darauf auch übernachten.

Der Baldeneysee wurde 1931 als Wasserreservoir und zur Klärung des Ruhrwassers aufgestaut. Die Fuß- und Radwege rund um den See haben eine Länge von etwa 14 Kilometern, mit Biergärten, Restaurants und Cafés am Ufer. Urlaubsgefühle werden im ehemaligen Licht- und Luftbad Baldeney geweckt. Das frühere Schwimmbad wurde in den 1980er Jahren zu einer Beach-Volleyball-Anlage umgebaut. Der Seaside Beach hat heute nicht nur einen 250 Meter langen und 35 Meter breiten Sandstrand, sondern bietet auch Palmen, Bambushütten und Cocktailbars. Man kann schwimmen. Neben den fünf Beach-Volleyball-Feldern gibt es weitere Sportmöglichkeiten.

INFO: Im Süden Essens gelegen. **INFO BALDENEYSEE:** www.baldeneysee.de, www.seaside-beach.de. **INFO WEISSE FLOTTE:** Hardenbergufer 379, 45239 Essen, Tel. (02 01) 185 79 90, https://baldeneysee.com, Fahrten Mai–Anfang Okt. **INFO GRÜNE FLOTTE:** Hafenstr. 15, 45478 Mülheim an der Ruhr, Tel. (02 08) 74 04 98 75, www.gruene-flotte.de, Fahrten Mai–Mitte Okt. **REISEZEIT:** Ende April–Anfang Okt.

Mit allen Sinnen unterwegs im Phänomania Erfahrungsfeld

und machte sich als Restaurant und Eventlocation einen überregionalen Namen. Gemütlich und preisgünstig ist das nahe Eisbahn und Schwimmbad gelegene **Café Kokerei**.

Teile des Zechenkomplexes sind:

Phänomania Erfahrungsfeld ➡ D6
Zeche Zollverein Schacht 3/7/10
Am Handwerkerpark 8–10, ✆ (02 01) 30 10 30
www.erfahrungsfeld.de, www.zollverein.de
Mo–Fr 9–18, Sa/So 10–18 Uhr, Eintritt € 9, Schüler (bis 18 J.) € 7, Kinder (3–5 J.) € 5
Sehen und Hören, Riechen und Schmecken, Fühlen und Erkennen, spielerisches Ausprobieren und Entdecken: Um die Aktivierung der sinnlichen Wahrnehmung geht es in der ehemaligen Fördermaschinenhalle der Zeche Zollverein. Auf die Besucher warten u. a. Tastgalerie, Barfußpfad, Balancierscheiben, Gongs, Summstein und Riechbaum. Das angeschlossene **»Café Zollverein«** bietet vegetarische und vollwertige Speisen.

Red Dot Design Museum ➡ D6
Zeche Zollverein, Schacht XII/Kesselhaus
Gelsenkirchener Str. 181, ✆ (02 01) 301 04 60
www.red-dot-design-museum.de , tägl. außer Mo 11–18 Uhr, Eintritt € 6/4 (Sonderausstellungen mehr), Kinder unter 12 J. frei

»Schwarzes Gold« im lebendigen Kulturdenkmal

Zeche Zollverein

Essen, Nordrhein-Westfalen

Eine Welterbestätte mitten im Ruhrgebiet. Ein einzigartiger Ort im Essener Norden, schon immer eine Schönheit, heute das Symbol des Reviers schlechthin: Seit Dezember 2001 gehören die Zeche und die benachbarte Kokerei Zollverein zum Welterbe der UNESCO. Das Komitee würdigte das Gelände als repräsentatives Beispiel für die Entwicklung der Schwerindustrie in Europa. Von außergewöhnlichem Wert sei die vom Bauhausstil beeinflusste Architektur des Industriekomplexes, die über Jahrzehnte für den modernen Industriebau beispielgebend war.

Die Zeche Zollverein wurde 1932 eröffnet. Mit einer Förderleistung von mehr als 23 000 Tonnen Rohkohle täglich war die Zeche Zollverein einst die leistungsfähigste Zeche der Welt, in wirtschaftlichen Spitzenzeiten arbeiteten hier über 8000 Bergleute. Das 55 Meter hohe Doppelfördergerüst, heute als optischer Mittelpunkt der Anlage im Volksmund auch Eiffelturm des Ruhrgebiets genannt, thront über dem 1040 Meter tiefen Schacht und weist auf die Zentralisierung aller Arbeitsabläufe hin.

Von 1959 bis 1961 entstand die Kokerei Zollverein, die mit ihrer 600 Meter langen Koksofenbatterie und mit ihren 304 Öfen zu den modernsten Anlagen Europas zählte. 1986 wurde die Zeche stillgelegt und unter Denkmalschutz gestellt. Die Kokerei war noch bis 1993 in Betrieb.

Heute ist sie ein fantasievoller Riese, randvoll gefüllt mit neuem Leben: Schon in den 1990er Jahren zogen zahlreiche Institutionen und Unternehmen aus den Bereichen Kunst, Design und Neue Medien in die restaurierten Gebäude. Das Red Dot Design Museum ist in dem von Sir Norman Foster umgebauten Kesselhaus angesiedelt. In der Halle 12, der ehemaligen Lesebandhalle, wo einst Kohle und Gestein von den Bergleuten per Hand getrennt wurden, finden heute Konzerte statt. Das Untergeschoss, früher Durchfahrt der Güterwaggons, beherbergt Atelierräume für Künstler sowie Läden und eine Gastronomie.

In der umgebauten Kohlenwäsche zeigt das Ruhr Museum ungewöhnliche Revierexponate der letzten Jahrhunderte und der Gegenwart der Metropolregion. Auf dem Zechengelände gibt es Restaurants und Cafés, in den Sommerferien ein öffentliches Werksschwimmbad und im Winter eine Eislaufbahn. Es werden Führungen mit verschiedenen Schwerpunkten wie Architektur, Kunst oder Vergangenheit der Zeche angeboten.

Info: Im nordöstlichen Stadtteil Stoppenberg gelegen. **Info Zollverein:** Besucherzentrum Ruhr, Areal A/Schacht XII, Kohlenwäsche/A14, Gelsenkirchener Str. 181, 45309 Essen, Tel. (02 01) 24 68 10, www.zollverein.de, www.red-dot-design-museum.de, Öffnungszeiten Red Dot Design Museum Di–So 11–18 Uhr, Eintritt € 6, ermäßigt € 4.

1986 stillgelegt: UNESCO-Weltkulturerbe Zeche Zollverein

»Schürerstand« des Red Dot Museums mit dem hängenden Audi

Große Sammlung zeitgenössischen Designs in einem außergewöhnlichen Ambiente, im ehemaligen Kesselhaus der Zeche Zollverein. Alle über 1500 ausgestellten Produkte gewannen einen »red dot«, die Auszeichnung eines der weltweit führenden Designwettbewerbe.

Ruhr Museum ➡ D6
Zeche Zollverein Schacht XII, Gelsenkirchener Str. 181
✆ (02 01) 24 68 14 44, www.ruhrmuseum.de
www.zollverein.de, tägl. 10–18 Uhr, Eintritt Dauerausstellung € 8/5, Sonderausstellungen € 7/4, Galerieausstellung € 3/2, Kombiticket € 10/7, unter 18 J. frei
In Dauer- und Sonderausstellungen stellt das Museum die Natur, Kultur und Geschichte des Ruhrgebiets vor. Die Ausstellungen residieren in den denkmalgeschützten Räumen der Kohlenwäsche der Zeche Zollverein.

Casino Zollverein ➡ D6
Gelsenkirchener Str. 181, ✆ (02 01) 83 02 40
www.casino-zollverein.de, tägl. außer Mo 11.30–24 Uhr
Bar, Lounge und Restaurant. Rund 6 m hohe, imposante Betonsäulen und ein stimmungsvolles Dekor künden eindrucksvoll von der Verwandlung der ehemals funktional kargen Kompressorenhalle der Zeche Zollverein in ein trendiges Restaurant und Freizeitziel. €€€

Mitmachzeche Zollverein ➡ D6
www.zollverein.de/mitmachzeche
Malochen wie ein echter Bergmann: In der neuen Mitmachzeche auf dem UNESCO-Welterbe Zollverein

Dauerausstellung im Ruhr Museum: Von der Karbonzeit bis zum Strukturwandel

Gedächtnis einer Industrieregion

Ruhr Museum

Essen, Nordrhein-Westfalen

Per Außenrolltreppe geht es 24 Meter in die Höhe: Hier befindet sich der Eingang zum Essener Ruhr Museum, in dem es um die Natur- und Kulturgeschichte des Ruhrgebiets, um erdgeschichtliche und biologische Phänomene,

Ständige Ausstellung im Ruhr Museum

um die lange Geschichte der Industrialisierung und um den Strukturwandel in der Region geht. Auf drei Etagen wird anhand einer Vielzahl von Exponaten Wissen nachvollziehbar und im wahrsten Sinn des Wortes begreifbar gemacht. Dabei bezieht das Museum die räumlichen Gegebenheiten des Ausstellungsgebäudes, der ehemaligen Kohlenwäsche der Zeche Zollverein, bewusst ein. Seit 2010 hat das ehemalige Ruhrlandmuseum unter neuem Namen seinen Sitz mitten im UNESCO-Weltkulturerbe und präsentiert Industriegeschichte direkt vor Ort.

Den Besucher erwartet ein vielschichtiges Panorama zu einem der wichtigsten Wirtschaftsräume Europas – von der Entstehung der Steinkohle über das vorindustrielle Zeitalter bis zu den verschiedenen Stadien des Kohleabbaus seit dem 18. Jahrhundert. Die nach neuesten museologischen Erkenntnissen entwickelte Dauerausstellung gliedert sich in die Teilbereiche Gegenwart, Gedächtnis und Geschichte. Sie besticht durch ihr klares Konzept und ihre spannende Präsentation.

Egal ob es sich um den »Mythos Kohlenpott«, um Fossilienfunde, Abraumhalden oder den »Ruhrkampf« im Jahr 1920 handelt – jeder nur denkbare Aspekt, der mit der Region zwischen Duisburg und Dortmund zusammenhängt, kommt hier zur Sprache. Auf diese Weise wird das Museum zu einem Ort, an dem sich der Lebensraum Ruhrgebiet in umfassender und anschaulicher Weise erleben lässt. Besser geht's nicht!

Info: In Essen-Stoppenberg gelegen. **Info Ruhr Museum:** UNESCO-Welterbe Zollverein, Areal A (Schacht XII), Kohlenwäsche (A 14), Gelsenkirchener Str. 181, 45309 Essen, Tel. (02 01) 24 68 14 44, www.ruhrmuseum.de, Öffnungszeiten tägl. 10–18, Uhr, Eintritt € 8, ermäßigt € 5, unter 18 J. frei.

Ruhrpott-Kulinarik im Restaurant »Casino Zollverein«

tauchen Kinder, Jugendliche und Familien in die Welt der Kohle ein. Mit Grubenjacke, Helm und Halstuch ausgestattet erfahren sie alles rund um die Arbeit auf der Zeche und das schwarze Gold. Beim Stollenbau, der Förderwagenreparatur und der Sortierung von Kohle sind handwerkliches Geschick, Teamgeist und Köpfchen gefragt. Ob Kindergeburtstag, Ferienprogramm oder Familienausflug: Angebote und Schichten auf dem Pütt gibt es für alle von 5 bis 17 Jahren.

Hugenpöttchen in der Remise ➡ E5
Im Schloss Hugenpoet, August-Thyssen-Str. 51
Essen-Kettwig, ✆ (020 54) 120 40
www.hugenpoet.de/de/restaurants/hugenpottchen-in-der-remise
Gastronomisches Erlebnis in den fürstlichen Mauern des Schlosses Hugenpoet. Im lieblichen Ruhrtal bei Kettwig wird in legerem Ambiente herzhafte, kreative Landhausküche serviert. 2016 eröffnete in der ehemaligen Zehntscheune am Schloss das Gourmetrestaurant **Laurushaus** (Michelin-Stern 2017). €€€

Einkaufen
Von der **Kettwiger** ➡ Gb2 und ihren Seitenstraßen zwischen Hauptbahnhof und Berliner Platz ist von Boutiquen bis zu großen Kaufhäusern alles zu finden.

Limbecker Platz ➡ Gb1
Limbecker Platz 1 a
✆ (02 01) 177 89 60

Die Mitmachzeche auf dem UNESCO-Welterbe Zollverein

Luxusherberge im Ruhrtal

Schlosshotel Hugenpoet

Essen, Nordrhein-Westfalen

Der Baumberger Sandstein der Kamine aus dem späten 16. Jahrhundert, der Einfluss der niederländischen Spätrenaissance, das prächtige Treppenwerk aus feinstem schwarzen Marmor, die prachtvollen Figurenreliefs mit Szenen aus »Sodom und Gomorrha« oder vom Brand Trojas, die Böden aus den edelsten Eichenhölzern: Schon die Architekten der letzten Jahrhunderte erkannten die Magie dieses Orts. Die Harmonie der Materialien, gewachsen über Jahrhunderte und immer zeitgemäß ergänzt, macht den Aufenthalt im Schlosshotel »Hugenpoet« zu einem sinnlichen Erlebnis. Das Wasserschloss mit Graben, Vorburg und Brücken aus dem 17. Jahrhundert gehört zu den architektonischen Kostbarkeiten des Ruhrtals.

Das Schlosshotel Hugenpoet

Mit seinen 37 Zimmern und Suiten und dem vielfach ausgezeichneten Restaurant »Hugenpöttchen« ist das Gebäude ein Fünfsternehotel mit Clubcharakter. Privat und überschaubar – und dabei keine 20 Fahrminuten von den Messestädten und vom Flughafen Düsseldorf entfernt. Das Schlossdomizil gehört heute zu den »Leading Small Hotels of the World«.

Es liegt mitten im eigenen idyllischen Schlosspark in den landschaftlich reizvollen Ruhrauen. Dort, wo in früheren Zeiten die Hugen (= Kröten) in ihrer Poet (= Pfütze) saßen und vielleicht darauf warteten, sich zum Froschkönig zu wandeln. Diese Namenstradition wird im Hotel augenzwinkernd gepflegt. Allerorten begegnet man kleinen Kröten: Am Revers des Hotelbesitzers, an der Krawattennadel des Barkeepers und auf der Speisekarte der Restaurants. Es gäbe düstere Geschichten zu erzählen aus dem ersten Leben des Schlosses zwischen spätem Mittelalter und dem Dreißigjährigen Krieg. Geschichten von Unruhen, Fehden, Brandschatzungen. Nur der Name der Bauherren und ersten Besitzer – der Herren von Nesselrode, genannt Hugenpoet – konnte sich bis in unsere Zeit hinüberretten.

Das Schloss wurde nach dem Dreißigjährigen Krieg komplett zerstört und 1647 von Johann Wilhelm von Nesselrode-Hugenpoet in seiner heutigen Form neu aufgebaut: mit seinen die Landschaft weithin beherrschenden barocken Türmen und der wappengezierten Fassade des Herrenhauses.

Fast 200 Jahre später erwarb Freiherr Friedrich Leopold von Fürstenberg das stark verfallene Gebäude. Und dessen Nachfahren hatten 1955 auch die Idee zum Hotelbau. Mit großem finanziellen Einsatz wurde das Gebäude restauriert und über die Jahre zu einem der schönsten Schlosshotels Deutschlands ausgebaut.

Info: Im südlichen Stadtteil Kettwig gelegen. **Info Schlosshotel Hugenpoet:** August-Thyssen-Str. 51, 45219 Essen, Tel. (020 54) 120 40, www.hugenpoet.de. Preise auf Anfrage.

www.limbecker-platz.de
Tägl. außer So 10–20 Uhr
2009 eröffnete das Einkaufszentrum mit gehobenem Ambiente mitten in der Essener Innenstadt.

Ausflugsziele:

Kettwig ➡ E5
Kettwig gehört seit 1975 zu Essen. Es bezaubert durch seinen malerischen Altstadtkern mit Fachwerkhäusern, die bis ins 17. Jh. zurück datieren, sowie kleinen Geschäften und Cafés auf einer Anhöhe oberhalb der Ruhr. Unten am Fluss befindet sich ein Anleger der **Weißen Flotte** (vgl. S. 156).

Kettwiger Panoramasteig ➡ E5
www.visitessen.de
Urbane Wanderer zieht es in Essen seit 2019 auf den 34,5 km langen Wandersteig, der 761 Höhenmeter überwindet und vorbei an den Feldern, Wäldern und Panoramen des Ruhrtals sowie der Altstädte von Kettwig und Werden führt. Für ganz ambitionierte Freizeitsportler lässt sich der Panoramasteig mit dem bereits 2017 eröffneten BaldeneySteig zu einer insgesamt 60 km langen Wanderung verbinden. Insgesamt weisen rund 2500 Markierungen den Weg und als Startpunkte sind der Kettwiger oder auch der Werdener Bahnhof sehr gut geeignet.

Historischer Ortskern von Essen-Kettwig

Gelsenkirchen ➡ C6

Noch im 19. Jahrhundert wurde Gelsenkirchen wegen der zahlreichen Kokereien und Stahlwerke »Stadt der tausend Feuer« genannt. Nach dem Ende der Stahl-und-Kohle-Ära musste die Stadt einschneidende strukturelle Veränderungen erfahren, die mit dem Verlust von Zehntausenden Arbeitsplätzen einhergingen. Damit hat die rund 265 000 Einwohner zählende Stadt noch heute zu kämpfen. Der Dienstleistungssektor hat jedoch inzwischen größere Bedeutung erlangt.

Der Freizeitaspekt kommt in der ehemaligen Stahl- und Zechenstadt nicht zu kurz. Durch die Umwandlung des Zechengeländes Nordstern in den **Nordsternpark** gewann Gelsenkirchen einen Freizeitpark für alle Bürger. Ebenso erhöhte die Verwandlung der Abraumhalde Rheinelbe zu einem **Skulpturenpark** den Freizeitwert der Stadt. 1997 fand hier die Bundesgartenschau statt.

Mit der Künstlersiedlung **Halfmannshof**, dem **Consol Theater** und dem **Musiktheater im Revier**, einem der sehenswertesten Theater des Ruhrgebiets, verweist Gelsenkirchen auf die große Bedeutung der schönen Künste innerhalb seiner Stadtgrenzen.

Das Consol Theater (links) ist Teil des neu geschaffenen kultur.gebiet

Musiktheater im Revier

Tourist Information ➡ Bb2
Hans-Sachs-Haus, Ebertstr. 11, 45879 Gelsenkirchen
✆ (02 09) 169 39 68, www.gelsenkirchen.de
Mo–Fr 8–18 Uhr

Consol Theater ➡ C6
Bismarckstr. 240,✆ (02 09) 988 22 82
www.consoltheater.de, Eintritt ab € 8/6
Das 2001 eröffnete Theater ist heute Teil des »kultur. gebiet CONSOL«, auf dem mit Theater, Kunstinstallationen, Industriedenkmälern, Geschichtssammlungen sowie Freizeit- und Sporteinrichtungen aufgewerteten ehemaligen Gelände der Zeche Consolidation.

Musiktheater im Revier (MiR) ➡ Bb1
Kennedyplatz 1
Infos und Karten ✆ (02 09) 409 72 00
https://musiktheater-im-revier.de
Das 1959 eröffnete und ab 1997 unter Denkmalschutz gestellte MiR zählt zu den herausragenden Bauten deutscher Nachkriegsarchitektur – es gilt gar als eines der schönsten Opernhäuser im Ruhrgebiet. Auf unnachahmliche Art und Weise verbindet es unterschiedliche Kunstformen und Architektur. Opern, Musicals und Operetten finden im Kleinen Haus, im Großen Haus und im Foyer des Musiktheaters statt.

Nordsternpark ➡ C6
Am Bugapark 1
Amphitheater Nordsternplatz 1
www.gelsenkirchen.de, ✆ (02 09) 951 60
Auf dem Gelände der ehemaligen Zeche Nordstern ist an Emscher und Rhein-Herne-Kanal ein Landschaftspark mit vielfältigen Freizeitmöglichkeiten entstanden. Dazu

Renaissance-Schloss Horst

gehören der **Nordsternturm** mit Museum und Aussichtsterrasse, eine **Freilichtbühne** für 6100 Zuschauer, die mitten im Wasser zu schwimmen scheint, ein riesiger Wasser- und Abenteuerspielplatz im **Kinderland**, der **Lehr- und Erlebnisbauernhof Ziegenmichel**, **Fahrgastschiffanleger** für Fahrten auf dem Rhein-Herne-Kanal, ein **Fahrradverleih**, **Segway-Touren**, ein **Klettergarten** und andere Sportmöglichkeiten.

Nordsternturm ➡ C6
Nordsternplatz 1, ✆ (02 09) 35 97 92 40
www.nordsternturm.de
Museum Sa 11–17, So 11–18 Uhr
Terrasse Mo–Do, So 11–18, Fr/Sa 11–17 Uhr, Jan./Feb. geschl., Eintritt € 2,50/1, Museum € 4/3
Im Turm befinden sich ein Museum über den Nordsternpark und die Industriekultur im Ruhrgebiet und im obersten Stock in 83 m Höhe eine Aussichtsterrasse.

Gesundheitspark Nienhausen ➡ westl. Bc1
Feldmarkstr. 201
✆ (02 09) 94 13 10, https://nienhausen.de
Freibad: Sommer 8–19 Uhr, Tageskarte € 5/3,50, Kinder bis 1 m frei, Sauna und Solebad: Mo–Do 9–22, Fr/Sa 9–23 Uhr, 2-Std.-Karte Mo–Sa € 15/9, So € 18/9
Der Park lädt zum Entspannen und zur Erholung sowie zu Sport und Spaß ein: Solebecken, Saunen, Sportanlagen (Minigolf, Volleyball), Fitness- und Gesundheitskurse. Wöchentliches Programm mit Shows, Musik und Turnieren.

Schloss Horst ➡ C6
Turfstr. 21, ✆ (02 09) 169 61 62
www.gelsenkirchen.de/de/Kultur

Mo–Fr 15–18, So 11–18 Uhr
Eintritt Museum € 3, bis 18 J. frei
Das im 16. Jh. von Rütger von der Horst erbaute Renaissance-Schloss wurde 1995–99 restauriert. Heute dient es als Kultur- und Bürgerzentrum und beherbergt das **Renaissance-Museum**, ein Restaurant und das **Standesamt** – das Schloss ist eine beliebte Kulisse für Heiratswillige.

Halde und Skulpturenwald Rheinelbe ➡ C7

Leithestr. 35, www.gelsenkirchen.de
Die Abraumhalde Rheinelbe verlor 1999 ihre Funktion und wurde in den Folgejahren als Naherholungsgebiet erschlossen. Der Umweltkünstler Herman Prigann aus Recklinghausen ließ einen Skulpturenpark entstehen, indem er Zechenfundamente an Baumstämmen aufhängte und damit Industrieabfälle und Naturmaterialien verband. Die Exponate finden ihren Höhepunkt auf dem über die »Himmelstreppe« erreichbaren, 85 m hohen Spiralberg, wo Betonfundamente einer Zeche bizarr in den Himmel ragen.

Veltins-Arena ➡ C6

Ernst-Kuzorra-Weg 1, https://veltins-arena.de
Tickets ✆ (0 18 06) 22 19 04, Schalke-Museum Di–Fr 10–18, Sa/So 10–17 Uhr, Eintritt € 5/3
Das berühmteste Kind Gelsenkirchens ist der Fußballverein Schalke 04. Das Stadion »Auf Schalke«, die heutige

Die »Himmelstreppe« führt zum höchsten Punkt der Halde Rheinelbe

»Festspielhaus des deutschen Fußballs«

VELTINS-ARENA

Gelsenkirchen, Nordrhein-Westfalen

So ein Stadion hat die Welt noch nicht gesehen«, schwärmte FIFA-Präsident Joseph Blatter. Der europäische Fußballverband UEFA stufte die multifunktionale Spielstätte in seine höchste zu vergebende Kategorie als

Die Veltins-Arena in Gelsenkirchen.

Fünfsternestadion ein: »Der Veranstaltungsort wird den Anforderungen mehr als gerecht und könnte sogar als Sechssternestadion bewertet werden.« Diese Lobeshymnen unterstreichen die unglaubliche Resonanz, die die Arena nach ihrer Eröffnung im August 2001 erfuhr. Innerhalb kürzester Zeit etablierte sich das Stadion vom Fußball-Kultclub Schalke 04 als eine der modernsten Veranstaltungsstätten des Kontinents. Musikgrößen begeistern ihre Fans in der stimmungsvollsten Konzerthalle Europas, Aida und Carmen machten aus der Arena die weltweit größte Opernbühne.

Das Kerngeschäft ist natürlich der Fußball. 62 271 Zuschauer finden hier bei Ligapartien Platz. Bei internationalen Begegnungen sind es aufgrund der wegfallenden Stehplätze 54 740. Fünf Spiele der Fußballweltmeisterschaft 2006 haben auf Schalke stattgefunden.

Die Arena setzt in vielerlei Hinsicht Maßstäbe: Sie war das erste Stadion in Deutschland, das komplett privatwirtschaftlich finanziert wurde. Für das 186-Millionen-Euro-Projekt wurde kein Cent an öffentlichen Geldern verwendet. Herausragend ist zudem ihre Technik: Die Zeiten, in denen Spiele wegen der Unbespielbarkeit des Platzes abgesagt werden mussten, gehören auf Schalke der Vergangenheit an. Das innerhalb von nur 30 Minuten verschließbare Dach ist eine der ganz großen Besonderheiten der Arena. Der ausfahrbare Rasen, die verschiebbare Südtribüne und der überdimensionale Videowürfel unter dem Dach sind weitere technische Highlights. Bei den Stadionführungen werden die Promenaden, Tribünen, das Rasenspielfeld, der Presseraum, die Kapelle, die Spielerkabine und der Business-Bereich besichtigt. Möglich ist auch der Besuch im Schalke-Museum am Treppenhaus zwölf der Osttribüne.

INFO: Auf dem Berger Feld im Stadtteil Erle gelegen. **INFO VELTINS-ARENA:** Arenaring 1, 45891 Gelsenkirchen, Tel. (018 06) 22 19 04, www.veltins-arena.de, Öffnungszeiten Schalke-Museum Di–So 10–17, März–Okt. Di–Fr bis 18 Uhr, Eintritt € 5, ermäßigt (6–21 J.) € 3, Führungszeiten auf Anfrage, Führungen pro Person € 9, ermäßigt (bis 21 J.) € 5.

Veltins-Arena, mit 62 000 Plätzen, mobilem Rasenfeld und Schiebedach wurde im August 2001 eröffnet. Sie dient nicht nur als Fußballspielstätte, hier finden auch Konzerte statt und Schalke-Fans können das Schalke Museum besuchen, an einer Stadionführung teilnehmen, in der Arena-Kapelle heiraten oder ihren Nachwuchs taufen lassen.

Auge in Auge mit einem Orange-Utan

8 ZOOM Erlebniswelt ➡ C6
Bleckstr. 64
✆ (02 09) 954 50, www.zoom-erlebniswelt.de
Tägl. April–Sept. 9–18.30, März, Okt. 9–18, Nov.–Feb. 10–17 Uhr, Eintritt im Sommer € 21,50/14
Die ZOOM Erlebniswelt ist die erste konsequent naturnah gestaltete zoologische Erlebniswelt Europas. Auf über 30 ha sind großzügige Lebensräume für mehr als 900 Tiere aus über 100 Arten und inspirierende Erlebnisräume für Menschen auf Hügeln, in Felslandschaften und an Gewässern entlang entstanden.

Heiner's ➡ C6
Am Bugapark 1 D
✆ (02 09) 177 22 22
www.heiners.info
Restaurant, Lounge und Biergarten am Nordsternpark. Vom lichtdurchfluteten Wintergarten des Restaurants fällt der Blick auf den Park mit dem Nordsternturm. €€

Einkaufen
Die Gelsenkirchener Haupteinkaufsmeile ist die **Bahnhofstraße** ➡ Bc2/3 im Stadtzentrum. Neben bekannten Kaufhäusern und dem Bahnhofscenter findet man hier eine Reihe von Einzelhandelsgeschäften.

Beliebtes Ausflugsziel in Gelsenkirchen: Nordsternpark mit Nordsternturm

Savanne im Pott

Zoom Erlebniswelt

Gelsenkirchen, Nordrhein-Westfalen

Safari in Afrika, Regenwaldtour in Asien oder Alaska-Trekking – alles im Ruhrgebiet: Der zoologische Park ZOOM Erlebniswelt bietet ungeahnte Möglichkeiten, Nashörnern, Schimpansen oder Elchen und Eisbären im Großraum Gelsenkirchen nahe zu kommen. Drei Erlebniswelten stehen zur Auswahl – Afrika, Alaska und Asien. In der 14 Hektar großen Afrikalandschaft mit 2000 Quadratmeter großer Dschungelhalle kommt Abenteuerfeeling auf, und in einer Lodge kann man mit prima Ausblick rasten, ein Eis essen und etwa Antilopen, Zebras und Springböcke beobachten, wie sie auf der Savanne grasen. Sogar ein echtes Schiff, die »African Queen«, dampft eine Viertelstunde durch Klein-Afrika an den verschiedenen Klimazonen vorüber. Ein knapp zwei Kilometer langer Fußweg verbindet ebenfalls alle Vegetationszonen und die dazugehörigen Tiere. Highlight für Kinder dürfte neben Löwe und Co auch der Spielplatz direkt neben den Flusspferden sein: Hier können sie wie die Affen klettern und toben.

Tiere hautnah erleben – in der ZOOM Erlebniswelt

Ganz in der Nähe von Afrika liegt Alaska, jedenfalls im ZOOM. Hier kann man zuschauen, wie die Tiere Nordamerikas in einer der natürlichen Umgebung nachempfundenen Vegetation leben und sich nahezu frei bewegen. Luchse, Seelöwen, Kodiak- und Eisbären sowie Wölfe und Elche flößen Respekt ein. Große und kleine Besucher erwarten hier eine nachgebaute Goldmine, ein echter Wasserfall und die faszinierende Unterwasserwelt des Polarmeers. In einem Iglu wird eine Reise durch die Beringstraße simuliert, inklusive Orca-Walen und Sturm.

Eine Asien-Landschaft mit Regenwald und typischen Bewohnern des Waldes wie Orang-Utans ist ebenfalls Teil der ZOOM Erlebniswelt. Hier kann man zu Fuß durch den Dschungel spazieren und den Tieren nahe kommen. Flughunde, Trampeltiere und Tiger sind nur einige von vielen Exoten in der ZOOM-Asien-Abteilung.

Wer sich im Internet über die Fütterungszeiten informiert, kann zuschauen, wie die Tiere fressen und auch mit den Pflegern ins Gespräch kommen. Sie sind immer gern bereit, Fragen zu beantworten. Beispielsweise: Warum fressen Eisbären eigentlich so gerne Obst?

Als Erlebnisexpedition ist eine Führung konzipiert, die Teilnehmern in 90 Minuten einen Blick hinter die Kulissen gewährt. Und in einem vierstündigen Tierpfleger-Schnupperkurs kann man lernen, was man alles können muss, wenn man mit wilden Tieren arbeitet.

Info: Im Norden von Gelsenkirchen gelegen. **Info ZOOM Erlebniswelt:** Bleckstr. 64, 45889 Gelsenkirchen, Tel. (0209) 954 50, www.zoom-erlebniswelt.de, Öffnungszeiten: tägl. Mitte März–Okt. 9–18/18.30, Nov.–Mitte März 10–17 Uhr, Eintritt € 21,50, ermäßigt € 14, Führung zzgl. € 10, ermäßigt € 9.

Köln ➡ K5/6

Die alte Römerstadt Köln ist seit 2000 Jahren ein wichtiges Wirtschaftszentrum, aber auch ein kultureller Mittelpunkt Westdeutschlands. Der weltbekannte 9 **Kölner Dom**, von dem Nicht-Rheinländer behaupten, er wäre auch heute noch nicht fertiggestellt, wenn nicht die Preußen im letzten Jahrhundert Köln übernommen hätten, verleiht der Stadt ihr typisches Gesicht. Auch nach weitgehender Zerstörung im Zweiten Weltkrieg sind Dom, romanische Kirchen und die Silhouette der Altstadt Wahrzeichen geblieben.

Köln ist Bischofssitz, Stadt des Karnevals, der Kultur und der Kirche und hat über eine Million Einwohner. Es beheimatet Philharmonie, Oper, Schauspielhaus und eine breitgefächerte Szene städtischer und freier Theater sowie viele Museen. Das **Kölnisch Wasser 4711** ist das weltberühmte Produkt dieser Stadt.

Und Sportfans werden es wissen: Nicht nur der 1. FC Köln ist weithin bekannt – seit 1997 hat sich Köln auch als deutsche Marathon-Hochburg etabliert. Tausende ambitionierte Läufer, Handbiker und Inlineskater begeben sich seither jeden Herbst auf die Strecke, angefeuert von Hunderttausenden Kölnern, die jubelnd und Transparente schwenkend am Straßenrand stehen und neben den Sportlern auch sich selbst und ihre Stadt feiern.

Spektakuläre Architektur im Rheinauhafen: Die Kranhäuser (2009) setzen neue Akzente in der Skyline von Köln

»Et kütt wie et kütt«

Köln

Köln, Nordrhein-Westfalen

Köln am Rhein – das klingt, als sei etwas im Fluss. Ist es auch. Und zwar von alters her. Römische Mauern, Ubier, Hunnen und Pilger, Bürgerstolz und Kaufmannsgeist krochen unter die Fittiche von Mutter Colonia, während Vater Rhein vorbeizog und sich seinen Teil dachte. Es wundert nicht, dass ein solches Paar über 2000 Jahre prosperierte und manch romantische Blüte und Sage hervorbrachte.

Trotz seiner Größe blieb Köln in der jüngeren Vergangenheit meist eher bescheiden, eine rheinische Provinz im Großen, manchmal sogar ein Anlass zum Schmunzeln. Denn hier, im unzuverlässigen Rheinland, wünschte man sich nichts so sehr wie Heinzelmännchen, um sich möglichst ungestört den lokalen Freuden hingeben zu können.

Erst seit den späten 1970er Jahren gelang der Stadt eine bessere Selbstdarstellung. Vorbereitet durch die Neuerungen ein Dezennium zuvor, als Köln zur Wundertüte der Literaten, Underground-Filmer und Video-Künstler avancierte, etablierte sich die Domstadt als Kunstzentrum von Rang. Galerien, Kunstmärkte, eine durch die solventen Sammler Irene und Peter Ludwig bereicherte Museumslandschaft, restaurierte Sakralbauten und eine prächtige Philharmonie sorgten dafür. Dann drehte sich das Publicity-Rad in Richtung Medienbetrieb. Der WDR bekam Konkurrenz, Sender folgte auf Sender: RTL, Phoenix, n-tv, VOX – deren Zulieferbetriebe, die Internationale Filmschule, Filmstudios, die Kunsthochschule für Medien und eine rege Verlagsbranche eingeschlossen.

Das Kölner Rheinpanorama

Die PR-starke Umtriebigkeit setzt innerhalb der traditionellen Zweige des Wirtschaftszentrums West neue Impulse. Köln als Hort der chemischen Industrie, als Standort für Auto- und Maschinenbau diversifiziert sich deutlicher.

Für Besucher hält Köln ein durch enorme Kriegsschäden und Wiederaufbau bedingtes Stadtbild bereit, das punktuell Glanzlichter aufweist. Innenarchitektonisch ist Köln jedoch ein Schatzkästlein: Dank hervorragender Museumsstücke, faszinierender Sakralräume und beeindruckender Treppenhäuser, wie im Gürzenich, im Dischhaus und im Museum Ludwig.

Letztlich jedoch sind es die Kölner selbst, die ihre Stadt in Schwung halten. Die Besucher merken es gleich: am alltäglichen Gang der Dinge und an der Begabung, fünf möglichst gerade sein zu lassen – eine Eigenschaft, die im Wettbewerb deutscher Strenge und Zugeknöpftheit höchst angenehm aus dem Rahmen fällt.

Info: KölnTourismus GmbH, Kardinal-Höffner-Platz 1, 50667 Köln, Tel. (02 21) 34 64 30, www.koelntourismus.de.

Mit dem Fahrstuhl in die Römerzeit

PRAETORIUM

Köln, Nordrhein-Westfalen

Die unterhalb des Kölner Rathauses freigelegten Fundamente des römischen Praetoriums beherbergten Kult-, Empfangs- und Verwaltungsgebäude sowie die Privatquartiere der römischen Statthalter, die vom 1. bis 4. Jahrhundert von Köln aus die Provinz Niedergermanien verwalteten. Einschließlich der Flügelbauten war die Fassade 92 Meter lang.

Hier, wo sich Geschichte förmlich schichtenweise ablesen lässt, kann man Kölns Stolz auf eine große und lange Vergangenheit unmittelbar einsehen. Das Praetorium war zunächst Amtssitz der Oberbefehlshaber des niedergermanischen Heers, dann Dienst- und Verwaltungsgebäude der Provinzstatthalter von Niedergermanien und seit dem dritten nachchristlichen Jahrhundert zeitweise Residenz römischer Soldatenkaiser. Nach dem Abzug der Römer residierten hier merowingische Teilkönige.

Ein Teil des Praetoriums wurde 1953 bei Bauarbeiten am Rathaus wiederentdeckt, einzelne Reste aus allen Epochen des mehrphasigen Baus in den folgenden Jahren nach und nach freigelegt. Zugänglich ist heute jedoch nur ein Teil der Fundamente des Palasts aus dem 4. Jahrhundert.

Auch wenn sich der archäologisch weniger versierte Besucher angesichts der freigelegten Mauerreste kaum ein wirkliches Bild von der einstigen Gestalt des weitläufigen, vielfach umgebauten und immer wieder veränderten Gebäudekomplexes machen kann, so wird er doch von der Monumentalität dieses Bauwerks mit dem hoch aufragenden Oktogon in der Mitte beeindruckt sein, dessen imperiale Pracht auch noch aus den Ruinen zu uns spricht.

Ein übersichtliches Modell des letzten Bauzustands entspricht zwar nicht mehr ganz dem Forschungsstand, vermag aber das etwas überforderte Vorstellungsvermögen des Besuchers wirkungsvoll zu unterstützen. Eine Vielzahl unterschiedlicher Fundstücke wird in den Ausstellungsräumen präsentiert, von Keramik- und Glasarbeiten über Reste von Skulpturen bis hin zu Mosaiken und Wandmalereien.

Fundamente der Ostfront des Praetoriums

Die Studioausstellung widmet sich den Ausgrabungsobjekten der Archäologischen Zone am Rathausplatz. Gezeigt wird jeweils ein zum Fund des Monats gekürtes Fundstück, so beispielsweise ein römischer Schmuckstein, eine Schachfigur aus dem jüdischen Viertel oder Soleier aus der Schuttschicht des Zweiten Weltkriegs.

INFO: Das Praetorium liegt südlich des Kölner Doms. **INFO PRAETORIUM:** Derzeit geschl. Wiedereröffnung als Teil des neuen MiQua (LVR – Jüdisches Museum im Archäologischen Quartier), wenn der Neubau fertig ist, frühestens 2021.

In Köln ist das Büdchen Helfer in allen Lebenslagen

Daneben ist Köln die **Medienstadt** Deutschlands: WDR, Deutschlandradio, RTL, n-tv, Super RTL, Vox sowie Hunderte private Zulieferer tragen Funk und Fernsehen in die gesamte Republik und darüber hinaus.

Köln ist ohne **Karneval** nicht denkbar. Die Rosenmontagszüge werden live in alle Welt übertragen und Zehntausende von Jecken stapfen selbst bei tiefstem Schnee verkleidet durch die Straßen. Zumindest einmal sollte man mitgefeiert haben. An Weiberfastnacht (Donnerstag vor Rosenmontag) sind in der Kölner Süd- oder Altstadt alle noch frisch, Samstagnacht führt der alternative Geisterzug jedes Jahr durch einen anderen Stadtteil. Familien zieht es zu den traditionellen »Schull- und Veedelszöch« am Sonntag und zum Großen Karnevalsumzug mit dem »Dreigestirn« am Rosenmontag.

Sitzungen können Köln-Besucher ab dem 11. 11., der Eröffnung der Karnevalssaison besuchen oder auch mit den Kölner in Kneipen die neuen Karnevalslieder einsingen. Einen Termin-Festkalender gibt KölnTourismus jeweils im November für die folgende Session heraus. In der Karnevalszeit erhält man Karten im Vorverkaufswagen des Festkomitees auf dem Neumarkt.

i KölnTourismus ➡ Fa2
Kardinal-Höffner-Platz 1, 50667 Köln
✆ (02 21) 34 64 30, www.koelntourismus.de
www.koeln.de/tourismus, Mo–Sa 9–20, So/Fei 10–17 Uhr
Tourist Information gegenüber dem Haupteingang des Doms. Im Tourismusbüro ist auch die **KölnCard** erhält-

Alaaf!

Kölner Karneval

Köln, Nordrhein-Westfalen

Köln ohne Karneval – nicht auszudenken. Vom Elften Elften (11. November), 11.11 Uhr bis zum Beginn der Fastenzeit regiert das Dreigestirn aus Prinz, Bauer und Jungfrau das närrische Volk. Zwischen Weiberfastnacht und Aschermittwoch befindet sich Köln im Ausnahmezustand: Die Geschäfte ruhen, aus Kneipen dröhnt Karnevalsmusik und Gruppen von Jecken stapfen auch bei schlechtestem Wetter verkleidet durch Kölns Straßen.

Der Kölner Karneval ist ein derber Spaß. Wer mitmachen will, muss sich der ungehemmten Ausgelassenheit hingeben können. Auch wenn man Karneval nicht mag – man sollte zumindest einmal dabei gewesen sein: am Donnerstag (Weiberfastnacht) zur Eröffnung des Straßenkarnevals in der Alt- oder Südstadt oder am Sonntag zu den Schull- und Veedelszöch (Kölner Schulen und Stadtteilgruppen) oder zum großen Rosenmontagsumzug in der Kölner Innenstadt. Ein alternativer Karnevalsumzug ist der Geisterzug am Abend des Karnevalssamstag, bei dem jeder mitlaufen kann. Er findet jedes Jahr in einem anderen Stadtviertel statt.

Eine letzte Chance bietet sich am Dienstag zu den Stadtteilumzügen und am Abend zur Nubbelverbrennung um 24 Uhr, wenn eine bekleidete Strohpuppe, die als Sündenbock des rheinischen Karnevals herhalten muss, feierlich verbrannt wird. Und am Aschermittwoch ist dann alles vorbei.

Vielleicht besuchen Sie während der Session eine Prunksitzung, die das traditionelle Ritual der guten Laune feiert, oder aber die Stunksitzung, die den offiziellen Karneval aufs Korn nimmt.

Um voll im Geschehen mitmischen zu können, sollte man sich zuvor mit den karnevalistischen Gebräuchen vertraut machen. Beim Karnevalsumzug ruft man neben Alaaf nach Kamelle, um Bonbons zu bekommen, oder nach Strüssjer, um eines der heiß begehrten Blumensträußchen zu ergattern. Es wird geschunkelt und selbst Wildfremde werden gebützt (geküsst).

Verkleidung ist im Kölner Karneval natürlich Pflicht. Mit einem oder mehreren passenden karnevalistischen Outfits deckt man sich am besten bei Festartikel Schmitt ein: Hier gibt es das ganze Jahr über in großer Auswahl Kostüme, Accessoires und Theaterschminke, Masken und Perücken – eben die volle Palette für das jecke Treiben.

Info Kölner Karneval: Einen ausführlichen Termin-Festkalender gibt KölnTourismus jeweils im November für die folgende Session heraus. **Info Festartikel Schmitt:** Johannisstr. 67, 50668 Köln (in der Altstadt, Domnähe), Tel. (02 21) 12 36 87, www.dekoschmitt.de, Öffnungszeiten ganzjährig Mo–Fr 11–17, Sa 11–16 Uhr.

Funkemariechen der Roten Funken Köln »Kölsche Funke rut-wieß vun 1823«

Christopher Street Day in Köln

lich, die freie Fahrt mit den öffentlichen Verkehrsmitteln und bis zu 50 % Vergünstigungen bei Eintritten etc. gewährt. Einzelpersonen € 9, Gruppen bis 5 Personen € 19.

Christopher Street Day (CSD)
www.colognepride.de
Der CSD in Köln, der offiziell Teil der zweiwöchigen Veranstaltungsreihe Cologne Pride ist, gilt mit rund 1,6 Mio. Besuchern als das größte schwul-lesbische Straßenfest Europas (Anfang Juli).

Kölner Lichter
www.koelner-lichter.de
Mitte Juli erstrahlt die Kölner Nacht durch ein riesiges musiksynchrones Feuerwerk. Hunderttausende versammeln sich, um das Spektakel vom Rheinufer oder von Bord eines Schiffes zu bestaunen.

Von den Wettkämpfen im antiken Griechenland über die Olympischen Spiele der Neuzeit führt die Zeitreise im Deutschen Sport und Olympia Museum

Deutsches Sport und Olympia Museum ➡ Fc3
Im Zollhafen 1
✆ (02 21) 336 09 54
www.sportmuseum.de
Tägl. außer Mo 10–18 Uhr
Eintritt € 8/5
Ein touristischer Anlaufpunkt seit über 20 Jahren widmet sich das Museum im Rheinauhafen in seiner Dauerausstellung rund 3000 Jahren Sportgeschichte und dem Wandel des Sports. Ein Bereich präsentiert Trendsportarten.

Mega-Feuerwerk

Kölner Lichter

Köln, Nordrhein-Westfalen

Was ist los, wenn die Kölner in der Nacht plötzlich still in den Himmel schauen? Wenn es scheint, dass die Stadt den Atem anhält? Ist etwa ein Ufo in Sicht? Nein, es handelt sich um ein jährlich wiederkehrendes Phänomen. Es sind die Sekunden, bevor in einer Sommernacht der Himmel über der Domstadt kurz vor Mitternacht explodiert: Die Kölner Lichter, eine Veranstaltung der Superlative. Etwa fünf Tonnen Raketen, Sprüher und bengalische Feuer werden während des ca. halbstündigen Feuerwerks abgebrannt. Begleitet von Musik aus Lautsprechern, die weit über den Rhein zu hören ist. Mehr als 30 Beschallungstürme werden dafür am Flussufer zwischen Schokoladenmuseum und Hohenzollernbrücke aufgebaut. Auch die Rheinschiffe sind mit Boxen bestückt. Wer doch zu weit weg steht, kann die eigens auf das Lichtspektakel komponierte Musik im Radio hören: Radio Köln überträgt live auf der Frequenz 107,1.

Die Kölner Lichter sind schon lange kein einfaches Feuerwerk mehr. Dazu gehören Uferfeste, bengalische Beleuchtung, eine Stadtachter-Ruderregatta, Night-Glowing der Heißluftballons, Schiffskonvois, acht Begleitfeuerwerke zwischen den Stadtteilen Porz und Mülheim, eine Open-Air-Bühne und schließlich das gigantische Abschluss-Höhenfeuerwerk vor der fantastischen Kulisse von Altstadt und Dom. Seit ihrer Premiere im Jahr 2001 hat die mittlerweile weit über die Grenzen Kölns hinaus bekannte Veranstaltung eine rasante Entwicklung genommen. Jährlich kommen fast eine Million Zuschauer und der WDR hat bei seiner Fernseh-Live-Übertragung imposante Einschaltquoten.

Beste Sicht auf das Spektakel, das meist Mitte Juli stattfindet, hat man von den zahlreichen Rheinschiffen sowie den Sitzplatztribünen und den Hohenzollern-Terrassen auf beiden Seiten des Rheins. Natürlich gibt es in der Altstadt und im Stadtteil Deutz auch kostenfreie Standorte mit prächtiger Aussicht. Wer ein gutes Plätzchen erobern will, muss aber spätestens um 19 Uhr da sein. Sonst haben die erfahrenen Zuschauer die Orte bereits mit ihren Picknickkörben besetzt. Freie Sicht auf das Abschluss-Feuerwerk gibt es auch auf der Innenstadtseite entlang der Rheinuferstraße.

Musiksynchrones Feuerwerk: Kölner Lichter

Info: Am Kölner Rheinufer stattfindend. **Info Kölner Lichter:** www.koelner-lichter.de. **Reisezeit:** Juli.

Besucher im Museum Ludwig

Duftmuseum im Farina-Haus ➡ Fb2
Obenmarspforten 21, ✆ (02 21) 399 89 94
https://farina.org, Mo–Sa 10–19, So 11–17 Uhr, stündlich Führungen € 7, Eintritt € 5
1709 gegründetes Stammhaus der ältesten Duft- und Eau-de-Cologne-Fabrik mit Duftproben, Dokumenten und Möbeln aus 300 Jahren Duftkultur. Historische Kostüm- und Kinderführungen etc.

Museum Ludwig ➡ Fa3
Heinrich-Böll-Platz
✆ (02 21) 22 12 61 65
www.museum-ludwig.de
Tägl. außer Mo 10–18, 1. Do im Monat 10–22 Uhr
Eintritt € 12/7,50, bis 18 J. frei
Eines der bedeutendsten Museen für die Kunst des 20. Jh. und die Gegenwartskunst (u.a. Pop-Art, Russische Avantgarde, Expressionismus, Hunderte Arbeiten Picassos) in Deutschland. Die Sammlungen beruhen zum größten Teil auf der Stiftung des Aachener Schokoladenfabrikanten-Ehepaars Peter und Irene Ludwig. Teil des Museums sind auch die Sammlungen zur Kunst- und Kulturgeschichte der Fotografie.

Museum für Ostasiatische Kunst ➡ westl. Fb1
Universitätsstr. 100, ✆ (02 21) 22 12 86 17
https://museum-fuer-ostasiatische-kunst.de
Tägl. außer Mo 11–17, 1. Do im Monat bis 22 Uhr
Eintritt ab € 3,50/2

Kunst aus China, Korea und Japan gibt's im Museum für Ostasiatische Kunst zu bewundern

»4711 Echt Kölnisch Wasser wirkt positiv auf Körper, Geist und Seele.«

4711-Haus in der Glockengasse

Köln, Nordrhein-Westfalen

Sein Ursprung liegt im Jahr 1792, als ein Kartäusermönch dem frisch getrauten Ehepaar Wilhelm Muelhens und Catharina Moers ein Geheimrezept zur Herstellung von Aqua mirabilis, später Eau de Cologne, zum Präsent machte.

In der Klöckergasse in Köln wurde bald eine Fabrik zur Kölnisch-Wasser-Produktion eingerichtet, die bei der fortlaufenden Nummerierung der Häuser unter der französischen Besatzung 1796 die Hausnummer 4711 erhielt. Seit über 200 Jahren steht diese Zahl im Zentrum des grün-goldenen Firmenetiketts, das den Namen des Unternehmens, aber auch den Namen Kölns in der ganzen Welt bekannt gemacht hat.

Kölnisch Wasser war zunächst nur eine Medizin, die gegen allerlei Krankheiten eingesetzt wurde, und erst im Jahr 1810, als Napoleon in einem Dekret die Bekanntgabe aller Heilmittelrezepturen forderte, wurde es als Duft- und Erfrischungswasser deklariert.

Mit der Echtheitsbanderole aus rotem Seidenband und dem Stempelaufdruck »Gott und mein Recht« (Dieu et mon Droit), geprägt in den glänzenden Siegellack, garantierte man, dass das Elixier in der Glockengasse Nummer 4711 hergestellt und abgefüllt worden war.

Sechs Duftkompositionen kreierte Peter Muelhens (1875–1945) in den 1920er Jahren: Tosca, Rheingold, Juchten, Esmeralda, Pro Fur sowie Ciel d'Orado, und um sich diese Extravaganzen leisten zu können, musste man damals noch einen hübschen Teil seines Wochenlohns opfern.

Das historische Haus in der Glockengasse 4711 bietet dem Besucher im Rahmen von Führungen durch das Duftmuseum Einblick in die interessante Geschichte eines der ältesten Familienbetriebe Kölns, der Marke 4711 und der Parfumherstellung. Und übrigens: An der Südfront des neugotischen Traditionshauses kann von 9 bis 19 Uhr stündlich das Glockenspiel mit seinen historischen Figuren aus der Reiterszene zu den Klängen der Marseillaise und des Treuen Husaren und weiterer, ständig wechselnder Melodien bewundert werden.

Das Dufthaus 4711 in der Glockengasse in Köln.

Info: In der Kölner Innenstadt gelegen. **Info 4711-Haus:** Glockengasse 4, 50667 Köln, Tel. (02 21) 27 09 99 11, www.4711.com, Öffnungszeiten Mo–Fr 9.30–18.30, Sa 9.30–18 Uhr, einstündige Führung Sa 13 Uhr, Kosten € 7, Duftseminar Do 15–16.30, Kosten € 38.

Von der Pop Art bis zur Gegenwart

Museum Ludwig

Köln, Nordrhein-Westfalen

Roy Lichtensteins »Maybe«, Andy Warhols »Brillo Boxes« und George Segals »Restaurant Window«, Ikonen der amerikanischen Pop-Art, waren gerade vollendet, als sie 1969 als Leihgabe ins Wallraf-Richartz-Museum einzogen. Die Werke stammen von dem Aachener Schokoladenfabrikanten-Ehepaar Peter und Irene Ludwig, die die größte Pop-Art-Sammlung außerhalb der USA zusammengetragen hatten.

Durch die Schenkung von rund 350 Werken moderner Kunst des Ehepaars Ludwig wurde 1976 das Museum Ludwig gegründet. Neben der Pop-Art gaben die Ludwigs noch eine umfangreiche Sammlung der russischen Avantgarde aus der Zeit von 1906 bis 1930 sowie ein Konvolut von mehreren hundert Arbeiten Pablo Picassos als Dauerleihgabe in das Haus. Auch die moderne Abteilung des Wallraf-Richartz-Museums mit der Expressionisten-Sammlung und den Arbeiten anderer Vertreter der Klassischen Moderne wurde in das Museum Ludwig integriert. Zur Sammlung gehören Meisterwerke von Erich Heckel, Karl Schmidt-Rottluff, August Macke, Otto Mueller, Otto Dix, Ernst Ludwig Kirchner und Marc Chagall.

Das Museum Ludwig der Architekten BDA Peter Busmann und Gottfrid Haberer vor dem Kölner Dom

Weitere Sammlungen mit Werken von Willi Baumeister, Max Beckmann, Alexej von Jawlensky, Paul Klee, Oskar Kokoschka, Henri Matisse und Ernst Wilhelm Nay kamen in der Folgezeit als Stiftung, Schenkung oder Leihgabe hinzu.

Das Gebäude zwischen Dom, Rhein und Hauptbahnhof wurde 1986 eröffnet. Es beherbergte zunächst das Wallraf-Richartz-Museum, das Museum Ludwig und die Philharmonie. Im Januar 2001 zog das Wallraf-Richartz-Museum in einen eigenen Bau. Die Kunst des 20. Jahrhunderts und der Gegenwart kann im Museum Ludwig seitdem auf rund 8000 Quadratmetern Ausstellungsfläche gezeigt werden. In den letzten Jahren wurde eine große Anzahl an Werken von Gegenwartskünstlern erworben, die noch nicht in der Sammlung vertreten waren. Es wurden gezielt Arbeiten aus den 1960er und 1970er, aber vor allem aus den 1980er Jahren erstanden, u.a. von Stephan Balkenhol, Erik Bulatov, Grischa Bruskin, Gilbert & George, Stephan von Huene, Hermann Nitsch, On Kawara und Julian Schnabel.

Dem Museum angeschlossen sind das Agfa Photo-Historama, eine der bedeutendsten Sammlungen zur Geschichte der Fotografie, die Kunst- und Museumsbibliothek und das Filmforum.

Info: Am Kölner Dom gelegen. **Info Museum Ludwig:** Heinrich-Böll-Platz, 50667 Köln, Tel. (02 21) 22 12 61 65, www.museum-ludwig.de, Öffnungszeiten Di–So 10–18, 1. Do im Monat bis 22 Uhr, Eintritt € 12, ermäßigt € 7,50, bis 18 J. frei.

Odysseum: Hier lernen Kinder ab fünf Jahren und Erwachsene die spannende Seite von Naturwissenschaft und Technik auf spielerische Weise kennen

1913 eröffnetes und damit ältestes europäisches Museum ausschließlich für die Kunst Chinas, Koreas und Japans. Seit 1977 beherbergt der Neubau, eines der bedeutendsten Baudenkmäler der klassischen Moderne Kölns, die wohl umfangreichste Sammlung ostasiatischer Kunst Deutschlands. Sehenswert ist auch der **Japanische Garten.** Einen schönen Blick auf den Japanischen Teich bietet die **Cafeteria**.

Odysseum ➡ K5

Corintostr. 1, ✆ (02 21) 69 06 81 11
www.odysseum.de, Di–Fr 9–18, Sa/So 10–19 Uhr, in den NRW-Schulferien auch Mo, Eintritt € 16/8
In dem 5500 m² großen Abenteuer-Wissenspark in Köln-Kalk können Besucher in den Themenwelten »Leben« und »Erde« an rund 200 Erlebnisstationen selbst zum Abenteurer und Entdecker werden sowie im Trickfilmstudio im Museum der Maus die Lach- und Sachgeschichten live erleben und eigene Szenen drehen.

Rautenstrauch-Joest-Museum – Kulturen der Welt ➡ Fb/Fc1

Cäcilienstr. 29–33, ✆ (02 21) 22 13 13 56
www.museenkoeln.de, tägl. außer Mo 10–18, Do bis 20, 1. Do im Monat bis 22 Uhr, Eintritt € 7/4,50
Das beeindruckende Völkerkundemuseum nicht weit vom Neumarkt zeigt auf drei Etagen Exponate aus zahlreichen Regionen der Erde. Die verschiedenen Bereiche beschäftigen sich u. a. mit dem Blick Europas auf andere Kulturen und den mit unterschiedlichen Lebensentwürfen weltweit.

Der Mensch in seinen Welten

Rautenstrauch-Joest-Museum

Köln, Nordrhein-Westfalen

Eines der bedeutenden ethnologischen Museen Deutschlands hat seinen Sitz in Köln im Kulturquartier am Neumarkt. Statt die Exponate wie früher nach Ländern und Regionen zu ordnen, stehen universelle Themen im Mittelpunkt. Der Themenparcours »Der Mensch in seinen Welten« nimmt die Besucher mit auf die Reise zu fremden Kulturen und deren Vielfalt, und das mit modernsten multimedialen Mitteln.

Reisspeicher aus Sulawesi im Foyer des Rautenstrauch-Joest-Museums

Wie gestalten Menschen in aller Welt ihren Tagesablauf? Was verbindet uns mit ihnen und ihren Lebensentwürfen? Das Museum zeigt das Gemeinsame und nicht nur kulturelle Unterschiede. Weshalb etwa die Maori in Neuseeland Tätowierungen tragen oder was Kleidung generell über den Lebensstil aussagt, wird anschaulich und mit vielen Beispielen thematisiert. So entsteht ein persönlicher Bezug, der die Besucher einbezieht, was bei einem Thema wie »Vorurteile« durchaus entlarvend sein kann.

Auch die Historie ist mit im Boot: Der Blick Europas auf andere Länder und Ethnien wird anhand von Reiseberichten und Kunst sichtbar gemacht. Der Sammler und Geograf Wilhelm Joest (1852–97) steht im Mittelpunkt. Seine Sammlung aus 3400 Objekten bildet den Grundstock des Museums, eine Schenkung seiner Schwester Adele Rautenstrauch an die Stadt Köln.

Anfassen ist häufig erlaubt, vor allem an den vielen Stationen für Kinder, die z. B. Gewürze riechen und ein Kamelfell streicheln dürfen. Ein »JuniorMuseum« zeigt, wie Kinder in verschiedenen Teilen der Erde wohnen.

Ein Highlight ist der Themenraum zum Totenkult, der mit weißen Bändern, die dicht von der Decke hängen, den Übergang vom Diesseits zum Jenseits symbolisiert.

Funde aus vielen Ländern der Erde zeugen von Vielfalt und Exotik. Ein im Foyer ausgestellter, prächtig verzierter, elf Meter langer und sieben Meter hoher Reisspeicher aus Indonesien ist das Wahrzeichen des 2010 im neuen Haus wiedereröffneten Museums.

Das Ausstellungskonzept bekam etliche Preise, u. a. den Museumspreis des Europarats (2012). 65 000 Objekte und 100 000 historische Fotografien sowie eine Fachbibliothek mit 40 000 Bänden gehören zur Sammlung des Museums. Längst nicht alles kann ständig gezeigt werden.

Info: Am Neumarkt in der Innenstadt gelegen. **Info Rautenstrauch-Joest-Museum:** Cäcilienstr. 29–33, 50667 Köln, Tel. (0221) 22 13 13 56, www.museenkoeln.de/rautenstrauch-joest-museum, Öffnungszeiten tägl. außer Mo 10–18, Do bis 20, 1. Do im Monat bis 22 Uhr, Eintritt € 7, ermäßigt € 4,50, Audioguide € 2.

Römisch-Germanisches Museum ➡ Fa3

Roncalliplatz 4 (Dom/Südseite)
✆ (02 21) 22 12 44 38
https://roemisch-germanisches-museum.de
Tägl. außer Mo 10–17 Uhr, Eintritt € 6/3

Das Haus zählt zu den meistbesuchten Museen Deutschlands und den herausragenden Antikenmuseen der Welt. Das römische Dionysosmosaik (um 220/230 n. Chr.) und der rekonstruierte Grabbau des Legionärs Poblicius (um 40 n. Chr.), beide auch während der Sanierung zu sehen, sind die bekanntesten Exponate.

Das Römisch-Germanische Museum beherbergt Zeugnisse der Kunst, Kultur und des Alltagslebens im römischen und frühmittelalterlichen Köln

Schokoladenmuseum ➡ Fc3

Am Schokoladenmuseum 1 a
✆ (02 21) 931 88 80
www.schokoladenmuseum.de
Tägl. 10–18 Uhr, Jan.–März und Nov. Mo geschl.
Eintritt € 12,50/7,50, bis 6 J. frei

Hier wird die 3000-jährige Geschichte der Schokoladenherstellung präsentiert. Eine kleine **Produktionsstraße** stellt täglich 400 kg Schokoladentäfelchen und Pralinen her, das **Schokokino** zeigt alte Werbespots und im **Tropenhaus** kann man exotische Pflanzen bestaunen. Seit 2006 liegt die Schokoladenproduktion in den Händen der Firma Lindt.

Am stets mit 200 kg frischer Lindt-Schokolade gefüllten Schokoladenbrunnen sind alle Besucher zum Naschen eingeladen

Mittelalterliche Meisterwerke

Wallraf-Richartz-Museum & Fondation Corboud

Köln, Nordrhein-Westfalen

Juno und Argus«, ein Meisterwerk von Peter Paul Rubens, des wichtigsten flämischen Malers des 17. Jahrhunderts, begrüßt den Besucher aus der Tiefe des Saals. Weiteren Szenen der antiken Mythologie und Geschichte (Heemskerck, van Dyck und Jordaens) steht Religiöses wie die vier Tafeln zur Jugend Christi von Pieter Aertsen gegenüber.

Das Wallraf-Richartz-Museum ist eine der großen klassischen Gemäldegalerien Deutschlands. Die Mittelalterabteilung gibt einen fast lückenlosen Überblick über die Entwicklung der Kölner Tafelmalerei von 1300 bis 1550. Die Barockabteilung glänzt mit Werken von Rubens und Rembrandt. Die Abteilung des 19. Jahrhunderts zeigt Gemälde der Romantik, des Realismus und des Impressionismus (u. a. die 2001 überreichte Sammlung des Schweizer Unternehmers Gérard Corboud) sowie Skulpturen.

Einblick in die rund 75 000 Blatt zählende Grafische Sammlung kann zu bestimmten Zeiten und nach Vereinbarung genommen werden.

In den Räumen der Barocksammlung des Wallraf-Richartz-Museums in Köln

Das Museum geht auf die testamentarische Hinterlassenschaft des Gelehrten und Sammlers Ferdinand Franz Wallraf (1748–1824) zurück, die sich ihrerseits vor allem aus Säkularisationsgut speiste. Es war die älteste Kölner Ausstellungshalle und zugleich eines der frühesten bürgerlichen Museen Deutschlands. 1861 konnte die Sammlung ihren ersten eigenen Bau beziehen, der von dem Kölner Kaufmann Johann Heinrich Richartz (1795–1861) finanziell gefördert wurde. Nach der Zerstörung im Zweiten Weltkrieg wurde 1957 ein Neubau eröffnet. Ein wichtiger Zugewinn kam 1968 mit der Sammlung Ludwig (Picasso, Russische Avantgarde, amerikanische Pop-Art). 1986 gab es einen Umzug in die Nähe des Doms. Da das später eigenständige Museum Ludwig stark wuchs, zog das Wallraf-Richartz-Museum 2001 in einen nach Plänen des Kölner Architekten Oswald Mathias Ungers errichteten Neubau zwischen Rathaus und Gürzenich. Derzeit entsteht auf dem Gelände des früheren Kaufhauses Kutz nebenan ein Erweiterungsbau mit Backsteinfassade und 1000 Quadratmetern Ausstellungsfläche. Den Auftrag bekam das Basler Architektenbüro Christ & Gantenbein.

Info: In der Innenstadt am Rathaus gelegen. **Info Wallraf-Richartz-Museum & Fondation Corboud:** Obenmarspforten 40, 50667 Köln, Tel. (02 21) 22 12 11 19, www.wallraf.museum, Öffnungszeiten Di–So 10–18, 1. und 3. Do bis 22 Uhr, Eintritt € 8, ermäßigt € 4,50.

Spaß nur für Erwachsene: Claudius Therme auf der rechten Rheinseite

Aqualand ➡ J4
Merianstr. 1
✆ (02 21) 702 80, https://aqualand.de
Mo–Do 9.30–23, Fr 9.30–24, Sa 9–24, So 9–23 Uhr
Tageskarte alle Bereiche € 27,90/22,90, auch 2- und 4-Std.-Tickets
Das im tropischen Stil dekorierte Aqualand am Fühlinger See erlaubt vielseitige Badefreuden im Innen- und Außenbereich. Mit Wasserrutschen, Salzgrotte, Saunen, Restaurant, Kinderclub.

Claudius-Therme ➡ K5
Sachsenbergstr. 1
✆ (02 21) 98 14 40, www.claudius-therme.de
Tägl. 9–24 Uhr, einzelne Bereiche öffnen und schließen unterschiedlich, Tageskarte Mo–Fr € 28,50, Sa/So/Fei € 30,50, mit Sauna € 6 mehr, auch 2- und 4-Std.-Tickets, keine Kinderermäßigungen
Vielfältiges, großes, im römischen Stil errichtetes Thermal- und Solebad mit Sauna. Man findet hier u.a. Innen- und Außenbadebereiche, Heilwasserbecken, Whirlpools, eine Heiß-Kalt-Grotte und einen Strömungskanal.

Flora und Botanischer Garten der Stadt Köln ➡ K5
Haupteingang: Alter Stammheimer Weg
✆ (02 21) 56 08 90
http://freundeskreis-flora-koeln.de
Garten tägl. 8 Uhr bis Sonnenuntergang, Gewächshäuser tägl. 10–18, Okt.–März nur bis 16 Uhr, Eintritt frei

Flora und Botanischer Garten

Botanischer Garten in Köln-Riehl im Norden der Stadt mit den Pflanzenschauhäusern der Flora, tropischen und subtropischen Gewächshäusern, dem Palmenhaus und dem Wüstenhaus. In den Anlagen werden auf rund 11,5 ha annähernd 10 000 Pflanzenarten aus aller Welt kultiviert. Mit dem Flora Festhaus und dem Gartenlokal »Dank Augusta«.

9 Kölner Dom ➡ Fa2/3
Informationen im Dom-Forum (gegenüber vom Haupteingang des Doms)
✆ Domführungen unter (0221) 92 54 87 30
www.domforum.de
Infos unter www.koelner-dom.de
Mo–Sa 10–20, Mai–Okt. bis 21, So/Fei 13–16.30 Uhr, Schatzkammer tägl. 10–18 Uhr, Turmbesteigung tägl. Mai–Sept. 9–18, März/April, Okt. 9–17, Jan./Feb. 9–16 Uhr, Eintritt Schatzkammer € 6/3, Turm € 6/3 oder Kombiticket € 8/4, Domführungen € 7/5
Bereits 1248 begonnen wurde Kölns berühmtestes Bauwerk erst im 19. Jh. fertiggestellt. Umwelteinflüsse und Alter bringen es mit sich, dass man das Wahrzeichen der Stadt auch heute nicht ohne Baugerüst sieht. Besonders beeindruckend sind der mittelalterliche **Hochchor** und der goldene **Schrein der Heiligen Drei Könige**. Seit 1996 steht der Dom auf der Weltkulturerbeliste der UNESCO.

Die Kulisse der Altstadt umrahmt von Groß St. Martin und Dom

Kathedrale für die Gebeine der Heiligen Drei Könige

Kölner Dom

Köln, Nordrhein-Westfalen

Der Dom St. Peter und Maria ist das berühmteste Bauwerk Kölns und Deutschlands vielleicht bekanntestes Architekturdenkmal. Seit 1996 zählt er zum UNESCO-Weltkulturerbe. Der Kölner Dom, dessen seit dem Mittelalter unvollendet gebliebener Torso das 19. Jahrhundert in einem Rausch romantisch-nationaler Begeisterung vollendete, gilt zu Recht als vollkommenste der gotischen Kathedralen.

Die Westfassade des Doms ragt 157 Meter in den Kölner Himmel

Als Meister Gerhard, der erste Dombaumeister, 1248 mit der Realisierung seines großartigen Entwurfs begann, vermochten die an den romanischen Kirchen geschulten heimischen Bauhandwerker den völlig neuen technischen Anforderungen zunächst kaum zu genügen. Doch Meister Gerhard war mit der französischen Kathedralgotik von Amiens und Reims vertraut, und diese Kathedralen dienten dann auch als Vorbild.

1842, als mit dem Weiterbau des Doms begonnen wurde, war die Situation umgekehrt: Damals bediente man sich modernster technischer Hilfsmittel, wie etwa einer Dampfmaschine zum Hochziehen der Lasten, um die imposante Zweiturmfassade genau nach dem auf abenteuerliche Weise verloren gegangenen und später wiedergefundenen mittelalterlichen Pergamentplan zu errichten. Die Weihe des vollendeten Doms erfolgte am 15. Oktober 1880.

Die reiche Innenausstattung konzentriert sich vornehmlich im mittelalterlichen Hochchor. Der Reliquienschrein mit den Gebeinen der Heiligen Drei Könige erinnert an die Zeit, als Köln nach Jerusalem, Rom und Santiago de Compostela einer der bedeutendsten Wallfahrtsorte der Christenheit war. Es waren die Dreikönigenreliquien, die – als Kriegskontribution 1164 durch den Reichskanzler Kaiser Friedrich Barbarossas, Rainald von Dassel, aus Mailand nach Köln gebracht – den Wunsch weckten, den ehemals karolingischen Dom durch eine gotische Kathedrale nach französischem Vorbild zu ersetzen.

An der Nordseite des Chorumgangs hängt das aus dem späten 10. Jahrhundert stammende Gero-Kreuz, die älteste aus dem Mittelalter erhalten gebliebene Großplastik des gekreuzigten Christus, und auf der Südseite des Chorumgangs steht das Hauptwerk der Kölner Malerschule, der berühmte »Altar der Stadtpatrone« von Stefan Lochner. Höchst bemerkenswert sind die Farbglasfenster des Doms – vom Älteren Bibelfenster im Chor bis zum 2007 eingeweihten Südquerhausfenster von Gerhard Richter. Die Dombauhütte arbeitet ständig an der Konservierung der kunstvollen Arbeiten früherer Baumeister.

Info: Der Kölner Dom befindet sich in unmittelbarer Nähe des Hauptbahnhofs. **Info Kölner Dom:** Dompfarramt, Domkloster 4, 50667 Köln, www.koelner-dom.de, **Öffnungszeiten** Mo–Sa Mai–Okt. 6–21, Nov.–April 6–19.30, So/Fei ganzjährig 13–16.30 Uhr, Führungen über das Domforum (Tel. 02 21/ 92 58 47 30), weitere Führungen über www.domfuehrungen-koeln.de.

Colonia Romanica

Die zwölf romanischen Kirchen von Köln

Köln, Nordrhein-Westfalen

Der 1985 weitgehend abgeschlossene Wiederaufbau der zwölf romanischen Kirchen zählt sicher zu den bedeutendsten Leistungen der städtischen Denkmalpflege Kölns und gipfelte im Jahr der Romanischen Kirchen.

Zusammen mit vereinzelten Rettungsaktionen im Wohnungsbau wurden zumindest punktuell Spuren kölnischer Bautradition gesichert, die nach der Kriegszerstörung durch die Abrissbirnen der Wiederaufbauphase genauso ausgelöscht worden wären wie der größte Teil der Stadt.

Das Dekagon von St. Gereon in Köln

Ein Glücksfall für Köln war die damalige Stadtkonservatorin Hiltrud Kier, die durch resoluten Einsatz ein solches Umdenken nicht nur anstieß, sondern auch mehrheitsfähig und finanzierbar machte. Seither leuchtet der prächtige Kranz der romanischen Kirchen zwischen Rhein und Ring, und man kann sich bei einem Rundgang auf eine Folge beeindruckender Architekturerlebnisse gefasst machen.

Die zwölf romanischen Kirchen, alle älter als der 1248 begonnene Dom, waren (mit Ausnahme von St. Maria Lyskirchen) Kloster- und Stiftskirchen. Zu diesen Kirchen zählen: St. Andreas, St. Aposteln, St. Cäcilien, St. Georg, St. Gereon, St. Kunibert, St. Maria im Kapitol, St. Maria Lyskirchen, Groß St. Martin, St. Pantaleon, St. Severin und St. Ursula.

St. Pantaleon gehört zu den schönsten und bedeutendsten Bauten Kölns. Vor allem das Westwerk zählt zu den Höhepunkten ottonischer Architektur. Auch in St. Maria im Kapitol, der größten unter den zwölf romanischen Altstadtkirchen, begegnet einem wie oft in Köln die römische Vergangenheit: Der unzweideutig auf das römische Kapitol anspielende Beiname »in Capitolio« ist zwar erst seit dem 12. Jahrhundert überliefert, doch beruht er auf archäologisch nachgewiesenen Tatsachen. Die im 11. Jahrhundert errichtete, ehemalige Damenstiftskirche erhebt sich über den Fundamenten eines Tempels, der den kapitolinischen Gottheiten Jupiter, Juno und Minerva geweiht war. In mehrfacher Hinsicht ist die anspruchsvolle Architektur, die zu Recht als Schöpfungsbau der rheinischen Romanik gilt, ein Musterbeispiel für die Übertragung von Bedeutungen durch das Aufgreifen bestimmter architektonischer Formen.

St. Gereon galt neben dem Dom von jeher als ranghöchste Kirche der Kölner Erzdiözese. Den Kern der heutigen Kirche bildet ein in seiner Bausubstanz noch deutlich erkennbarer, spätantiker Ovalbau, der im frühen 13. Jahrhundert in jenes überwölbte Dekagon umgewandelt wurde, das innerhalb der mittelalterlichen Architektur nicht nur in Köln ein Unikat darstellt. Der Blick in diese bedeutendste Kuppelwölbung seit der Hagia Sophia in Konstantinopel und vor Brunelleschis Florentiner Domkuppel ist ein beeindruckendes Erlebnis.

Info: www.romanische-kirchen-koeln.de.

2007 wurde das 113 m^2 große, aus 11 500 farbigen Glasquadraten bestehende Fenster im Südquerhaus enthüllt, das Gerhard Richter entworfen hat.

Kathedrale der Superlative, Wahrzeichen und Mittelpunkt der Rheinmetropole

Kölner Philharmonie ➡ Fa3
Bischofsgartenstr. 1
Tickets ✆ (02 21) 28 02 80
www.koelner-philharmonie.de oder unter Köln Ticket ✆ (02 21) 2801, www.koelnticket.de
1986 eröffnete der einem Amphitheater ähnlich konzipierte Konzertsaal der Philharmonie, in dem u.a. das Sinfonieorchester Köln, das Kölner Kammerorchester und das Gürzenich-Orchester beheimatet sind.

Kölner Seilbahn ➡ K5
Riehler Str. 180 oder Station Rheinpark, Sachsenbergstraße/Ecke Auenweg
✆ (02 21) 547 41 83, www.koelner-seilbahn.de
Ende März–Anfang Nov. tägl. 10–18 Uhr, Einzelfahrt € 4,80/2,70, Hin- und Rückfahrt € 7/4, auch Kombitickets mit Zoo und Aquarium
Seit 1957 verbindet die Kölner Seilbahn den rechtsrheinischen Rheinpark in Deutz mit dem linksrheinischen Zoo.

Kölner Zoo und Aquarium ➡ K5
Riehler Str. 173
✆ (02 21) 778 51 14, www.koelnerzoo.de
Tägl. im Sommer 9–18, im Winter 9–17, Aquarium bis 18 Uhr, Eintritt € 19,50/14,50/9 (4–12 J.), bis 3 J. frei

Possierlich: Erdmännchen im Kölner Zoo

Besonders beliebt im Zoo in Köln-Riehl: der Elefantenpark, das Hippodom, das Urwaldhaus mit den großen Primaten, das Regenwaldhaus mit südostasiatischer Flora und Fauna und das Aquarium.

KölnTriangle ➡ östl. Fa3
Ottoplatz 1
✆ (02 21) 355 00 41 00
www.koelntrianglepanorama.de
Mai–Sept. Mo–Fr 11–23, Sa/So 10–23, Okt.–April Mo–Fr 12–20, Sa/So 10–20 Uhr (bei Gewitter und Sturm geschl.)
Eintritt € 3
Das 2004 fertiggestellte Gebäude, das zunächst LVR-Turm hieß, ist mit 103 m und 29 Etagen das höchste des rechtsrheinischen Köln. Von der Aussichtsplattform auf dem Dach hat man einen tollen Blick über die Domstadt.

LANXESS Arena (Kölnarena) ➡ K5
Willy-Brandt-Platz 3
Tickets ✆ (02 21) 80 20, www.lanxess-arena.de
Deutschlands größte Halle für Events, Konzerte, Sport- und Karnevalsveranstaltungen sowie Messen prägt

Veranstaltungen in der LANXESS Arena ziehen immer ein großes Publikum an

Maritimes Flair findet man auf dem modernen Hafen-Weihnachtsmarkt, direkt am Rhein vor dem Schokoladenmuseum im Rheinauhafen

durch ihre Architektur das rechtsrheinische Stadtbild: Schon von Weitem erkennt man den 76 m hohen Stahlbogen, der sich über Köln-Deutz erhebt.

Musical Dome ➡ Fa3
Vgl. S. 13.

Rheinauhafen ➡ Fc3
www.rheinauhafen-koeln.de
Ende der 1990er Jahre begann man mit der Umgestaltung des Rheinauhafens, der sich vom Schokoladenmuseum bis zur Südbrücke zieht. Vorhandene historische Gebäude wie das 170 m lange Lagerhaus **Siebengebirge** oder das Hafenamt wurden aufwendig saniert, andere neu gebaut, wie die weithin sichtbaren **Kranhäuser**, deren Form an die Lastkräne des alten Rheinauhafens erinnern. Die letzte Baulücke wurde 2014 geschlossen, mittlerweile ist dieses Areal ein echter Hingucker.

Früh am Dom ➡ Fa3
Am Hof 12–18
✆ (02 21) 261 32 15
www.frueh-am-dom.de
Traditionsreiche Gastronomie mit Brauhaus (Mo–Fr 10–24, Sa/So/Fei 9–24 Uhr), Brauhauskeller (Di–Fr 17–24, Sa 12–24 Uhr) und Biergarten im Sommer am Heinzelmännchenbrunnen hinter dem Dom. €–€€€

Päffgen Brauhaus ➡ Fa1
Friesenstr. 64–66
✆ (02 21) 13 54 61, www.paeffgen-koelsch.de

»Drink doch ene met ...«

Kölsch und Brauhäuser

Köln, Nordrhein-Westfalen

In New York gibt's Kölsch, in Los Angeles sogar eins mit dem Namen Hollywood Blonde und auf der Nordseeinsel Juist gibt's eine Köbes-Kneipe. Kölsch, das helle obergärige Nationalgetränk, globalisiert? Nein. Im Gegenteil. Abgesehen von gelegentlichen internationalen Eskapaden wird der Gerstensaft von alters her mit regionaler Selbstzufriedenheit in heimatlichen Grenzen gebraut und verzapft.

Nördlich der Stadt, ab Worringen, löscht das Düsseldorfer Altbier den Durst, ab Bonn der Wein. Der Kölner war und ist sich meist selbst genug. Warum sollte es mit seinem Leib- und Magengetränk anders sein? Offiziell heißt es, die Brauart mache das Bier schwer exportierbar …

Über 20 Marken des als bekömmlich geltenden Kölsch sind derzeit auf dem Markt, darunter Gaffel, Früh, Reissdorf und Mühlen. Gezapft wird es in 2500 Kneipen, viele an Straßenecken, oder in Biergärten und Brauhäusern.

Typisch: Es wird in der Regel an der Theke getrunken, und zwar im Stehen – anders als in Bayern, wo man sich zum Bier gern an den Tisch hockt. Zusammenstehen: Das tun die Kölner für ihr Leben gern, denn es bedeutet Trinken und Schwadronieren. Nicht zufällig heißen Dialekt und Bier gleich.

»Drink doch ene mit…«: Brauhaus »Früh am Dom«

Das kleine Kölsch wird in 0,2-Liter-Gläsern (Stangen) ausgeschenkt, die der Köbes, der Kellner, statt auf einem Tablett in einem Kölschkranz transportiert, in dem sich mehrere Gläser pyramidenartig stapeln lassen. Geleerte Stangen werden auch ohne ausdrückliche Bestellung im Nu durch volle ersetzt. Bei Nullkommazwei macht man nicht viel Aufhebens. Für die solide Grundlage sorgen Spitzenleistungen der kölschen Küche: Roggenbrötchen mit Käse (halver Hahn), Blutwurst (Flönz) oder Frikadellen und viel Senf.

Die blau beschürzten Köbesse sind traditionell nicht übermäßig freundlich, dafür aber umso schlagfertiger. Auf Witzbolde reagieren sie entweder gar nicht oder sie machen ihnen schnell klar, dass nur der Köbes für Späße zuständig ist.

Info Brauhäuser: Päffgen Brauhaus: Friesenstr. 64–66, 50670 Köln, Tel. (02 21) 13 54 61, www.paeffgen-koelsch.de, Öffnungszeiten tägl. 10–24, Fr/Sa bis 0.30 Uhr. Früh am Dom: Am Hof 12–18, 50667 Köln, Tel. (02 21) 261 32 15, www.frueh-am-dom.de, Öffnungszeiten Mo–Fr 11–24, Sa/So 10–24 Uhr. Malzmühle: Heumarkt 6, 50667 Köln, Tel. (02 21) 92 16 06 13, www.brauereizurmalzmuehle.de, Öffnungszeiten Mo–Do 11.30–24, Fr/Sa 11.30–1.30, So 11.30–23 Uhr. Gaffel am Dom: Bahnhofsvorplatz 1, 50667 Köln, Tel. (02 21) 913 92 60, www.gaffelamdom.de, Öffnungszeiten tägl. 11–24, Fr/Sa bis 2 Uhr.

Tägl. 10–24, Fr/Sa bis 0.30 Uhr
Über 100-jährige Tradition des Kölschbrauens und -trinkens. €–€€

Café Reichard ➡ Fa2
Unter Fettenhennen 11
✆ (02 21) 257 85 42
www.cafe-reichard.de
Tägl. 8.30–20 Uhr
Opulentes, großes Café gegenüber vom Dom, super Frühstück und leckerer Kuchen. €€

Ausgehviertel
In dem rund einen 1 km² großen Viertel südlich des Doms, der **Altstadt** ➡ Fb3, zaubern Kneipen, Restaurants, romanische Kirchen und römische Ruinen ein reizvolles Ambiente.

Nicht nur Paris hat ein Quartier Latin, in Köln heißt es **Kwartier Latäng** ➡ südwestl. Fc1 und liegt zwischen Zülpicher Platz und Universität. Hier ist die studentische Szene mit Kneipen, Restaurants und Kino zu Hause.

Und wenn die meisten Kneipen bereits geschlossen haben, öffnen viele im **Friesenviertel** ➡ westl. Fa1 (an und um Friesenplatz/-straße) erst.

Einkaufen
Köln bietet als größte Stadt NRWs die meisten Einkaufsmöglichkeiten. Große Shoppingmeilen sind **Breite Straße** ➡ Fb1/2, **Hohe Straße** ➡ Fb2 und **Schildergasse** ➡ Fb2.

An den **Ringen**, zwischen Zülpicher Platz und Christophstraße, befindet sich die deutschlandweit größte Ansammlung von Einrichtungsgeschäften.

Eistüten-Skulptur von Claes Oldenburg und Coosje van Bruggen auf der Neumarkt-Galerie

Das Kwatier Latäng (Kölsch für Quartier Latein) ist das Studentenviertel Kölns

Der Kölner Kern

Alter Markt und Altstadt

Köln, Nordrhein-Westfalen

Er liegt im Schatten des gotischen Rathausturms: der Alter Markt, Zentrum der heutigen Altstadt. Auf dem Platz steht der Jan-von-Werth-Brunnen von 1884 zur Erinnerung an den Reitergeneral Jan von Werth (1593–1652) aus der Zeit des Dreißigjährigen Kriegs. Die auf zwei seitlichen Reliefs abgebildete Geschichte von Jan und Griet hat einen festen Platz im Kölner Schatz der Sagen und Mythen und wird alljährlich nachgespielt.

Häuser zu Füßen der romanischen Kirche Groß St. Martin in der Kölner Altstadt

Jedes Jahr, am Donnerstag vor Karneval, ist hier ab 11.11 Uhr der Teufel los. Dann, an Weiberfastnacht, übernehmen die Kölnerinnen das Regiment der Lustbarkeiten. Während der tollen Tage sind der Platz und die Stadt in ihrem Element.

In Richtung Rhein schließt sich ein Terrain eng stehender Häuserfronten an, durchbrochen von winkligen kopfsteingepflasterten Gassen, kleinen Plätzen und reizvollen Innenhöfen. Hier versteckt sich Kölns traditionsreiches, 1802 gegründetes Hänneschen Theater, dessen Darsteller Stockpuppen sind und dessen Aufführungen in kölscher Mundart stattfinden. Schließlich lockt der Innenhof zu Groß St. Martin mit dem in Bronze gegossenen doppelten Lottchen des Kölner Humors: Tünnes und Schäl.

Im Kranz der romanischen Kirchen Kölns zählt Groß St. Martin neben St. Gereon, St. Maria im Kapitol und St. Aposteln zu den eindrucksvollsten, vor allem der zum Rhein gerichtete Kleeblattchor, der lange den halbfertigen Dom übertrumpfte. Das Innere der nach schwersten Kriegszerstörungen wiederhergestellten ehemaligen Benediktinerabteikirche wirkt überaus hell, weil die ursprünglich farbige Verglasung fehlt – ein Restaurationsergebnis, das gelegentlich mit der Ästhetik einer leer geräumten Baustelle verglichen wurde. Gleich beim Chor führt ein Treppchen hinab zum Rhein auf den Fischmarkt, und damit in ein Köln, das sich gut für eine Bühnendekoration eignen würde: Die mächtige Chorpartie von Groß St. Martin überragt die fast kleinstädtische Idylle einer restaurierten Fachwerk- und Giebelkultur.

Kein Wunder, dass Köln-Touristen sich hier besonders gern tummeln, vor allem im Sommer, wenn sich die autofreien Gassen der Altstadt in einen summenden Bier- und Weingarten verwandeln.

Köln am Rhein – hier stimmt es einmal ausnahmsweise: für den Flaneur, der Uferpromenaden zu schätzen weiß, ebenso wie für den Hungrigen, der den Rheingarten im Sommer als Picknickwiese nutzt. Mutter Colonia und Vater Rhein sind in dieser städtischen Oase glücklich vereint.

Info: Der Alter Markt liegt wenige Schritte südlich des Doms. **Info KölnTourismus:** Kardinal-Höffner-Platz 1, 50667 Köln, Tel. (02 21) 34 64 30, www.koelntourismus.de.

Mönchengladbach ➡ G1/2

Mönchengladbach, die größte Stadt des mittleren Niederrhein, ist durch Eingemeindungen zu einer Großstadt mit knapp 260 000 Einwohnern geworden. Während man etwa von der Mitte des 19. bis zur Mitte des 20. Jahrhunderts hauptsächlich von der Textilindustrie lebte, übt diese jetzt nur noch einen geringen Einfluss aus. Daneben bestimmen heute Maschinenbau, Elektrotechnik, Logistik und Gesundheitswesen das Arbeitsleben der Stadt. Im Süden drängt sich vor den Toren der Stadt der Braunkohletagebau »Garzweiler II« näher an Mönchengladbach heran.

Durch den Bundesliga-Fußballverein Borussia Mönchengladbach, der in seiner Geschichte fünf Mal Deutscher Meister wurde, hat die Stadt bundesweit Ruhm erlangt.

Die Einwohner sind stolz auf die tausendjährige Geschichte des **Abteibergs**, des Herzstücks ihrer Stadt, auf dem auch das städtische Museum angesiedelt ist.

Mit 60 Prozent Grünflächen im Botanischen Garten, in städtischen Parks und entlang der Spazierwege bietet Mönchengladbach Naherholung pur. Wer es großstädtischer liebt, hat auch nur kurze Wege zu Kultur- und Einkaufsangeboten.

Skulpturengarten des Städtischen Museums auf dem Abteiberg

Städtisches Museum Abteiberg mit internationaler moderner Kunst

Ticket- und Info-Service ➡ G1/2
Bismarckstr. 23–27, 41061 Mönchengladbach
✆ (021 61) 27 41 61, www.mgmg.de
Mo–Fr 9.30–18.30, Sa 10–16 Uhr

Museum Abteiberg ➡ G1/2
Abteistr. 27
✆ (021 61) 25 26 37, https://museum-abteiberg.de
Museum Di–Fr 11–17, Sa/So 11–18 Uhr, Skulpturengarten Mai–Sept. 10–20, Okt.–April 11–17 Uhr
Eintritt € 8/5
Im Bau des österreichischen Architekten Hans Hollein wird internationale moderne Kunst von Minimal über Op und Pop sowie Conceptual Art bis hin zur Konkreten und Kritischen Kunst gezeigt. Im Garten des Museums befindet sich ein **Skulpturenpark**.

Städtisches Museum Schloss Rheydt ➡ G2
Schlossstr. 508
✆ (021 66) 92 89 00, https://schlossrheydt.de
Di–Fr 11–17, Sa/So 11–18 Uhr, Eintritt € 6/4
Schloss Rheydt ist eines der reizvollsten und schönsten Baudenkmäler der Renaissance am Niederrhein. Seine Ursprünge sind auf das 12. Jh. zurückzuführen.

Neben dem Museum, das einen Überblick über die Kunst der europäischen Renaissance gibt, sind die Kasematten zu besichtigen.

Schloss Wickrath ➡ H1
Schloss Wickrath 17
✆ (021 66) 84 60 63, www.wickrather-schloss.de
Restaurant Di 14–18, Mi–So ab 11 Uhr
Im Möchengladbacher Stadtteil Wickrath sind von der Wasserschlossanlage, die 1746–72 im Auftrag des Reichsgrafen von Quandt gebaut wurde, die Vorburg und das Landstallmeisterhaus, das als Restaurant geführt wird, erhalten.

Wasserschlossanlage Wickrath

Bunter Garten ➡ G1/2
Kaldenkirchener Straße
https://buntergarten.de, ganzjährig frei zugänglich
Rund 30 ha großer Stadtpark in der Innenstadt, der aus den drei Bereichen **Bunter Garten, Botanischer Garten** und **Kaiserpark** besteht. Ausgedehnte Spaziergänge

Wendepunkt musealer Architektur

Städtisches Museum Abteiberg Mönchengladbach

Mönchengladbach, Nordrhein-Westfalen

Das Museum, hoch oben am Berg, ist selbst ein Kunstwerk. Bei seiner Eröffnung 1982 markierte es einen Wendepunkt in der deutschen Museumsarchitektur. Der österreichische Architekt, Designer und Bildhauer Hans Hollein setzte das Städtische Museum Abteiberg Mönchengladbach wie eine Riesenskulptur an einen Hang oberhalb der City und entfernte sich damit zugleich inhaltlich von allen linearen kunstgeschichtlichen Präsentationsformen und hierarchischen Ordnungsstrukturen üblicher Schausammlungen.

Das Gebäude verdankt seine konzeptuelle Geschlossenheit einer für die 1970er Jahre entscheidenden Neuformulierung des öffentlichen Kulturauftrags.

Hollein setzte die Moderne in Bezug zu den historischen Zentren der Stadt. Nicht Abschottung oder Radikalisierung moderner Autonomieansprüche bestimmt diesen öffentlichen Raum, sondern der Wunsch nach Vermittlung und spielerischer Auseinandersetzung mit der Tradition. Hollein entschied sich nicht für einen Museumsort inmitten städtischer Betriebsamkeit, sondern setzte auf stadthistorische Bezüge: Der Abteiberg mit seinen historischen Bauten, dem Abteimünster und der Pfarrkirche verknüpft den Anspruch des Museums auf Gegenwärtigkeit und Aktualität mit der Erinnerung an die Vergangenheit und vor allem die lokale Geschichte.

Das Haus ist ein Museum für bildende Kunst des 20. und 21. Jahrhunderts. Zur Sammlung gehören u. a. Arbeiten von Joseph Beuys, Richard Serra, Andy Warhol, Sigmar Polke, Gerhard Richter, Markus Oehlen, Heinz Mack und Ulrich Rückriem sowie Martin Kippenberger. Der 2002 eröffnete Skulpturenpark ist mit Werken namhafter Künstler bestückt. Der Abteigarten schafft aufgrund seiner Lage eine besondere Verbindung von Natur, Kunst und Leben. 2016 erhielt das Museum Abteiberg die Auszeichnung »Museum des Jahres«.

Info: Mönchengladbach liegt ca. 30 km westlich von Düsseldorf. **Info Städtisches Museum Abteiberg Mönchengladbach:** Abteistr. 27, 41061 Mönchengladbach, Tel. (021 61) 25 26 37, www.museum-abteiberg.de, Öffnungszeiten Di–Fr 11–17, Sa/So 11–18 Uhr, Eintritt € 8, ermäßigt € 5.

Museum Abteiberg: eine der führenden Adressen für Gegenwartskunst

Die Festung vom Niederrhein

Städtisches Museum Schloss Rheydt

Mönchengladbach, Nordrhein-Westfalen

Eine Wallanlage mit Torburg, Bastionen und Kasematten, die von einem durch das Flüsschen Niers gespeisten äußeren Wassergraben umgeben war; nach innen folgte ein zweiter Wassergraben, der Vorburg und Haupthaus umgab: Schloss Rheydt, erstmals urkundlich im Jahr 1180 erwähnt, war eine kaum einnehmbare Trutzburg am Niederrhein. Seine kulturelle Bedeutung bezieht das Schloss auch heute noch vor allem durch die eigenständige Renaissancearchitektur samt der bemerkenswerten Festungsanlage.

Seit der letzten Renovierung präsentiert sich die Festungsanlage in einer gelungenen Symbiose aus klassisch-traditioneller und sachlich-moderner Architektur. Ihr Erscheinungsbild ist geprägt durch Umbaumaßnahmen Mitte des 16. Jahrhunderts, sodass sich das Museum heute als einzige komplett erhaltene Renaissanceanlage am Niederrhein präsentiert. Auch das Museum entspricht in den Grundrissen und Raumeindrücken denen des Mittelalters. Aus der Ausstattung des von Pasqualini im Stil der italienischen Renaissance mit niederländischen Einflüssen gestalteten Herrenhauses sind Kamine, Fliesen, Decken- und Wandgemälde sowie Bodenbeläge erhalten.

Einzig komplett erhaltene Renaissanceanlage am Niederrhein: Schloss Rheydt

Alle Gebäudeteile werden genutzt. In der Torburg finden im Museumsatelier u. a. Workshops und Kinderkurse statt. Die Vorburg beherbergt Wechselausstellungen. Die Geschichte des Festungsbauwesens am Beispiel von Schloss Rheydt ist in den Kasematten zu sehen. Im Herrenhaus ist eine hervorragende Sammlung zur Kunst und Kultur der Renaissance untergebracht. Kunstvolles und Wundersames ist zu sehen: von einer kostbaren Dürer-Stichfolge über das Elfenbeinzepter des Polenkönigs Sigismund bis hin zum ausgestopften Wels Kuno.

Im ausgehenden 19. Jahrhundert legte der aus Rheydt stammende Kölner Landgerichtsrat Josef Seuwen mit seiner Sammlung antiker Kunst den Grundstock des kultur- und kunsthistorischen Museumsbestands von Schloss Rheydt. Figuren aus der Götterwelt von Isis und Osiris, Grabbeigaben und Gefäße des Mittleren und Neuen Reichs geben Einblick in die Hochkultur des Alten Ägyptens. Amphoren und Schalen aus dem klassischen Griechenland sowie Fundstücke aus der römischen Spätantike sind weitere Glanzstücke der Sammlung Seuwen.

Info: Mönchengladbach liegt ca. 30 km westlich von Düsseldorf. **Info Städtisches Museum Schloss Rheydt:** Schlossstr. 508, 41238 Mönchengladbach, Tel. (021 66) 92 89 00, www.schlossrheydt.de, Öffnungszeiten Di–Fr 11–17, Sa/So 11–18 Uhr, Eintritt € 6, ermäßigt € 4.

Bunte Pracht in Mönchengladbach

führen vorbei an Blumenbeeten und Gehölzpflanzungen, zur Konzertmuschel und Kaiser-Friedrich-Halle, die jeweils für Konzerte und Veranstaltungen genutzt werden, zum Café, zu Spielplätzen und zur Vogelvoliere.

Tiergarten Mönchengladbach ➡ G/H2
Am Pixbusch 22
✆ (021 66) 60 14 74
www.tiergarten-moenchenglad bach.de
Im Sommer 9–18 Uhr
Eintritt € 5, 15–17 J. € 4, 4–14 J. € 3, unter 4 J. frei
Vor allem jüngeren Besuchern gefällt dieser sympathische Tiergarten im Stadtteil Odenkirchen: Mehr als 100 Arten – Affen, Seehunde, Braunbären, Zwerghasen, Präriehunde – sind hier zu Hause. Außerdem gibt's viel Platz zum Toben und Spielen.

Kneipenviertel
Rund um den Alten Markt in der Oberstadt liegt das Ausgehviertel, hier beginnt die mit Kneipen und Restaurants gesäumte Waldhausener Straße.

Minto ➡ G1/2
Am Minto 3
✆ (021 61) 464 10, www.minto.de
Tägl. außer So 10–20 Uhr
Glanzpunkt von Mönchengladbachs Einkaufsmeile Hindenburgstraße ist das 2015 eröffnete Einkaufszentrum Minto mit rund 110 Geschäften und Gastronomiebetrieben.

Das Haus Ruhrnatur beschäftigt sich mit der Natur des Ruhrtals und ist besonders bei Familien beliebt

Mülheim an der Ruhr ➡ D5

Die Stadt im grünen Ruhrtal zählt etwa 171 000 Einwohner. An den Ufern ihrer Lebensader, der Ruhr, die mitten durch das Stadtzentrum fließt, florierten vom 17. bis zum 20. Jahrhundert die Leder- und Gerber- sowie die Stahlindustrie. Und auch der Bergbau spielte hier keine unwesentliche Rolle. Rosenblumendelle, die letzte Zeche auf Mülheimer Gebiet, schloss bereits 1966 und machte Mülheim zur ersten bergbaufreien Großstadt im Ruhrgebiet.

Die heutigen Industrien umfassen einen vielfältigen Branchenmix mit einem starken Dienstleistungssektor. Außerdem gibt es in Mülheim zwei Max-Planck-Institute und die 2009 gegründete Hochschule Ruhr West. In dem offenen Gewerbepark Siemens Technopark arbeiten seit der Jahrtausendwende diverse Produktions- und Dienstleistungsunternehmen. Von Bedeutung ist auch der Industriehafen an der Ruhr, der über Schleusen und den Ruhrschifffahrtskanal mit dem Duisburger Hafen, dem Rhein und dem Rhein-Herne-Kanal verbunden ist.

Mülheim verweist gern auf seine **Museumsmeile**, auf der es einige geschichtlich bedeutsame bzw. der Kunst zugewandte Museen zu besichtigen gibt. Dazu zählen das Aquarius Wassermuseum, die Camera Obscura, das Haus Ruhrnatur, Schloss Broich, das Kunstmuseum in der Alten Post, das Leder- und Gerbermuseum und das Klostermuseum Saarn.

Am linken Ufer der Ruhr erhebt sich **Schloss Broich,** das aus einer 884 errichteten, wehrhaften Burg zum Schutz gegen die Wikinger erwuchs und heute die älteste aus spätkarolingischer Zeit stammende Burganlage nördlich der Alpen ist. An das Schlossgelände grenzt der 1992 im Zuge der Mülheimer Gartenschau auf einem ehemaligen Eisenbahngelände entstandene, 66 Hektar große **MüGa-Park**.

Das Aquarius Wassermuseum

Eine hübsche Altstadt mit Fachwerkhäusern krönt den Kirchenhügel oberhalb der Innenstadt. Der Stadtteil **Saarn**, als Einkaufsdorf mit Fachwerkhäusern bekannt, verweist auf ein historisches Kloster, und im Mülheimer Norden warten **Schloss Styrum** und der **Aquarius-Wasserturm** auf Besucher.

»Fast wie im Urlaub« fühlt man sich heute auf dem **Leinpfad**, der vorbei an Auenlandschaften und historischen Wehren entlang der Ruhr bis Essen-Kettwig führt und Teil des populären 3 **Ruhrtalradwegs** ist. Bis Kettwig verkehren auf der Ruhr auch Fahrgastschiffe. Das idyllische Ruhrtal wird bei Mülheim-Mintard von der Ruhrtalbrücke der A52, der längsten Stahlbrücke Deutschlands, überquert.

Tourist Information ➡ D5
Schollenstr. 1, 45468 Mülheim an der Ruhr
✆ (02 08) 96 09 60, www.muelheim-tourismus.de
Mo–Fr 9–18, Sa 10–14 Uhr

Aquarius Wassermuseum ➡ D5
Burgstr. 70, ✆ (02 08) 443 33 90
www.aquarius-wassermuseum.de
Tägl. außer Mo 10–18 Uhr, Eintritt € 5/3
Das Museum in einem ausgedienten Wasserturm am Schloss Styrum ist einer der Ankerpunkte der Route der Industriekultur und bietet einen wunderschönen Blick über das westliche Ruhrgebiet. Auf 14 Ebenen kann man sich an mehreren Computerstationen betätigen. Immer geht es ums Wasser.

Erkundungstour im Museum zur Vorgeschichte des Films

Camera Obscura – Museum zur Vorgeschichte des Films ➡ D5
Am Schloss Broich 42
✆ (02 08) 302 26 05, www.camera-obscura-muelheim.de
Mi–So 10–17, im Winter bis 16 Uhr, Eintritt € 4,50/3,50

Ein ehemaliger Wasserturm beherbergt heute das Museum zur Vorgeschichte des Films

Die begehbare Camera Obscura in der Kuppel des 38 m hohen, denkmalgeschützten Broicher Wasserturms ist die weltgrößte ihrer Art. Zugang besteht über Lifte oder die Außentreppe. Im unteren Turm befindet sich das Museum zur Vorgeschichte des Films. Auf dem Gelände der MüGa, unweit des Broicher Schlosses.

Haus Ruhrnatur ➡ D5
Alte Schleuse 3, ✆ (02 08) 443 33 80, www.haus-ruhrnatur.de, tägl. außer Mo 11–18 Uhr, Eintritt € 4/2
Über die reiche Flora und Fauna des Ruhrtals sowie über Klima und Energie informiert das direkt an der Ruhr gelegene Haus. Interaktive Stationen, Café, Infoveranstaltungen, Exkursionen.

Kunstmuseum in der Alten Post ➡ D5
Synagogenplatz 1
✆ (02 08) 455 41 38, www.kunstmuseum-mh.de
Thematischer Schwerpunkt ist der Expressionismus. Bemerkenswert sind die Sammlung Karl und Maria Ziegler und die größte Heinrich-Zille-Sammlung außerhalb Berlins. Vor dem Museum im ehemaligen Hauptgebäude der Post breitet sich der 1977 von Otto Hajek gestaltete Platz mit Brunnen und Stadtwappen aus.

Während der Renovierung des Museums seit 2019 sind temporäre Ausstellungen und der Shop in Räumen des Hotel Noy untergebracht (Schloßstr. 28–30, Di–Fr 10–18, Sa/So 10–14 Uhr).

Leder- und Gerbermuseum ➡ D5
Düsseldorfer Str. 269, ✆ (02 08) 302 10 70
www.leder-und-gerbermuseum.de
Mi–So 14–18 Uhr, Eintritt € 3/2

Der MüGa-Park lädt zum Spazierengehen ein

Zisterzienserinnenkloster Saarn

Das einstige Gebäude der Lederfabrik Abel an der Ruhr erzählt seit 2003 als Museum die rund 350 Jahre alte Geschichte der Leder- und Gerberindustrie in Mülheim, die erst in den 1990er Jahren endete.

Kloster Saarn ➡ D5
Klosterstr. 53, Führungen ✆ (02 08) 43 64 67
www.kloster-saarn.com, Mi/Sa 15–18, So 12–16 Uhr, Eintritt € 2,50/1
In dem ehemaligen Zisterzienserinnenkloster, das von 1214 bis 1808 als solches fungierte, hat sich ein Kulturzentrum etabliert. Mit Klostermuseum, Kräutergarten, Begegnungsstätte und Café. Führungen möglich.

Naturbad Mülheim ➡ D4
Friesenstr. 101, ✆ (02 08) 992 67 10
http://naturbad-muelheim.de

Burganlage aus spätkarolingischer Zeit: Schloss Broich

Mai–Sept. Mo–Fr 12–19, Sa/So 12–20, in der Hauptsaison tägl. schon ab 10 Uhr, Eintritt € 4/2, Familienkarte € 10 Naturfreibad in Styrum mit mehreren Schwimmbecken, Sandbereichen, Liegewiesen und Spielplätzen, einem Beach-Volleyballplatz, Tischtennisplatten, Kiosk und Imbiss. Die Wasseraufbereitung erfolgt natürlich, ohne Chlor. Nahe den Ruhrauen, erreichbar via A 40.

Ringlokschuppen ➡ D5
Am Schloss Broich 38
✆ (02 08) 99 31 60, www.ringlokschuppen.ruhr
Das ehemalige Lokomotivendepot ist in den vergangenen drei Jahrzehnten zum kulturellen Dreh- und Angelpunkt Mülheims geworden. Wo vor 1992 noch Werkseisenbahnen rangierten und sich Schrottplätze häuften, finden heute Partys, Konzerte, Lesungen, Theater- und Tanzaufführungen statt. Besucher genießen die Parkumgebung der MüGa und besuchen das in der Nähe gelegene Schloss Broich.

Schloss Broich ➡ D5
Am Schloss Broich 28–32
✆ (02 08) 960 960, www.muelheim-tourismus.de
www.schloss-broich-muelheim.de
Schlosshof 8–20 Uhr, Besichtigung Schloss und Museum nach Voranmeldung.
Die Burganlage stammt aus spätkarolingischer Zeit und wurde vor über 1100 Jahren errichtet. Ein **Museum** informiert über die Stadt- und Schlossgeschichte. Veranstaltungen wie das Pfingst-Spektaculum, ein Ritterturnier sowie die Broicher Schloss-Weihnacht finden im Schloss statt.

Schloss Styrum ➡ D5

Moritzstr. 102, www.schloss-broich-muelheim.de

1067 wurde Schloss Styrum erstmals urkundlich ewähnt, 1890 von August Thyssen erworben. Während der Park rund um den türmchenbesetzten Bau jederzeit zugänglich ist, wird das Herrenhaus nur zu Hochzeiten und anderen speziellen Gelegenheiten geöffnet. Das Aquarius Wassermuseum befindet sich in der Nähe.

Stadthalle ➡ D5

Theodor-Heuss-Platz 1

Tickets ✆ (02 08) 96 09 60 und in der Tourist Information, www.stadthalle-muelheim.de

In dem palazzoähnlichen Gebäude am linken Ruhrufer werden Stücke der Mülheimer Theatertage aufgeführt, Kammer- und Sinfoniekonzerte gegeben und Kabarettabende veranstaltet. Auch Veranstaltungen des **KlavierFestivals Ruhr** sowie Konferenzen und Tagungen finden hier statt.

Theater an der Ruhr ➡ D5

Akazienallee 61

Tickets ✆ (02 08) 599 01 88

www.theater-an-der-ruhr.de, Karten ab € 23,50/9

Seit 1981 residiert das renommierte Theater an der Ruhr in einem ehemaligen Solebad im historischen Raffelbergpark in Speldorf, zunächst in einigen Räumen, seit 1996 im ganzen Haus. Mitte des 19. Jhs. waren in dem Gebiet salzhaltige Wasser entdeckt worden, die zum Betrieb eines Solebads führten, das von 1909 bis 1992 existierte. Das Theater spielt ein breites Repertoire an klassischen und modernen Stücken, speziell auch für Jugendliche und Kinder.

Auch Führungen werden auf dem Gelände des Ringlokschuppens angeboten

BOAT MEMORY // DAS ZEUGNIS (UA) – Roberto Ciulli: Aufführung im Theater an der Ruhr

Weiße Flotte Mülheim ➡ D5
Alte Schleuse 1, ✆ (02 08) 96 09 60 oder 455 81 30, www.muelheim-tourismus.de/ruhr-aktiv/weisse-flotte
Fahrpreise € 6,50/2,30
Vom blumengeschmückten Mülheimer Wasserbahnhof fahren die weißen Schiffe seit 1927 durch das idyllische grüne Ruhrtal nach Essen-Kettwig. Den historischen Kettwiger Ortskern samt seinen kleinen Geschäften und Cafés kann man auf einem Rundgang erkunden. Neben den Linienfahrten auch Sonder- und Chartertouren sowie Tageskreuzfahrten auf Rhein, Ruhr und Kanälen.

Die Schatulle ➡ D5
Muhrenkamp 7, ✆ (02 08) 38 38 94
www.schatulle-mh.de, tägl. außer Mo ab 17 Uhr
Restauriertes Fachwerkhaus aus dem Jahr 1771. Bistro mit gutbürgerlicher Küche, saisonale Spezialitäten. €–€€€

RheinRuhr Zentrum ➡ D5
Humboldtring 13, www.rrz.de, tägl. außer So 10–20 Uhr, Food Lounge tägl. ab 11 Uhr, verschiedene Schließzeiten
Ein breites Spektrum aus rund 200 Geschäften, von kleinen Boutiquen über Fachmärkte bis zu Kaufhausklassikern bietet angenehmes Shopping-Ambiente. Für Pausen und Unterhaltung sorgen Kino, Kasino und diverses Entertainment sowie eine Food Lounge mit Imbissen, Eiscafés und Restaurants. Entstanden ist das beliebte Einkaufszentrum an der A40 im Jahr 1973 auf dem Gelände der ehemaligen Zeche Humboldt in Heißen.

Bei schönem Wetter kann man Mülheim und Essen auch per Schiff erkunden

Oberhausen ➡ C5

Oberhausen ist eine typische Ruhrgebietsstadt. Kohle und Stahl bestimmten jahrzehntelang die Wirtschaft. Das Thyssen Hütten- und Walzwerk, das bis zu 14 000 Menschen beschäftigte, brachte Oberhausen seinerzeit den Namen »Schmiede des Reviers« ein. Heute zählt die Stadt rund 210 000 Einwohner.

Nachdem 1987 der letzte Stahl abgestochen und ausgewalzt worden war, beschlossen die Stadtväter, auf dem ehemaligen Industriegelände von Oberhausen ein Einkaufs- und Freizeitzentrum zu errichten. Es erhielt den Namen **Neue Mitte Oberhausen**, wurde im Jahr 1996 eingeweiht und ist eines der ausgeprägtesten Beispiele für den Strukturwandel der Region. Wie das Ruhrgebiet selbst befindet es sich in ständiger Veränderung. Zum Projekt der Erneuerung gehören das Einkaufszentrum ⑩ **CentrO** samt der Coca-Cola-Oase, die **Promenade** mit Restaurants, Diskotheken und dem Kino, eine Ausstellungshalle im alten **Gasometer**, die Veranstaltungshalle **König-Pilsener-Arena**, die **Marina Oberhausen** am Rhein-Herne-Kanal, das Süß- und Meerwasseraquarium **SEA LIFE Oberhausen**, der Hochseilgarten **tree2tree**, das Bergbau-Erlebnisbad **AQUApark**, ein kleiner Freizeitpark sowie das **Legoland Discovery Centre**.

Wichtige kulturelle Veranstaltungsorte der Stadt sind das **Theater Oberhausen**, das **Ebertbad** und auch die **Ludwiggalerie Schloss Oberhausen**. Das **LVR-Industriemuseum Oberhausen** mit der alten Zinkfabrik, der

Die Ludwiggalerie Schloss Oberhausen befindet sich unweit des Gasometers

Blick in die Arbeitersiedlung Eisenheim

St.-Antony-Hütte und der Siedlung Eisenheim schützt und präsentiert die eindrucksvolle Geschichte der Schwerindustrie an der Ruhr und die der Arbeiter, die diese Geschichte formten.

Tourist Information ➡ C5
Willy-Brandt-Platz 2, 46045 Oberhausen
✆ (02 08) 82 45 70, www.oberhausen-tourismus.de
Mo–Fr 10–18, Sa 10–13.30 Uhr
Weitere Tourist Information im Mitteldom des CentrO.

LVR-Industriemuseum Oberhausen
– Zinkfabrik Altenberg ➡ südwestl. Ec1
Hansastr. 20 sowie
– St.-Antony-Hütte ➡ nördl. Ea1
Antoniestr. 32–34
https://industriemuseum.lvr.de
Kulturinfo Rheinland ✆ (022 34) 99 215 55
Di–Fr 10–17, Sa/So/Fei 11–18 Uhr
Eintritt € 5, bis 18 J. frei, Kombiticket € 7,50
Das LVR-Industriemuseum Oberhausen ist einer der Ankerpunkte der Route der Industriekultur. Ein Museumsbereich besteht aus der ehemaligen **Zinkfabrik Altenberg**, wo ein 53 t schwerer Dampfhammer und eine ebenso imposante Dampflokomotive ausgestellt sind. Den zweiten Museumsteil bildet die **St.-Antony-Hütte**, die erste Eisenhütte des Ruhrgebiets. In der historischen Umgebung beider Werke wird anhand alter Werkzeuge und Maschinen die wechselvolle Geschichte der Schwerindustrie an Rhein und Ruhr erzählt.

Die Strommast-Skulptur soll an den Besen aus Goethes »Zauberlehrling« erinnern

Zum Industriemuseum gehört auch die **Hüttensiedlung Eisenheim** von 1846, die älteste Arbeitersiedlung an der Ruhr. Sie kann im Rahmen einer Führung besichtigt werden (Berliner Str. 10 A, Ostern–Ende Okt. So/Fei 11–18 Uhr).

Ludwiggalerie Schloss Oberhausen ➡ Eb1
Konrad-Adenauer-Allee 46
✆ (02 08) 412 49 28, www.ludwiggalerie.de
Tägl. außer Mo 11–18 Uhr
Eintritt € 8/4
Das 1818 fertiggestellte, im klassizistischen Stil erbaute Schloss liegt am Rhein-Herne-Kanal. Im Jahr 1947 eröffnete hier die Städtische Galerie u.a. mit Exponaten des rheinischen Im- und Expressionismus. Heute gehören zu den Ausstellungsbereichen des renommierten Museums die Sammlung Ludwig, die populäre Galerie und die Landmarkengalerie.

Baumeister-Mühle ➡ nordwestl. Ea1
Homberger Str. 11
Restaurant ✆ (02 08) 205 04 25
Mühle ✆ (02 08) 65 70 74, www.baumeister-muehle.de
Tägl. geöffnet, wenn sich die Räder drehen
Die funktionstüchtige Turmwindmühle von 1848 im

Stadtteil Buschhausen ist als Kulturdenkmal und Veranstaltungsort zugänglich. Ein italienisches Restaurant ist angeschlossen.

Ebertbad ➡ südwestl. Ec1
Ebertplatz 4, ✆ (02 08) 205 40 28, www.ebertbad.de
Klasse Kulturprogramm in einem ehemaligen Schwimmbad, das Ende des 19. Jhs. zu den ersten Badeanstalten im Deutschen Kaiserreich gehörte. U. a. Theater, Klassik, Kabarett, Comedy und Lesungen für bis zu 420 Zuschauer.

Haus und Gehölzgarten Ripshorst ➡ östl. Eb3
Ripshorster Str. 306
✆ (02 08) 883 34 83, www.rvr.ruhr
März–Okt. tägl. außer Mo 10–18 Uhr
Im historischen Gutshof, heute Teil des Emscher Landschaftsparks, ist ein Infozentrum untergebracht. Neben den Ausstellungen sind der Gehölzgarten sowie die 35 m hohe Strommast-Skulptur »Zauberlehrling« sehenswert.

Kaisergarten ➡ westl. Eb1
Der 28 ha große Park befindet sich am Rhein-Herne-Kanal unweit des Schlosses Oberhausen. Das beliebte Ausflugsziel für Familien wartet u.a. mit einem kleinen Zoo, Spielplätzen und einem Minigolfplatz auf.

Zwischen Kaisergarten und Emscherinsel spannt sich seit 2011 eine Fußgängerbrücke, eine Spiralbrücke mit dem ungewöhnlichen Namen **»Slinky Springs to Fame«** – oder schlicht Rehberger Brücke. Sie führt ins **Neue Emschertal**, wo ab 2020 die Emscher wieder wild und frei gen Rhein strömen soll.

»Slinky Springs to Fame« und im Hintergrund der Gasometer

Ruderboote im Revierpark Vonderort

Revierpark Vonderort ➡ C5
Bottroper Str. 322
✆ (02 08) 99 96 80, http://revierpark.com
Großes Freizeit- und Erholungszentrum mit Sauna, Solebad, Frei- und Wellenbad, Eislaufhalle, Minigolfanlage und Tennisplätzen. Zudem Ruder- und Tretbootverleih. An der Stadtgrenze zu Bottrop.

Theater Oberhausen ➡ südl. Ec1
Will-Quadflieg-Platz 1, Tickets ✆ (02 08) 857 81 84
www.theater-oberhausen.de
Oberhausens Theater besteht seit 1920. Hier wird eine Vielfalt von Stücken aufgeführt, auch musikalische sowie Kinder- und Jugendstücke. Im Großen Saal finden 428 Personen Platz, im Malersaal 90.

Die **Theaterkneipe »Falstaff meets Sissi & Franz«** (✆ 02 08/29 93 88 00, www.sissiundfranz.ruhr, Di–So 17–24 Uhr) ist mit ihrem Bierbürgersteig angeschlossen.

Neue Mitte Oberhausen ➡ Eb/Ec1–3

Das CentrO liegt verkehrsgünstig direkt an den Autobahnen A516 (Verlängerung der A2/A3 ab dem Autobahnkreuz Oberhausen) und A42 (Abfahrt Neue Mitte). Das CentrO-Parkleitsystem führt zu den 14 000 kostenlosen Parkplätzen. Den Hauptbahnhof und das CentrO verbinden tagsüber zahlreiche Buslinien und die Straßenbahnlinie 112. An Wochenenden und Feiertagen fahren Nachtbusse.

Das CentrO aus der Luft

Neue Mitte Oberhausen

Oberhausen, Nordrhein-Westfalen

Auf einem brachliegenden Industriegelände im Pott, in der Nähe von Oberhausen, wo früher Walzwerke eines Hüttenwerks standen, flanieren, shoppen und vergnügen sich heute mehr als 23 Millionen Menschen pro Jahr in der Neuen Mitte Oberhausen. So etwa im CentrO: Auf einer Nettoverkaufsfläche von 70 000 Quadratmetern tummeln sich über 200 Geschäfte, die sich weitläufig auf zwei Ebenen verteilen. Der Konsumtempel ist durch die vielfältigen touristischen Attraktionen im nahen Umfeld zugleich das Zentrum dieses Freizeitstadtteils.

Ihm angegliedert ist das Village Cinema mit neun Sälen, an der Flaniermeile – einer Promenade am Kanal – liegen Restaurants, Kneipen und Diskotheken und bieten Entertainment rund um die Uhr.

Auch die direkten Nachbarn des CentrO machen die Neue Mitte attraktiv: das Legoland Discovery Centre, der Aquapark mit Bergwerkatmosphäre, die König-Pilsener-Arena, in der schon zahlreiche Musikgrößen auftraten, und die Marina Oberhausen mit dem Freizeithafen und dem SeaLife.

In dem großen Aquarium werden Meerestiere in ihren naturgetreu nachempfundenen Lebensräumen präsentiert. Das absolute Highlight ist ein Glastunnel, der die Besucher trockenen Fußes direkt durch 1,5 Millionen Liter Meerwasser führt, auf Augenhöhe mit Haien und Rochen.

Kultur steht in der Ludwiggalerie des Schlosses Oberhausen mit wechselnden Ausstellungen zeitgenössischer und klassischer Kunst auf dem Programm.

Und dann ist da noch der Gasometer, ein imposantes Zeugnis der Schwerindustrie des Potts, einst der größte Gasbehälter Europas und heute sensationeller Veranstaltungsort, der im Guinnessbuch der Rekorde eingetragen ist.

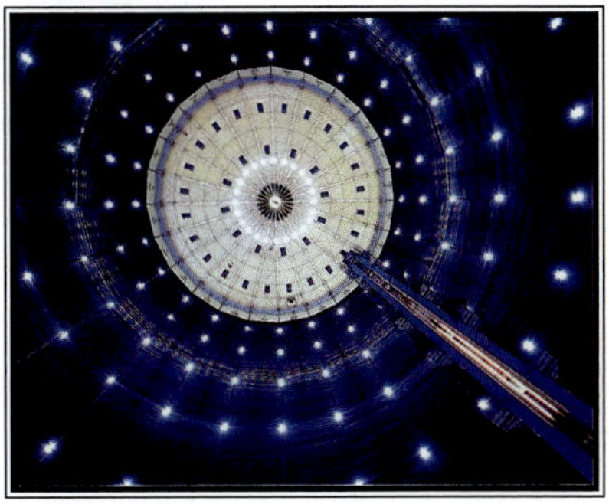

Licht-Klang-Installation »Licht Himmel« von Kristina Kubisch im Gasometer Oberhausen

Mit einem Speichervolumen von 350 000 Kubikmetern, einer Höhe von ca. 117 Metern und einem Durchmesser von etwa 67 Metern wird er für Ausstellungen, Konzerte und Feste genutzt. Von »Baum zu Baum« lautet das Motto des Naturseilgartens tree2tree zu Füßen des Gasometers.

Info: Die Neue Mitte liegt an der A 42 zwischen Duisburg, Essen und Bottrop. **Info CentrO:** Centroallee 1000, 46047 Oberhausen, Tel. (02 08) 828-20 55, www.centro.de, Öffnungszeiten Geschäfte Mo–Do, Sa 10–20, Fr 10–21 Uhr. **Info Legoland:** www.legolanddiscoverycentre.de/oberhausen. **Info Aquapark:** www.aquapark-oberhausen.com. **Info SeaLife Oberhausen:** www.visitsealife.com/oberhausen. **Info Ludwiggalerie:** www.ludwiggalerie.de. **Info Gasometer:** www.gasometer.de. **Info Kletterpark:** www.tree2tree.de.

Der AQUApark – baden in Bergwerksatmosphäre

Ruhr Tourismus GmbH ➡ Eb2
Centroalleee 261, 46047 Oberhausen
✆ (018 06) 16 18 20
www.ruhr-tourismus.de oder
www.oberhausen-tourismus.de

AQUApark ➡ Eb3
Heinz-Schleußer-Str. 1
✆ (02 08) 625 35 90
www.aquapark-oberhausen.com
Erlebnisbad tägl. 9–21 Uhr, Freibadzeiten im Sommer
Sportbereich Mo–Fr 6.30–8, So 13–18, in den Sommerferien 9–21 Uhr
Erlebnisbad-Tageskarte € 11, Kinder (1 m Körpergröße bis 16 J.) € 8, Kinder unter 1 m Körpergröße frei

Bergwerksatmosphäre für Spaßbader: Optische Höhepunkte sind der Nachbau eines 18 m hohen, ruhrpott-typischen Förderturms, von dem eine Fallrutsche direkt ins Wasser führt, und die 40 m breite Glaskuppel des Bads, die bei gutem Wetter zu einem Viertel geöffnet werden kann. Zudem sorgen drei weitere Rutschen, darunter die 120 m lange X-Tube-Rutsche, sowie zwei 35-m-Becken und ein Freibad für abwechslungsreiche Spiel-, Sport- und Spaßerlebnisse drinnen und draußen.

CentrO – größtes Einkaufszentrum Deutschlands

⑩ **CentrO** ➡ Eb/Ec2
Promenade 555
✆ (02 08) 828 20 55, www.centro.de

Tägl. außer So 10–20, Fr bis 21 Uhr
Rund 250 Geschäfte, vom trendigen Mode- und Computershop über den Elektronikfachmarkt bis zum klassischen Kaufhaus, die lebhafte **CentrO Promenade** mit zahlreichen Restaurants und Bistros (vgl. unten) sowie die **Coca-Cola-Oase** mit rund 20 Imbissen sind in dieser nach amerikanischem Vorbild gestalteten Mall angesiedelt. Mit 120 000 m² Verkaufsfläche zieht das derzeit größte Einkaufs- und Freizeitzentrum Europas verstärkt ein jüngeres und jung gebliebenes Publikum an. Saisonale Sonderattraktionen wie der Weihnachtsmarkt und diverses Entertainment locken zusätzliche Besucher an.

CentrO Promenade ➡ Eb2
Rund 20 internationale Restaurants sowie Bars, Eiscafés, Kneipen und Clubs sorgen auch nach Geschäftsschluss für ein buntes Treiben an der 400 m langen Flaniermeile. Die meisten Gastronomiebetriebe öffnen um 11 Uhr und schließen gegen Mitternacht.

Gasometer ➡ Eb1
Arenastr. 11
✆ (02 08) 850 37 30
www.gasometer.de
wird bis Frühjahr 2021 saniert, Infos vgl. Homepage
Begonnen hat der Gasometer sein Dasein 1929 als Kokereigasspeicher. Rund 60 Jahre später wurde er stillgelegt und seit Ende des 20. Jhs. fungiert er als einer der Anker-

Der Gasometer Oberhausen: ein außergewöhnlicher Ort für Ausstellungen

punkte der Route der Industriekultur. Der rund 100 m hohe, offenen Luftraum des Gasometers ist eine der größten und außergewöhnlichsten Ausstellungshallen Europas. 16 großartige Präsentationen von »Feuer und Flamme« (1994/95) bis »Wunder der Natur« (2016/17) und »Der Berg ruft« (2018/19) begeisterten seit 1994 über acht Millionen Besucher und auch internationale Künstler wie Christo, der den Gasometer 1999 und 2013 gleich zweimal nutzte. Der gläserne Innenaufzug bringt Besucher zum Dach in 117,50 m Höhe, die dort bei gutem Wetter den Blicke über das westliche Ruhrgebiet schweifen lassen können.

Hochseilgarten tree2tree ➡ Eb1
Arenastr. 13
Hotline ✆ (018 05) 873 32 87 33
www.tree2tree.de
April–Okt. tägl. geöffnet, je nach Monat wechselnde Zeiten, im Winter einzelne Wochenendtermine
Eintritt € 26, Jugendliche (11–16 J.) € 23, Kinder bis 10 J. € 14
Von »Baum zu Baum« lautet das Motto des Naturhochseilgartens in unmittelbarer Nachbarschaft zum Gasometer. Auf den insgesamt 16 unterschiedlich schweren Parcours (leicht bis extrem) mit über 200 Elementen gilt es von Plattform zu Plattform zu gelangen und dabei Hindernisse aus Holz, Seilen oder Stahlkabeln zu überwinden.

Gut gesichert geht es für Mutige von Baum zu Baum im Hochseilgarten

König-Pilsener-Arena ➡ Ec2
Arenastr. 1
Kartenvorbestellungen
✆ (02 08) 820 00
www.koenig-pilsener-arena.de
In der Multifunktionsarena mit 12 600 überdachten Sitzplätzen finden Rock-, Pop- und Klassikkonzerte, aber auch Sportveranstaltungen statt. Weltstars geben sich die Klinke in die Hand, Comedians bringen das Publikum zum Lachen und Musikspektakel wie »Nokia Night of the Proms« verbinden Pop- und Klassikliebhaber.

Im Land der bunten Bausteine

Legoland Discovery Centre ➡ Eb2
Promenade 10
✆ (018 06) 66 69 02 20
www.legolanddiscoverycentre.de
Mo–Fr 10–17.30, Sa/So 10–18.30 Uhr
Eintritt € 17,95, unter 3 J. frei, Ticket online billiger
Im Frühjahr 2013 eröffnete der Oberhausener Ableger der bunten Bausteinchenwelt. Dort erfreuen u. a. ein 4-D-Kino, Legoland-Fahrgeschäfte, Modellbau-Workshops, Klettergerüste und ein Café für kleine und große Besucher. Das Legoland liegt gegenüber der Coca-Cola-Oase des CentrO.

SEA LIFE Oberhausen ➡ Eb2
Zum Aquarium 1
✆ (018 06) 66 69 01 01
www.visitsealife.com/de/oberhausen
Tägl. 10–18.30, letzter Einlass um 17 Uhr
Eintritt € 19,95 (Einzelperson, auch Kinder), unter 3 J. frei, Ticket online billiger
Das **Süß- und Meerwasseraquarium** ist seit seiner Eröffnung im Jahr 2004 ein Publikumsmagnet. Die beliebte Anlage bietet dem Besucher eine spannende Reise durch die Welt unter Wasser – von den Gebirgsbächen der Alpen bis zu den Tiefen des Atlantischen Ozeans. Die Lebensräume der rund 5000 Lebewesen werden in über 50 Becken naturgetreu nachgestellt. »Hailight« ist das 1,5 Mio. Liter fassende Ozeanbecken mit Haien und Rochen, durch das ein 20 m langer Acrylglastunnel führt. Weitere Attraktionen sind z. B. das Forschungs-U-Boot, die Tropfsteinhöhle, das Schildkrötenriff, die Tierfütterungen sowie eine Fahrt mit dem Glasbodenboot.

Spektakuläre Haibeobachtungen im Acrylglastunnel des Ozeanbeckens

Jugendstilhäuser in Wuppertal

Wuppertal ➡ F7/8

Wuppertal wurde 1929 per Dekret der preußischen Regierung aus sechs Städten entlang der Wupper zusammengefügt. Touristisch interessant sind vor allem die zwei Stadtzentren Elberfeld und Barmen. Ein Einheimischer würde nie behaupten, er sei Wuppertaler, er stammt entweder aus dem einen oder dem anderen Ortsteil.

Was die Menschen hier verbindet, ist die **Schwebebahn** – einzigartig in der Welt und unlängst renoviert. Zwölf Meter über dem Fluss folgt sie dem Verlauf der Wupper, transportiert die Bürger der Stadt zu ihren alltäglichen Zielen und bringt Besucher zu den Sehenswürdigkeiten.

Wuppertal ist das industrielle, wirtschaftliche und kulturelle Herz des Bergischen Lands und eine der ältesten Industriestädte Deutschlands. Eine Blütezeit erlebte die Stadt als eines der größten Wirtschaftszentren des Deutschen Reichs. Seit dem 15. Jahrhundert hatte sich eine florierende Textilindustrie entwickelt. Während die Textilproduktion in den 1970er Jahren allmählich an Bedeutung verlor, bestimmen heute eher die chemische Industrie, die Elektrotechnik und der Maschinenbau das wirtschaftliche Leben. Mit dem **Von-der-Heydt-Museum** und dem **Tanztheater Pina Bausch** haben auch Kunst und Kultur einen hohen Stellenwert.

Tuffi und Kaiserbahn

SCHWEBEBAHN

Wuppertal, Nordrhein-Westfalen

Der »Tausendfüßler«, der sich »wie ein stahlharter Drachen mit vielen Bahnhofsköpfen und sprühenden Augen über den Fluss legt und wendet« (so die Dichterin Else Lasker-Schüler), war für die Wuppertaler keine Liebe auf den ersten Blick. Aufgebrachte Bürger schrien Zeter und Mordio, als die traditionsreichen Schwesterstädte Barmen und Elberfeld um die Jahrhundertwende grünes Licht für den Bau der Wuppertaler Schwebebahn gaben.

Die Schwebebahn ist Wuppertals Wahrzeichen

Doch allen Unkenrufen zum Trotz wurde die Himmelsbahn nach der Einweihung im Jahr 1900 schnell zum größten Stolz und Lieblingskind der Stadt. Und als Tuffi kam, sogar zum Weltstar: Es war der 21. Juli 1950, als der junge Elefant in ein Abteil stieg, um für den Zirkus Althoff Reklame zu machen. Ob es ihm im Wagen nun zu hoch oder zu eng war – nach nur kurzer Fahrt hatte der kleine Riese den Rüssel gestrichen voll. Er durchbrach die Seitenwand, sprang ins Freie und landete in der Wupper. Das brachte ihm eine Schramme am Po ein. Die Schwebebahn sorgte weltweit für Schlagzeilen und wurde spätestens jetzt zur Touristenattraktion Nummer eins.

Heute schweben täglich 80 000 Fahrgäste durch die bergische Großstadt, im Jahr sind das immerhin rund 20 Millionen Passagiere. Bei einer mittleren Geschwindigkeit von rund 27 Stundenkilometern dauert die luftige Fahrt von Endstation zu Endstation knapp 35 Minuten. Insgesamt gibt es an der 13,3 Kilometer langen Strecke 20 Bahnhöfe – vom Jugendstilbahnhof Werther Brücke bis zur modernen Glaskonstruktion Kluse. Die Hängebahn fährt von Wuppertal-Oberbarmen nach Wuppertal-Vohwinkel und zurück und durchquert die Stadt dabei von Nordosten nach Südwesten.

Wer nach Wuppertal kommt, sollte sich die nostalgische Stadtrundfahrt in der Kaiserbahn nicht entgehen lassen – die von ortskundigen Stewardessen und Stewards begleitete Tour in jenem Abteil Nummer fünf, in dem einst Kaiser Wilhelm II. mit seiner Gemahlin Auguste Viktoria auf Probefahrt von Elberfeld nach Vohwinkel fuhr. »Ruhig und sicher glitt der Wagen mit seiner theueren Last auf dem vielfach gewundenen Schienenwege dahin – und ihre Majestäten jeruhten mehrmals (!) huldvoll und jnädigst Jrüße nach unten an die treuen Unterthanen zu senden«, hieß es damals. Das historische Vehikel wurde stilecht restauriert: mit plüschgepolsterten Sitzen, goldfarbenen Dekostoffen vor den Fenstern, nostalgischen Lampen und einer Jugendstilornamentscheibe, die die Abteile der ersten und zweiten Klasse voneinander trennt.

INFO: Wuppertal liegt ca. 35 km östlich von Düsseldorf. **INFO SCHWEBEBAHN:** WSW mobil GmbH, Bromberger Str. 39–41, 42281 Wuppertal, Tel. 0 18 06/50 40 30, www.schwebebahn.de und www.wsw-online.de. Die Schwebebahn fährt zu den Hauptverkehrszeiten Mo–Fr alle 3 Minuten, Sa/So alle 4–6 Minuten. Tickets: € 2,90, ermäßigt € 1,70.

Rund 360 000 Einwohner zählt die Stadt im schmalen Flusstal. Zahlreiche Jugendstil- und Gründerzeithäuser sind hier erhalten. Dank der reizvolle Lage inmitten der grünen Hügel und Wiesen des Bergischen Lands wachsen die Besucherzahlen. Um die Höhenunterschiede der bergigen Stadt zu bewältigen, verbinden zahlreiche Treppen die Straßen und Plätze und geben auch so manchen schönen Blick frei.

Wuppertal Touristik ➡ F7
Kirchstr. 16, 42103 Wuppertal
✆ (02 02) 563 22 70, www.wuppertal.de
Mo–Fr 9–18, Sa 10–14 Uhr

Engels-Museum ➡ F7
Engelsstr. 10
✆ (02 02) 563 43 75
www.friedrich-engels-haus.de
Wiedereröffnung nach Umbau für den 28.11.2020, den 200. Geburtstag von Engels geplant
Das Engels-Museum befindet sich in dem 1775 errichteten Wohnhaus der Familie Engels. Friedrich Engels wurde 1820 in eine wohlhabende Familie geboren. Sein Vater war Textilfabrikant. Das Engels-Haus bildet mit dem **Museum für Frühindustrialisierung** das Historische Zentrum Wuppertals.

Wohnhaus von Friedrich Engels

Die Bankiersfamilie von der Heydt förderte einst die Entstehung des Museums

Kindermuseum ➡ F7
Beyeröhde 1
✆ (01 79) 263 60 31, www.kindermuseum-wuppertal.de
Öffnungszeiten nach Vereinbarung, Eintritt € 4
Dieses ungewöhnliche Museum in Langerfeld zeigt fantastische Klangwerkzeuge, die gemeinschaftlich von Schülern, Lehrern und Handwerkern hergestellt wurden. Höhepunkt ist der Instrumenten-Zoo. Das Museum ist nur in Form einer Mitmachführung zu besichtigen.

Von-der-Heydt-Kunsthalle ➡ F7
Haus der Jugend Barmen
Geschwister-Scholl-Platz 4–6
✆ (02 02) 563 65 71, https://vdh-museum.de
Tägl. außer Mo 11–18, Do/Fr bis 20 Uhr, Eintritt € 3/2
Die Barmener Dependance des Von-der-Heydt-Museums zeigt Ausstellungen der internationalen Avantgarde und befindet sich in der von Kaiser Wilhelm II. eingeweihten Ruhmeshalle.

Von-der-Heydt-Museum ➡ F7
Turmhof 8
✆ (02 02) 563 62 31
https://vdh-museum.de
Tägl. außer Mo 11–18, Do bis 20 Uhr, Eintritt € 12/10, bis 6 J. frei, 1. Do im Monat 17–20 Uhr frei
Museum von internationalem Rang in Elberfeld. In imposanten klassizistischen Räumen werden auf 6500 m^2 ca. 2000 Gemälde und 500 Plastiken gezeigt. Die ältesten stammen aus dem 16. Jh. Die deutsche und fran-

Bildende Kunst im Bergischen Land

Von der Heydt-Museum

Wuppertal, Nordrhein-Westfalen

Von Pablo Picasso bis Claude Monet, von Salvador Dalí bis August Macke: Das Von der Heydt-Museum zeigt Wuppertals bedeutendste Kunstsammlung und ist – nicht zuletzt wegen seiner Sonderausstellungen – ein weit über die Grenzen der Stadt hinaus bekanntes Museum für bildende Kunst. Zu sehen sind Werke der niederländischen Malerei des 16. und 17. Jahrhunderts, deutsche und französische Malerei von der Romantik bis zum Impressionismus, Kunst um 1900, Malerei des Expressionismus, Fauvismus, Kubismus und Futurismus, Kunst der 1920er Jahre, der Nachkriegszeit und der Gegenwart sowie eine Sammlung von Plastiken des 19. und 20. Jahrhunderts. Finanziert wurde das Haus in erster Linie durch Spenden.

Franz Marcs »Fuchs« (Blauschwarzer Fuchs, 1911) im Von der Heydt-Museum in Wuppertal

Insbesondere durch Schenkungen der Elberfelder Bankier- und Kunstsammlerfamilie August (1851–1929) und Eduard (1882–1964) von der Heydt, deren Namen das Museum seit 1961 trägt, konnte die Sammlung wachsen.

Das Museum im 1842 eingeweihten klassizistischen Bau des alten Elberfelder Rathauses wurde von 1986 bis 1990 erweitert. Seitdem stehen 7000 Quadratmeter Ausstellungsfläche zur Verfügung. Neue Treppen, Rundgänge und Raumformen bieten einen adäquaten Rahmen für Werke von Braque, Corinth, Degas, Ernst, Feininger, Kokoschka, Beckmann, van Gogh, Rodin, Marc, Nolde und vielen anderen Künstlern.

Besucher begegnen hier Bildern, die sie längst kennen – aus Schulbüchern, Kunstbänden, Dokumentarfilmen, aus Kultursendungen und Kunstkalendern: Rendezvous mit dem »Mädchen mit Pfingstrosen« von Alexej von Jawlensky, den »Frauen auf der Straße« von Ernst Ludwig Kirchner, mit Jankel Adlers »Else Lasker-Schüler«, Pablo Picassos »Mann mit Pelerine« oder den »Luftakrobaten« von Max Beckmann.

Die Kunst- und Museumsbibliothek ist mit einem Bestand von über 95 000 Bänden die größte Kunstbuchsammlung des Bergischen Lands. Sie ist wissenschaftliche Arbeitsbibliothek und gleichzeitig öffentlich zugängliche Präsenzbibliothek für Museumsbesucher, Kunsthistoriker, Journalisten, Pädagogen, Studenten sowie für alle kunstinteressierten Bürger.

Die Sammlung umfasst neben Gemälden, Grafiken und Fotografien auch eine Vielzahl von Skulpturen. Seit dem Jahr 1991 befindet sich rechts und links der Freitreppe zum Eingang eine zweiteilige Skulptur des in Wuppertal lebenden britischen Künstlers Tony Cragg.

Info: Wuppertal liegt ca. 35 km östlich von Düsseldorf. **Info Von der Heydt-Museum:** Turmhof 8, 42103 Wuppertal, Tel. (02 02) 563 62 31, www.von-der-heydt-museum.de, Öffnungszeiten Di–So 11–18, Do bis 20 Uhr, Eintritt € 12, ermäßigt € 10.

zösische Kunst des 19. Jhs. und die klassische Moderne finden besondere Beachtung. Auch Sonderausstellungen. Mit schönem Café.

Botanischer Garten ➡ F7
Elisenhöhe 1, Wuppertal-Hardt
✆ (02 02) 563 42 06
www.botanischer-garten-wuppertal.de
Gartenanlagen Mo–Fr ab 7.30, Sa/So ab 9, April–Sept. bis 19, März, Okt. bis 18, Nov.–Feb. bis 16.30 Uhr, Glashaus April–Sept. 11–18, Okt.–März 11–16 Uhr, Eintritt frei
Der Botanische Garten ist seit 1890 Teil der hügeligen Hardt. Über 4000 Pflanzenarten aus allen Klimazonen gedeihen auf 3,6 ha. Am höchsten Punkt, 220 m über NN, steht der Aussichtsturm von 1838. Ausstellungen, Führungen, Pflanzenberatung.

Schwebebahn ➡ F7
✆ (018 06) 50 40 30
www.schwebebahn.de
Seit 1901 verbindet die Schwebebahn die einzelnen Wuppertaler Stadtteile. Auf einer einzigen knapp über 13 km langen Linie fährt sie das Wupper-Tal entlang – 12 m über dem Fluss und 8 m höher als die Straße. Rund 75 000 Passagiere benutzen sie pro Tag und fahren einen ihrer 20 Bahnhöfe an.

Furore machte 1950 der glimpflich abgelaufene Sturz des jungen Elefanten Tuffi aus einer der Gondeln in die Wupper.

Die Schwebebahn ist Wuppertals Wahrzeichen

Gruppen können den historischen Kaiserwagen samt Bewirtung mieten, Anmeldung beim Informationszentrum.

Schwimmoper (Stadtbad) ➡ F7
Südstr. 29
✆ (02 02) 563 26 31, www.wuppertal.de
Schwimmbad Mo/Di, Do/Fr 6.30–22, Mi 6.30–13, Sa/So 9–18 Uhr, Sauna Mo–Fr 10–22, Sa/So 9–18 Uhr
Eintritt € 4,50/2
Das markante, einer Oper ähnelnde Stadtbad verfügt über einen modernen Fitness- und Saunabereich mit anheimelndem Salzraum. Seit 1995 ist das 1957 fertiggestellte, transparente Gebäude ein Wuppertaler Baudenkmal.

Skulpturenpark ➡ F7 **Waldfrieden/Cragg Foundation**
Hirschstr. 12, ✆ (02 02) 47 89 81 20
http://skulpturenpark-waldfrieden.de
Park: März–Nov. tägl. außer Mo 11–18, Dez.–Feb. Fr–So, Fei 11–17 Uhr, Führungen Sa 15, So 11 Uhr nach Voranmeldung, Café März–Nov. tägl. außer Mo 11–18, Dez.–Feb. Fr–So, Fei 11–17 Uhr
Eintritt € 12/9, Schüler und Kinder unter 7 J. frei, Führungen kosten extra
Der englische Bildhauer Tony Cragg hat um die bedeutende Villa Waldfrieden ein Ausstellungszentrum für Skulpturen geschaffen. Im waldreichen, hügeligen

Tony Craggs »Point of View« im Skulpturenpark Waldfrieden

Elefantenmädchen Tuffi macht sich auf den Weg

Gelände und in einer Ausstellungshalle sind Werke Tony Craggs und anderer bedeutender Künstler zu sehen. Für Gehbehinderte nur bedingt zugänglich. Hunde müssen draußen bleiben.

Tanztheater Pina Bausch ➡ F7
Veranstaltungen im Opernhaus
Kurt-Drees-Str. 4, Tickets: ✆ (02 02) 563 76 66
www.pina-bausch.de
Weltberühmtes modernes Tanztheater, das sehr häufig zu Gastspielen rund um den Globus unterwegs ist. Pina Bausch erfand eine stilistisch neue Verbindung von Schauspiel, Modern Dance und Artistik. Die Künstlerin verstarb im Juni 2009, das Ensemble führt ihr Werk weiterhin auf internationalen Tourneen und zu Hause in Wuppertal auf.

Wicked Woods ➡ F7
Langobardenstr. 65
✆ (02 02) 980 65 50, https://wickedwoods.de
Mo–Fr 14.30–21.30, Mi bis 23, Sa/So 11.30–21.30 Uhr
Tageskarte bis 15 J. € 3, ab 16 J. € 5, Biker € 6, Scooter € 5
Skateboard- und Inlinespaß auf 2500 m² in Oberbarmen. Schutzausrüstung ausleihbar. Helmpflicht.

Wuppertaler Zoo ➡ F/G6
Hubertusallee 30
✆ (02 02) 563 56 66, www.wuppertal.de/microsite/zoo
Tägl. 8.30–18, im Winter bis 17 Uhr
Eintritt € 14,50/7, Kleingruppenkarte ab € 28,50
Der älteste Zoo in Nordrhein-Westfalen ist mittlerweile über 130 Jahre alt. Auf dem bewaldeten, hügeligen Areal leben heute rund 4500 Tiere aus allen Kontinenten. Der Besuch des Aquariums ist im Preis inbegriffen.

Revolution auf der Bühne

Tanztheater Wuppertal Pina Bausch

Wuppertal, Nordrhein-Westfalen

»Take my hand, take my hand!«, schreit eine Frau. Sie wiederholt den Satz immer wieder, kreischt, wird mit Tomaten beworfen. Ist das Tanz? Diese Frage wird immer wieder gestellt, wenn es um Pina Bausch geht. In den

Ensemble Nelken vom Tanztheater Wuppertal Pina Bausch.

1970er Jahren reagierte das ans klassische Ballett gewöhnte Publikum schockiert auf die Stücke der jungen Choreografin, die eine Revolution auslöste. »Die Tänzer rannten über die Bühne, sprangen an den Wänden hoch, sie sprachen (meist in ihrer Muttersprache), sie schrien, lachten, weinten, erzählten Witze, absurde Geschichten, stellten Fragen. Der Bühnenboden war bedeckt mit Erde oder Wasser oder Gras, auf der Bühne bewegten sich falsche Nilpferde, Krokodile oder echte Hunde, Artisten, Stuntmen, Zauberer«, berichtet die Autorin Anne Linsel.

Zuschauer und zahlreiche Kritiker waren irritiert und verstört. Dieses Unverständnis schlug lange Zeit um in Aggressionen. Buhrufe, knallende Türen, es wurde sogar in Richtung Bühne gespuckt: Tumultartige Szenen im Zuschauerraum waren keine Seltenheit. Mittlerweile sind die Choreografin und ihr Tanztheater in aller Welt bekannt. Gastspiele führten sie in die großen Städte in Europa, Amerika und Asien. Überall feierte die im Jahr 2009 verstorbene Königin des modernen Tanzes Triumphe, auch in ihrer Heimatstadt Wuppertal. Das Tanztheater tritt auch nach ihrem Tod weiter im Opernhaus Wuppertal auf und absolviert darüber hinaus zahlreiche internationale Gastauftritte.

»Mich interessiert nicht so sehr, wie sich Menschen bewegen, als was sie bewegt«, erklärte Pina Bausch. Die verborgenen Schichten der menschlichen Seele, Kindheitserinnerungen, Verletzungen, die immerwährende Spannung zwischen den Geschlechtern: Das sind die Themen, die die Grande Dame des deutschen Tanztheaters auf die Bühne gebracht hat.

Info: Wuppertal liegt ca. 35 km östlich von Düsseldorf. **Info Tanztheater Wuppertal Pina Bausch:** 42218 Wuppertal, Tel. (02 02) 563 42 53, www.pina-bausch.de. Aufführungen im Opernhaus Wuppertal, Kurt-Drees-Str. 4. Spielplan und Preise auf Anfrage.

Wagner am Mäuerchen ➡ F7
Mäuerchen 4
✆ (02 02) 449 10 12, www.wagner-am-maeuerchen.de
Mo–Fr 11–23, Sa 11–21.30 Uhr
Traditionelle bergische Gastwirtschaft in der Elberfelder Innenstadt. Eisbein und Sauerkraut, gebratene Blutwurst, Schlachteplatte, herzhafte Pfannkuchen und andere regionale Gerichte stehen auf der Speisekarte. Auch Vegetarier kommen auf ihre Kosten. Spezialität ist die »Schinderhannestafel« nach dem Vorbild von anno 1800. €–€€

Einkaufen
Wuppertal hat zwei Einkaufszentren: das **Elberfelder Zentrum** und die **Barmener Werth**, die als erste Fußgängerzone Deutschlands gilt.

Ausflugziele:
Südlich des Ruhrgebiets wartet das **Bergische Land** mit einem Kaleidoskop grüner Wälder und Berge, malerischer Städtchen und glitzernder Talsperren auf. Bekanntester Fluss ist die kurvenreiche Wupper, die nach 116 km bei Leverkusen in den Rhein mündet. Zu den touristischen Highlights der Region gehören Schloss Burg, die Müngstener Brücke, der Altenberger Dom sowie Wupper-, Bever- und einige andere Talsperren. Kulinarisch punkten gemütliche Gasthöfe und Restaurants mit der traditionellen **Bergischen Kaffeetafel**, die aus süßen und herzhaften Leckereien, wie z. B. Bergischen Waffeln mit heißen Kirschen und Sahne, besteht.

Infos unter www.dasbergische.de oder www.nrw-tourismus.de

Altenberger Dom ➡ J7
Eugen-Heinen-Platz 2, 51519 Odenthal-Altenberg
✆ (021 74) 42 82, https://odenthal-altenberg.de/kultur/altenberger-dom oder https://domfuehrungen.altenberg-dom.de/, tägl. 8–18 Uhr, Führungen 11 Uhr (Feb.–Dez.), 12 Uhr (Jan.–Nov.)
Der überaus eindrucksvolle gotische Kirchenbau ragt im malerischen Ort Altenberg aus dem waldigen Tal der Dhünn auf. Im 13. und 14. Jh. von Zisterziensermönchen erbaut, wird er heute von evangelischer und katholischer Kirche gemeinsam genutzt. Es finden Domführungen, Konzerte und Gottesdienste statt.

Imposantes Dachgewölbe: der Dom von Altenberg

Höchste Eisenbahnbrücke Deutschlands

Nationales Naturmonument Kluterthöhle ➡ F8

Gasstr. 10, 58256 Ennepetal
✆ (023 33) 98 80 11, www.kluterthoehle.de
Öffnungszeiten und Eintrittspreise siehe Homepage
Vor 385 Millionen Jahren brandete im heutigen Ennepetal ein tropisches Meer an den damaligen Kontinent. Heute erkundet man an gleicher Stelle ein versteinertes Korallenriff. Es sind verschiedene Führungen buchbar, bei denen man entweder durch die Höhle spaziert oder durch enge Gänge kriecht und krabbelt. Die Höhle wartet mit reichlich Fossilien an den Wänden und staub- und allergenarmer Luft auf. Im Zweiten Weltkrieg diente die Kluterthöhle als Schutzbunker gegen Luftangriffe, seither gilt sie aufgrund ihrer klimatischen Bedingungen als anerkannter Therapieort für Atemwegserkrankte und Allergiker.

Müngstener Brückenpark ➡ H6

www.solingen.de/marketing/inhalt/brueckenpark-muengsten
Ein Spaziergang durch den Müngstener Brückenpark führt unter der mit 107 m höchsten Eisenbahnbrücke Deutschlands hindurch. Die natur- und bürgernah gestaltenen Rasenflächen des 2006 eröffneten Brückenparks am Ufer der Wupper verbinden sich harmonisch mit den renaturierten Auenlandschaften. Eine handbetriebene Schwebefähre kreuzt den Flußlauf. Neben der spektakulären Brücke ist das aus rostfarbenem, wetterfestem Stahl erbaute Haus Müngsten mit großen Terrassen und Gastronomie ein Blickfang. Am letzten Oktoberwochenende findet ein Brückenfest statt.

Schloss Burg ➡ G7

Schlossplatz 2, 42659 Solingen
✆ (02 12) 242 26 26, www.schlossburg.de
Di–Fr 12–18, Sa/So und Fei 10–18 Uhr
Die trutzige Höhenburg in dem zu Solingen gehörenden Städtchen Burg an der Wupper ist das Wahrzeichen des Bergischen Lands. Beeindruckend ist das Panorama des gewundenen Tals der Wupper, in das von der Höhe aus ein Sessellift hineinführt, und seiner bergigen Umgebung. Bei Museumsbesuch und Führung sowie Ritterfesten und ähnlichen Veranstaltungen wird die mittelalterliche Geschichte lebendig. ■

Königsstraße in
der Kluterthöhle

Die **fetten** Seitenzahlen verweisen auf ausführliche Erwähnungen.

Allrounder.de/Michael Pruckner: S. 128
Atelier Jahr, Köln: S. 13
AQUApark, Oberhausen: S. 218 o.
Bundesstadt Bonn/Michael Sondermann: S. 71 u., 71 o., 74, 75, 78, 80, 81, 82; Giaccomo Zucca: S. 5 Mitte, 70, 73
Casino Zollverein, Essen: S. 164
CC BY 3.0/Claudia Hinze: S. 155
CentrO Management GmbH, Oberhausen: S. 218 u.l.
Claudius Therme GmbH & Co.KG: S. 189
Charles Duprat, Oberhausen: S. 228
Das Fotoarchiv, Essen/Jörg Mayer: S. 103; Jochen Tack S. 86
Deutsches Fußballmuseum/Frank Rösner: S. 96
Dortmund-Agentur/Stefanie Kleemann, Stadt Dortmund: S. 94, 97
Duisburg Kontor: S. 136, 143
Düsseldorf Marketing & Tourismus GmbH, Düsseldorf: S. 3 o. r., 108, 109, 111, 112, 116, 119, 121, 114; Andreas Jung: S. 122; Jörg Letz: S. 110; Markus Luigs: S. 117
FC Schalke 04/Karsten Rabas: S. 172
Fort Fun Abenteuerland: S. 24, 25, 26
Fotolia/Davis: S. 198; dihetbo: S. 83; Joe Gockel: S. 223; Hpölker: S. 11 u., 217; Thomas Jablonski: S. 161; Stefan Körber: S. 131; legeartipics: S. 99; Locko1: S. 141; pixeljack: S. 107; Tina Nachtigall: S. 202; Burcin Tuncer: S. 191
GOP Varieté, Essen: S. 2 o.l.,16, 17
Rainer Hackenberg, Köln: S. 127, 145, 200 o.
Irrland, Kevelaer: S. 28
iStockphoto/Rudy Balasko: S. 176; Borisb17: S. 190 u.; Eurotravel: S. 159; Gatsi: S. 71; Sebastian Hamm: S. 79; Silvia Jansen: S. 93, 105; Nikada: S. 8/9; NOLIMITPICTURES: S. 72; Mikail Markovskiy: 123; Phil7721: S. 219; Thomas Saupe: S. 4 o. r., 227; Jürgen Schonnop: S. 181; Mark Stevens: S. 118; Peter Zurek: S. 192
Köln Tourismus GmbH: S. 179, S. 183, 196; Bilderblitz: S. 178, 197; Mvanden Boogard: S. 177; Myke Dina: S. 182 u.; Dieter Jacobi: S. 4 o. Mitte,187 u.; Jens Korte: S. 187 o., 190 o.; Andreas Möltgen: S. 182 o.; Axel Schulten: S. 180 u.; 193 o.
Kölner Zoo: S. 193 u.
Kunstsammlung NRW/Studio Tomás Saraceno 2013: S. 115
laif, Köln/Hänel: S. 184; Dieter Klein: S. 175
LANXESS Arena: S. 194
Legoland Discovery Centre: S. 221 o.
Lehmbruck Museum/Dejan Saric: S. 137, Frank Vinken: S. 138
Ludwiggalerie/Thomas Wolf: S. 212
Medienzentrum der Stadt Wuppertal: S. 224
Mehr! Entertainment GmbH, Düsseldorf: S. 12
MKM Museum Küppersmühle/A.L. Thomas, Duisburg: S. 133
Romy Mlinzk, Dortmund: S. 43, 44, 45, 47, 49, 50, 52, 53, 57
Movie Park Germany, Bottrop: S. 30 o.; © 2020 Spin Master. Alle Rechte vorbehalten: S. 30 u.; ™ & ©2020 CBS Studios Inc. STAR TREK and related marks and logos are trademarks of CBS Studios Inc. All Rights Reserved: S. 10 l., 31
Museum Abteiberg/Uwe Riedel: S. 199, 201
Museum der Deutschen Binnenschifffahrt/Tjalk: S. 135
Museum Insel Hombroich: S. 126
Museum Folkwang/Giorgio Pastore: S.151
Musiktheater im Revier, Gelsenkirchen: Franz Weiß: S. 169
Mülheimer Stadtmarketing und Tourismus GmbH (MST), Mülheim: S. 204, 205 u.; Katharina Dahmann: S. 206 o.; Achim Meurer: S. 206 u., 207, 209, 211
Neanderthal Museum, Mettmann: S. 125
Netzwerk Bunter Garten e. V., Mönchengladbach: S. 203
Odysseum, Köln: S. 185
OWT, Oberhausen: S. 216 u., 216 o.; T. Thöne: S. 213, 214
Panorama-Park Sauerland Wildpark, Kirchhundem-Oberhundem: S. 33, 34
Parkteam AG, Röndelsee: S. 27
Phantasialand, Brühl: S. 2 o. r., 35, 36, 37, 38
Pixelio: S. 92, 156
Pressestelle Stadt Bottrop: S. 29, 84 u., 84 o., 87, 88, 89, 91
Rautenstrauch-Joest-Museum/Guido Schiefer: S. 186
red dot design museum/Simon Bierwald, Essen: S. 162 o.
Roncalli's Apollo Varieté, Düsseldorf: S. 18
RTG: S. 20 o.; Schlutius: 21
Ruhr Museum: S. 163; /Brigida Gonzaléz: S. 162 u.
Ruhr Tourismus/Lüger: S. 11 o. ; Meurer: S. 102, 158; Hoffmann: S. 20 u.; Martin Holtappels: S. 98; Thomas Machoczek: 11 u.; Ravi Sejk: S. 3 o. Mitte, 90, 147; Tack: S. 130
Ruhrtriennale/U. Kaufmann: S. 23
RWW Rheinisch-Westfälische Wasserwerksgesellschaft mbH, Mülheim: S. 205 o.

Safariland Stukenbrock: S. 5 l., 39, 40, 41
Schloss Hugenpoet GmbH & Co. KG: S. 166
Schloss Wickrath/Jens Engels: S. 200
Sea Life Oberhausen, Oberhausen: S. 221 u.
Shutterstock/Fokke Baarssen: S. 132; Basotxerri: S. 134; Jule Berlin: S. 152; Bernd Brüggemann: S. 139; Hans Engbers: S. 10 r.; jedamus: S. 5 r., 101; Maik Meid: S. 104; Mankinnovation: S. 150; Lutsenko Oleksandr: S. 46, 95; Peeradontax: S. 145; Andrey Shcherbukhin: S. 153; Travelling Thilo: S. 100 u.; travelview: S. 142; T.W. van Urk: S. 146; Hilda Weges: S. 42; Beate Wolter: S. 54
Stadt Bochum: S. 3 o. r., 60, 62, 63, 65; Kommunikationsservice Lutz Leitmann: S. 58, 59, 61, 64, 66 u., 66 o., 68, 69; Presse- u. Informationsamt/ Planetarium: S. 1 (Schmutztitel), 67
Stadt Gelsenkirchen: S. 2 o. Mitte, 168, 170, 171, 173
Starlight Express GmbH/Best Pictures/Jens Hauer: S. 14, 15
Stiftung Zollverein/Jochen Tack: S. 165
Tanztheater Wuppertal Pina Bausch GmbH/Laurent Philippe: S. 230
Theater an der Ruhr/K. Maron: S. 210
Tourismus & Congress GmbH/M. Sondermann, Stadt Bonn: S. 76
Tourismus NRW e.V.: S. 22, 55, 106, 140, 144, 231, 232, 233; Dominik Ketz: S. 124, 129; Hannah Piecha: S. 4 o. l., 167
tree2tree/Béla Kubick, Oberhausen: S. 220
Varieté et cetera, Bochum: S. 19
Villa Hügel, Essen: S. 157
Volker Hartmann: S. 160
Von der Heydt-Museum, Wuppertal/Marc Fuchs: S. 226
Wallraf Richartz Museum, Köln: S. 188
Anneke Wardenbach, Stadt Dortmund: S. 100 o.
Peter Wieler/EMG: S. 148
Wikipedia (CC-SA30)/Hans Peter Schäfer: S. 85
Wuppertal Marketing GmbH/Malte Reiter: S. 222, 225
www.hafen-weihnachtsmarkt.de: S. 195
www.pixelquelle.de: S. 149, 197 o.
Zoo Wuppertal: S. 229
Zoom Erlebniswelt, Gelsenkirchen: S. 173 o., 174

Titelbild: Zeche Zollverein in Essen bei Nacht (Foto: iStockphoto/Christian Rummel)
Umschlagrückseite: Das Bermudadreieck ist ein beliebter Treffpunkt im Zentrum Bochums (links/s. S.58), Auf dem Skywalk entlang, um Phoenix West (Mitte/s. S. 102), Fast so groß wie die Bonner Innenstadt: die Rheinaue (rechts/s. S. 81)
Schmutztitel (S. 1): Zeiss Planetarium Bochum
Seite 2/3/4/5 (v. l. n. r.): Artistikaufführung im GOP Varieté Essen, Halde und Skulpturenwald Rheinelbe, Wildwasserbahn; Rheinuferpromenade von Düsseldorf, Aussichtsplattform Tetraeder in Bottrop, Jahrhunderthalle Bochum; Historischer Ortskern von Essen-Kettwig, Im Schokoladenmuseum in Köln, Schwebebahn von Wuppertal; Safariland Stukenbrock, Kennedybrücke in Bonn, Kokerei Hansa in Dortmund
Seite 10/11: Star Trek Operation-Enterprise Coaster im Movie Park Germany (S. 10 l.), Westfalenpark mit Florianturm in Dortmund (S. 10 r.), Landschaftspark Nord inDuisburg (S. 11 o.), Gasometer in Oberhausen (S. 11 u.)

Mit Textbeiträgen aus »1000 Places To See Before You Die – Deutschland · Österreich · Schweiz« von Christine Berger, Die Journalisten, Holger Möhlmann, Detlef Schmalenberg, Horst Schmidt-Brömmer und Heike Wagner.

Unser/e Autor/in hat diese Ausgabe während der Corona-Pandemie recherchiert.
Aufgrund der Pandemie kann es zu veränderten Öffnungszeiten und Zugangsbeschränkungen sowie Schließungen kommen. Wir bitten dies zu entschuldigen!

Reihenkonzeption: Andreas Schulz & VISTA POINT-Team
Bildredaktion: Kathrin Fäller
Lektorat: Petra Sparrer
Layout und Herstellung: Britta Wilken
Reproduktionen: Noch & Noch, Datteln
Kartographie: Huber Kartographie GmbH, Unterschleißheim
Druckerei: Florjancic tisk d.o.o., Slowenien

ISBN 978-3-96141-545-8

An unsere Leser!
Die Informationen dieses Buches wurden gewissenhaft recherchiert und von der Verlagsredaktion sorgfältig überprüft. Nichtsdestoweniger sind inhaltliche Fehler nicht immer zu vermeiden. Für diese übernimmt der Verlag keine Haftung. Für Ihre Korrekturen und Ergänzungsvorschläge sind wir dankbar.

VISTA POINT Verlag
Rolandsecker Weg 30 · 53619 Rheinbreitbach
Telefon: +49 (0)2224/7795-0 · Fax: +49 (0)2224/7795-100
info@vistapoint.de · www.vistapoint.de · www.facebook.de/vistapoint

BERGBAU ERLEBEN

www.bergbaumuseum.de

DEUTSCHES
BERGBAU-MUSEUM
BOCHUM